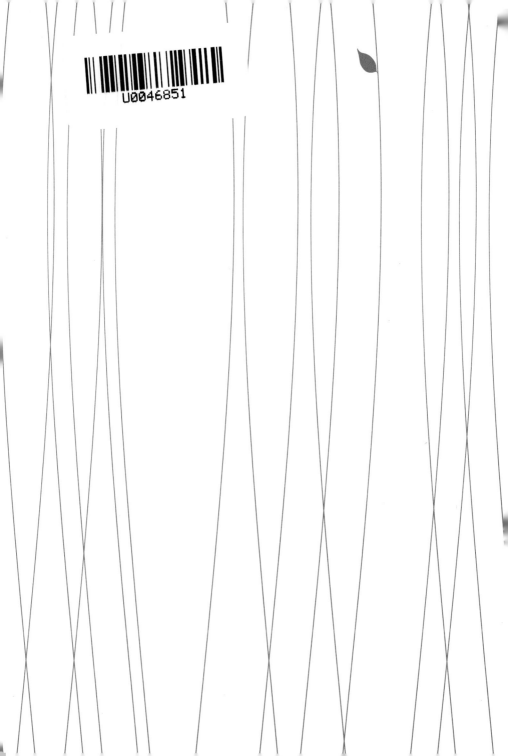

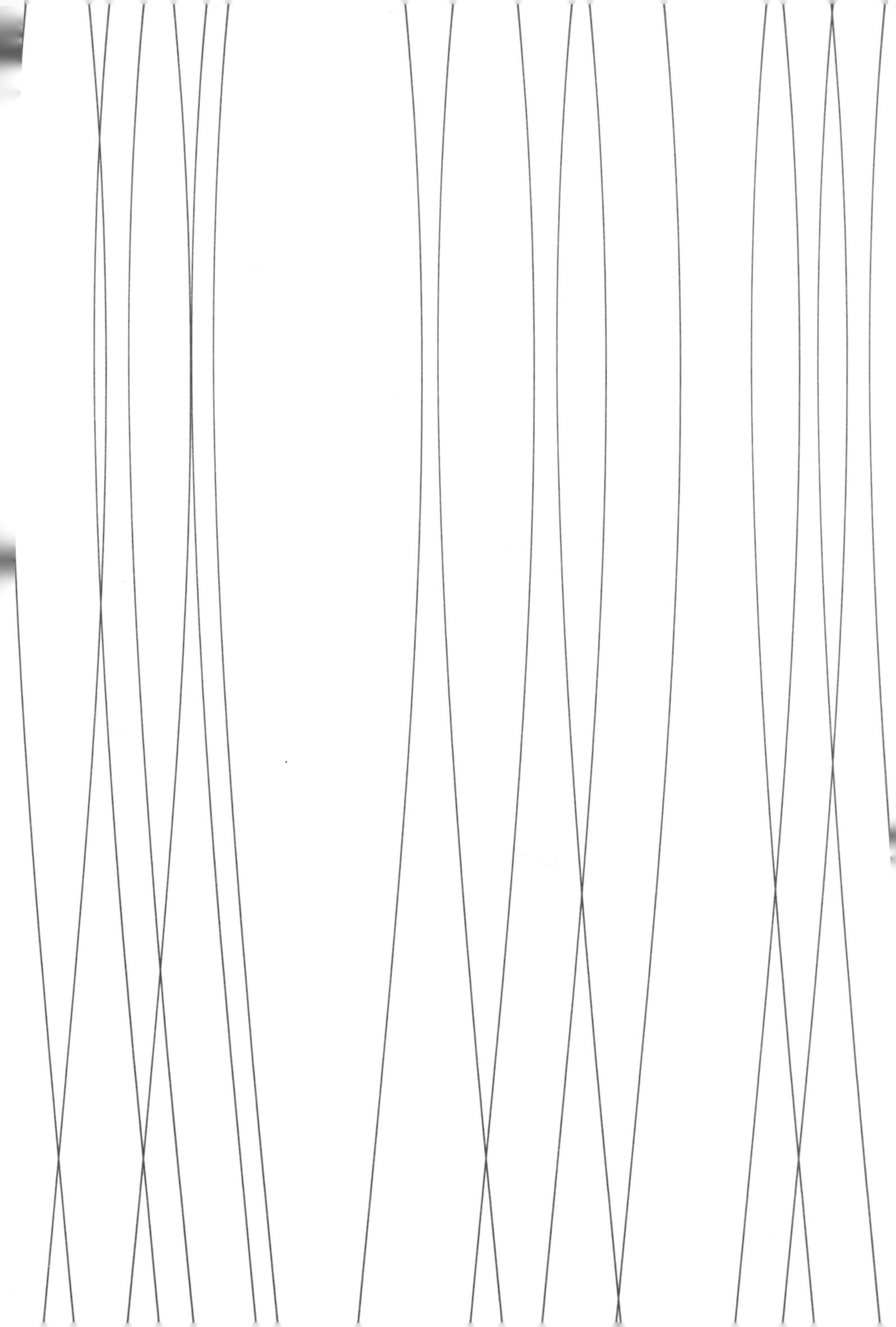

黃金之葉

行進於知識的密林裡，
途徑如此幽微。
我們尋覓一些參天古木，作爲指標，
我們也收集一些或隱或現的黃金之葉，引爲快樂。

奧托・魏寧格
蕭聿——譯

GESCHLECHT UND CHARAKTER

性與性格

目次

第二部分

（主要部分）：性的類型

導讀

從「轉型正義」談起

（紀大偉／美國加州大學比較文學博士、自由作家）

最近「轉型正義」廣受討論。在社會「轉型」之後（如，舊的執政者下台之後、在戰爭結束之後），該如何伸張「正義」？諸如「二二八」，「白色恐怖」，「慰安婦」，「日本首相參拜靖國神社」等等事件，都和轉型正義課題息息相關。該補償多少，才對得起受害者？該向加害者索賠多少，才能平息衆怒？應該血債血還、以眼還眼嗎？

復仇式的正義讓人痛快，卻也會引起新一波的社會動盪。「以德報怨」、「特赦」等等措施，被認爲比較不會引起社會騷動，但是民衆可以很慷慨地原諒一切嗎？

轉型正義，功用在於處理仇恨。而仇恨，向來普遍存在世界各地。早在二次大戰之前，猶太人就飽受其他歐洲人仇視。納粹德國對於猶太人的仇恨化爲血淋淋的具體行動，對猶太人大肆虐殺。時至今日，世人仍然忙著收拾納粹浩劫之後的轉型正義。第一世界對猶太人充滿愧疚，便襄助猶太人在阿拉伯人的土地上建立以色列。結果，原本德國和猶太人之間的忿怨，轉型成爲以色列人和阿拉伯人之間的仇恨。阿拉伯人和以色列人彼此屠殺不休的時候，大批阿拉伯人湧入歐洲——畢竟歐洲長期殖民阿拉伯世界，歐洲和阿拉伯人之間也有轉型正義要處理。阿拉伯人在歐洲儼然接收了猶太人的昔日角色：阿拉伯新移民飽受排擠歧視（和昔日猶太人一樣），住在圈圍起來的次等特區（和昔日猶太人一樣），只能從事社會看不起的工作（和昔日猶太人一樣）。歐洲的有色人種少年在街上放火燒車，借屍還魂的「新納粹」專找有色人種麻煩。

我從轉型正義談到仇恨，從台灣談到中東，是想要在世界地圖上同時找出台灣讀者和《性與性格》這部奇書的位置。奧托．魏寧格的《性與性格》在一百年前的維也納面世，在時間空間上似乎距離台灣很遠，但我要說，其實並不遠。台灣人對於族群之間的仇恨並不陌生，而《性與性格》就是以族群仇恨著稱於世。讀者會發現，這本書竟然似曾相識。此書用偏激的口吻大談兩性關係，而這種浮誇風格在當前國內外流行的各種「婚姻教戰手冊」、「如何看破女人的眞相」、「如何把兒子教育成眞正的男子漢」書籍之中並不少見。在坊間，保守派與開明派的性學書、大衆心理學書、新男性論述（如暢銷名著《鐵約翰》（Iron John）），以及命理書之中，都經常出現《性與性格》的類似言論。

既然如此，至少有三個問題要解決：（一）如果《性與性格》和現在的流行書很像，它還有什麼特別之處嗎？爲什麼還要留意它？（二）先前我說此書呈現了族群之間的仇恨，可是這本書從書名到內容都在談兩性關係。爲什麼我從族群問題和兩性問題之間跳來跳去？（三）此書看起來只是言論比較聳動而已，爲什麼要把這種偏激的言論說成是仇恨？這種言論是不是也該享受言論自由？

一，《性與性格》和當前流行書，相似也相異。將前者和後者放在一起對照來看，特別有意思。兩者相似的原因之一是都在因應時代的性焦慮。引起焦慮的時代風流人物，就是社會地位慢慢提高的女人，以及女性化的男人。女人崛起和男人陰性化等等現象，都挑戰了男上女下的權力關係，也因此在百年前的維也納以及在百年後的今日威脅了主流社會價值。這種性焦慮如何熬過百年的歷史波折而不墜，就是值得思考的。

《性與性格》和當今讀物最明顯的差異，在於年紀。這本百年老書是歷史文件，具有歷史價值。我在這裡要強調「歷史」這個詞：這個詞並不只意味「古老」（意涵是靜態的），也意味「看遍時代的起起伏伏」（意涵是動態的）。《性與性格》在百年前一出版就成爲暢銷書，被譯爲多種語言席捲歐洲，被希特勒本人稱讚（因爲此書批評猶太人），卻又被納粹查禁（因爲此書作者魏寧格是猶太人），在近二十年來的德國重新流行——這部書的命運，就是起起伏伏的歷史，值得考查。

此書與許多歷史著名人物的「交集」，長年爲人傳頌。佛洛伊德，卡夫卡，哲學家維根斯坦等人，都與此書發生「交集」。不少人認爲《性與性格》「影響」了這些名人，但我寧可使用「交集」（意涵比較中立）而不用「影響」（意涵比較強烈）——有些學者也指出，這些名人和《性與性格》的關係很難斷定。並沒有確切證據顯示卡夫卡是先看了《性與性格》才在小說中寫出畸零的父子關係、男女關係。比較中肯的說法是，卡夫卡、佛洛伊德等人和魏寧格，同樣關注類似的時代問題（性焦慮，猶太人的處境等等）。不過，光是這些交集，就已經可觀。爲什麼那個時代的諸多知識分子都在關心同樣的議題？是不是他們都同樣被「時代精神」（**Zeitgeist**）所制約了？而這些知識分子，是否可以不走《性與性格》的路，而另找出路？

二，《性與性格》既是在談兩性關係，也是在談族群關係。此書在兩種關係之間滑來滑去。此書認爲，男性和女性的關係，就等同德國人和猶太人的關係：男性和德國亞利安人都是高尚的，而女性和猶太人都是低下的。按照這種說法，女人要出頭，就要盡量不像女人；而猶太男人若要自強，就要盡量不像猶太人，而且要不像女人。魏寧格強調，猶太男人是女性化的，因而低賤。

既然《性與性格》將兩性關係和族群關係交織並談，讀者就很難只看見一邊而不理另一邊。有些讀者認爲魏寧格罵猶太人罵得好，說不定他們心中其實是想要罵女人；同時，認爲魏寧格罵女人罵得好的讀者，恐怕心裡想罵猶太人。

今日讀者可能會覺得魏寧格的主張讓人毛骨悚然：爲什麼要貶低一個性別（女性），以及一個族群（猶太人）？不過話說回來，讀者只要在台灣社會四處張望，就可以發現某些性別被打壓（女人，不男不女的人），某些族群被歧視（已經包括外籍新娘，外勞）——性別歧視和種族歧視在世界各處都有，只不過，人們未必像魏寧格一樣口無遮攔。魏寧格理直氣壯，甚至認爲他自己良心苦口——他忠言逆耳的意見是給女人和猶太人的良心建議，讓她／他們擺脫女人和猶太人的身份。

魏寧格自己是猶太人。當時流行一種刻板印象，強調猶太男人比較女性化（而且比較情緒化、神經質）。既然如此，他爲什麼要批判猶太人和女人？許多人說，魏寧格憎恨自己，所以他不准自己當猶太人，不准自己身上有女人味。我們也可以接著問，魏寧格爲什麼要自我憎恨？此時，就不得不回顧他的時代背景。一百年前的維也納，是德語世界的大都會，多種族群並存：主流的亞利安人具優勢，而已經在維也納住了好幾代的猶太人仍然被人當作次等人，剛剛從東歐移入維也納的猶太人更被推至社會底層。魏寧格以及無數想要進入上流社會的猶太人，就只好向亞利安人看齊，而把猶太人踩在腳底下。這種奇異的族群認同心境，在台灣歷史上也有許多例子。在吳濁流的小說《亞細亞的孤兒》中，男主角就不知道自己究竟是日本人，中國人，還是台灣人，結果發瘋。

三，《性與性別》究竟是在表達自由言論，還是在鼓足仇恨呢？老實說，自由言論和仇恨言論之間的界線，很難明確畫出來；就算畫出來了，界線也會游移。我們不妨想想：台灣call-in節目充斥的言論，究竟是該保護的自由言論，還是該批判的仇恨言論？而這些言論，又和族群以及性別的刻板印象有何牽連？我們是不是會不自覺地說「某族群懶惰不上進」，「某族群對於兩性關係很隨便」，然後讓這些刻板印象延伸為埋藏偏見的言論，釀成難以收拾的仇恨？

不時有人呼籲「不要有仇恨」。沒有仇恨當然很好，但我感嘆這種期望不免徒勞。仇恨燒不盡，春風吹又生。轉型正義並沒有辦法完美地蓋棺論定——仇恨並不會乖乖壓在棺下面，反而會從棺的細縫一再滲出來。光從猶太人的命運來看，就知道和他們牽涉的轉型正義一直到今天還沒有成功達成任務。我們沒辦法期盼一個完全沒有仇恨的烏托邦，只能希望我們一直有力量面對一再冒出來的仇恨。《性與性格》這份歷史文件，就是一面仇恨的鏡子。

譯序

《性與性格》是奧地利猶太裔哲學家奧托．魏寧格二十三歲時發表的著作，也是他生前發表的唯一著作。他的格言式隨筆集《關於終極事物》（*Uber die Letzten Dinge*），是他去世兩個月後其友人拉帕波特（Rappaport）整理發表的。這兩本書就是魏寧格留在世上的全部，也使他成了一個世紀以來最具爭議的思想家。

一百年來，《性與性格》一直在被研究和爭論。人們對它衆說紛紜，褒貶不一，或爲它拍案喝彩，或對它口誅筆伐，其重要原因之一就是它不同於一般的性心理學專著，更不是坊間常見的那種打著性學旗號的通俗讀物。它不但提出了帶有普遍性和根本性的兩性關係問題，而且從哲學、邏輯學、倫理學和心理學等多個角度對這些問題進行了反傳統的探討。《性與性格》的思想維度如此深廣，卻出自一個如此年輕的哲學家，實屬罕見。誠如本書德文出版者所說：「也許整個歷史上還不曾有人像他那樣，不到二十一歲時就寫出了像《性與性格》這樣的科學上如此成熟、哲學上如此富於獨創精神的著作」。

一八八〇年四月三日，魏寧格出生於維也納一個富裕的猶太手藝人家庭。自少年時代起，他就在自然科學、數學和人文科學方面顯示了早熟的才能。他的語言天才尤其突出，除了母語（德語）以外，他還精通西班牙語和挪威語，通曉法語、英語和義大利語，此外還掌握了拉丁語和希臘語，十六歲時曾打算發表一篇詞源學論文，內容是研究荷馬史詩中的希臘語形容詞。一八九八年，魏寧格進入維也納大學研習哲學。

一九〇一年秋，魏寧格將一篇題爲《愛神與賽姬》（*Eros und Psyche*）的論文（即《性與性格》的草稿）拿給佛洛伊德看，請他推薦發表，但後者認爲該書立論缺少實例，未予重視。半年後，魏寧格把《性與性格：生物學及心理學考察》（*Geschlecht und Charakter: Eine Biologische und Psychologische Untersuchung*）作爲學位論文交給維也納大學，其第一部分使他獲得了哲學博士學位。在獲得學位的同一天，魏寧格也成了基督教徒。一九〇三年，《性與性格》擴充內容出版後不久，魏寧格曾說：「我面臨著三種可能：絞架、自殺，或者連我自己都不敢想像的輝煌。」這句話一語成讖，同年十月四日，二十三歲的魏寧格因苦悶絕望，開槍自殺於維也納的貝多芬故居。不久之後，這本書終於引起了空前巨大的轟動，不但成了暢銷名著，而且被譯成了數十種語言。幾年後他的出版商說：「在整個圖書史上尚無一本科學書籍取得過更大成功。」佛洛伊德也在一九〇九年承認魏寧格「很有天才」。

《性與性格》被譽爲不可多得的天才之作，一百年來一直對西方文化產生著深遠影響。魏寧格的思想影響了西方現代主義乃至後現代主義思潮：在維根斯坦、克勞斯、卡內蒂、佛洛伊德、布洛赫、卡夫卡、勞倫斯和喬伊斯的著作中，全都可以看到魏寧格的影響；法國女作家波娃（Simone de Beauvoir）著的《第二性》（1949）被譽爲現代女權主義運動的「聖經」，而其中的名言「女人不是生成的，而是造就的」，則能在《性與性格》中聽到其先聲；德籍女作家韋娜（Esther Vilar）那本轟動一時、引起廣泛爭議的心理學論著《被操縱的男人》（*The Manipulated Man*, 1972），其核心思想「女人操縱男人」也表達了和《性與性格》相同的女性觀；二〇〇三年五月，美國學者亞尼克（Allen Janik）發起召開了《性與性格》世界學術討論會，其目的是將有關這部奇書的百年論爭轉變爲學術研究。

西方知識界一向不乏對魏寧格及《性與性格》的高度評價，例如：「我們全都受到魏寧格的魅力的影響，即便是我們當中那些從未聽說過他的人，因爲他是這樣的天才之一，其思想的回聲遠遠地超越了他的名聲。」又如：「在這本書裏，一位悲劇性的、最不幸的思想家作了直言不諱的自我剖白。放下這本書之後，任何一個有思想的人都會對作者懷著深情和讚賞；並且，在合上這本書的時候，許多人心中一定會對作者產生一種近乎虔誠的崇敬」。

另一方面，豐富的現代思想（其中也包含著對柏拉圖、康德、叔本華和尼采哲學思想的借鑒、改造和發展），悖論警句式的言論，駭世驚俗的另類見解（例如對兩性心理、同性戀、猶太文化等），又使這本書自出版後就引起了衆多誤解和猛烈批判，被視爲精神病患者的自白（例如，佛洛伊德就認爲魏寧格雖然很有天才，但性心理錯亂，其憎惡女性和猶太人是所謂「閹割情結」的表現），甚至被看作反對婦女解放和排猶分子的謬論。《性與性格》究竟是一部從哲學和倫理的角度剖析人類兩性關係的傑作，還是一部充滿了性別歧視和種族偏見的邪說？要弄清這個問題，應當從它的核心思想說起。

魏寧格生活在十九世紀維也納「世紀末」頹廢文化的氛圍裏。用王爾德的話說，那是一個「赤裸裸的金錢和赤裸裸的肉欲」的時代。在那個時代，人性被金錢扭曲，性和愛情被異化成了商品；虛僞當道，物欲橫流，高尚人性的光輝正消失殆盡；除了金錢和肉欲，大多數人已經忘掉了更高精神（即魏寧格所說的靈魂）的存在，變成了只注重實利的市儈和目光短淺的庸人（即安諾德所痛斥的「菲利士人」）；世風淫靡，充滿脂粉氣和耽樂色彩；在那個自戀型的社會當中，人們的行爲動機唯有自私和虛榮。所以，年輕的魏寧格寫作《性與性格》，絕不是在「爲賦新詞強說愁」或者危言聳聽，因爲那是一個需要叔本華那樣的哲人高喊「人生由痛苦和無聊兩種最後成分構成」的時代，一個需要尼采那樣的狂人挺身宣布「上帝已死」的時代，也是一個需要魏寧格那樣的天才指明「女人通過男人的過錯而獲罪」的時代。魏寧格就是當時維也納知識界的佼佼者和一個被誤解的中心人物。

從這個意義上說，《性與性格》不僅是一部涉及哲學、倫理學、兩性心理學和性格學的跨學科綜合論著，而且是對十九世紀末歐洲社會價值觀的深刻反思，是對人類劣根性氾濫的無情批判，也是對高尚人性復歸的強烈呼喚。

在《性與性格》中，魏寧格從獨特的視角剖析了性別問題，闡明了男女性別的哲學、倫理學和社會學意義。他指出：認爲世界上只有絕對意義上的「男人」和「女人」，這是庸人和學究的淺見，毫無意義；要獲得對現實世界的眞知，就必須擺脫這種庸俗見識。他分別用「M」和「W」表示絕對意義上的男性素質和女性素質。他認爲：現實中根本不存在這兩種純而又純的性格類型，每個人都是這兩種素質的混合體。一個人的基本性格取決於兩者的比例及其構成方式；男性素質佔據主導地位時，便給他人以男人的感覺，反之則給他人以女人的感覺。最重要的是，魏寧格還認爲男性素質代表著「有」，而女性素質代表著「無」，因此，每個人身上就同時包含著「有」和「無」兩種因素。這是《性與性格》的立論基點。

由此出發，魏寧格認爲判斷一個人性格的基本依據是這兩種因素的多寡，男女當中都存在著與生理性別相反的性格（例如女氣十足的「男人」和陽剛強悍的「女人」）；從這個意義上說，男女的性格無不反映了「性別的中間狀態」。這一點不但決定了兩性的社會關係和倫理關係，而且確定了兩性的哲學本體論意義。這就是被西方學術界稱爲「人類雌雄同體論」（theory of human bisexuality）的獨特理論。

魏寧格將女性進一步劃分爲「母性型」和「妓女型」兩類，認爲前者屬於最接近原生狀態的女人，處在人類生活的最低層面，只能作爲庸人的朋友，因爲她們身上的女性因素最多，最接近於「無」，對人類文化的進步沒有多少貢獻；而後者身上的女性因素則少於前者，是天才者的朋友，能夠參與促進文化進步的活動，因而生活在一個較高的層面上。當然，世上根本不存在這兩種類型的絕對形式，女人都是這兩種基本類型的混合體。魏寧格由此指出，既然絕對意義上的女人是「無」，她就根本無法具備本體意義上的存在；男人將自己的罪投射給女人，才使女人獲得了存在，而從倫理意義上說，男人按照自己的意願去塑造女人，這就是男人的罪。所以，魏寧格雖然歷數了女性的種種性格弱點，但還是一再指出：「女人受到的一切譴責都應當算在男人的帳上」（第二部分第十二章）、「女人獲救的希望並不繫於男人的不純潔，而是繫於男人的純潔」（第二部分第十四章）、「事實上，我的考察最終還是轉向了批評男人，儘管其意義比女權提倡者所期望的還要深刻，並且對男人提出了最沉重、最切實的譴責。」（〈作者序〉）這裡不存在性別歧視，這是天才的魏寧格根據他的哲學理論對兩性關係的深刻分析。

在魏寧格看來，女人絕不僅僅是生物學意義上的個體，更是具體歷史條件下的社會性個體；因此，女人的性格特點勢必帶有男權社會所賦予的濃厚色彩。在這種前提下談論婦女解放，只能是一種奢侈的幻想，因爲唯有到男人不再把女人用作達到目的的工具、女人不再渴望通過男人獲得自己的價值（這其實也是女人把男人用作了達到目的的工具）的時候，才

會出現眞正的兩性平等。所以，魏寧格才深刻地指出：「婦女解放的最終敵人，就是女人自己。」（第二部分第十四章）

將關於兩性性格的研究結論運用到對民族特性的分析上，這是魏寧格又一個大膽的理論創造。他以猶太民族作爲分析對象，因爲他自己就是猶太人。不少評論者認爲這反映了魏寧格的「猶太自卑情結」，並從種族的角度上將他視爲猶太人的叛逆。然而，凡是眞正閱讀過《性與性格》第二部分第十三章「猶太教」的人都會記得，作者預感到他的觀點會造成誤解，便反覆強調：猶太教（Judaism）的涵義「既不是指一個種族、一群人，也不是一種被承認的宗教信條。我把這個字看作一種思想傾向，一種全人類都可能具有的心理特質，只是它唯獨在猶太人當中體現得最顯著而已。」（在另一種英譯文中，這個字被譯爲「Jewishness」，即猶太氣質，因而進一步地表明了這個意義。）尼采在他的《論道德的譜系》（*Zur Genealogie der Moral*）中，曾把猶太人分爲「舊猶太人」和「新猶太人」，並認爲後者將可能是「眞正自由的靈魂」。魏寧格雖然借用了尼采的說法，卻並不肯定「新猶太人」，因爲他認爲當時維也納社會中的猶太人已經喪失了勇敢、追求理想和自我犧牲的英勇精神，那些正是《舊約》中猶太人的典型性格。魏寧格認爲猶太人類似於性格學上的W型女性，具有消極的素質，因此，也像婦女的解放一樣，猶太人必須克服自身的弱點，才有望獲得新生。正如魯迅剖析阿Q的「精神勝利法」一樣，魏寧格對猶太性格的剖析也體現了「哀其不幸，怒其不爭」的人文精神和清醒的自我批判。

正是在這一章裏，魏寧格明確地指出：「我對猶太人的評價雖然很低，但如果由此認爲我贊成從理論上和實踐上去對猶太人進行哪怕一丁點迫害，那就大錯特錯了。我討論的是猶太教的純精神意義，即將它作爲一種觀念。世上沒有絕對意義上的猶太人，也沒有絕對意義上的基督徒。我說的不是作爲個體的猶太人，而如果我針對的是作爲個體的猶太人，那就的確是對他們嚴重的無端傷害。」之所以強調這一點，是因爲當今在這個問題上仍有嚴重分歧：不但仍有人將魏寧格的思想與納粹的反猶宣傳等同起來，也有人主張重新解讀《性與性格》的文本，以還其本來面目。

《性與性格》的思想激烈而極端，帶有明顯的歷史局限性和個人局限性，對於這一點，當今的讀者大可不必「爲天才者諱」。當今的讀者不可能完全接受魏寧格的某些結論，但這不會影響這部著作的文化價值和在西方思想史上的重要地位。

《性與性格》雖然出自一個青年，但其思想絕不幼稚膚淺，因此被西方評論界認爲是來自最成熟智慧的巨著。推崇魏寧格的人說它如同一個思想家畢生心血的結晶，例如史特林堡認爲它「令人震驚」、「解決了最根本的難題」，深受魏寧格思想影響的維根斯坦也說：「不錯，魏寧格是乖僻的，但他是偉大的乖僻。」而反對魏寧格的人甚至認爲它是抄襲來的（這不免使人想起了《靜靜的頓河》，當年也曾有人認爲它是蕭洛霍夫的抄襲之作）。儘管衆說不一，贊成者和反對者在一點上是一致的，那就是全都誠心地認為《性與性格》是一本「最值得閱讀、最富於獨創性的」必讀書。相信今天的讀者完全能對這本書作出自己的獨立判斷。

蕭 聿

二〇〇四年四月識於北京

作者序

本書嘗試用一種明確的新見解來觀察兩性關係，這個嘗試既不想儘量囊括各種顯著的性格，也不想系統性地整理科學測量和實驗的全部結果，而僅僅是要闡釋一條能夠說明男女間全部差異的原理。在這個方面，本書不同於其他有關這個題目的著作。本書並不糾纏於這個或那個的細節，而是緊緊圍繞其最高宗旨。本書沒有羅列大量的調查結果，而是把兩性在精神方面的差異歸納成一個體系。本書討論的並不是作爲複數的女人，而是作爲單數的女人。本書其實是從最普通、最常見的事實入手的，但目的卻在於闡明一條具體的原理。本書的方法不是「形而上學的歸納法」，而是要去逐步地接近心理學的核心。

本書的考察並非針對細節，而是針對各種法則。本書並不輕視實驗室獲得的結果，儘管在更深層次的問題上，心理實驗的幫助較內省分析來得有限。意圖呈現女性形貌的藝術家，不需藉由實際測量的驗證，就能描繪出一個典型。藝術家並不看輕體驗的結果，恰恰相反，他把體驗視爲己任。不過，對他來說，收集來自經驗的知識，僅僅是探索自我的起點，而在藝術當中，探索自我就是探索世界。

本書運用的心理學純粹是形而上的，儘管主要的研究方法是從最瑣碎的細節經驗入手，此乃主題所需要。哲學家與藝術家的任務，其不同之處僅僅在於形式：哲學家訴諸抽象觀念，藝術家則訴諸象徵。藝術與哲學之間的關係是表達方式與內容的關係。藝術家把世界吸入心中，再把它呼出來；而對哲學家來說，要把握身外的世界，則必須先將世界納入心中。

理論當中總帶有某種虛誇矯飾的東西，而「眞實」的意義（在藝術作品裏，眞實的意義就是自然本身；在哲學體系裏，眞實的意義則是一種更凝練的概括，是一種深及事物根本並能自圓其說的命題）卻似乎會給我們嚴厲的打擊，幾乎會使我們感到受了冒犯。在這本書裏，我幾乎處處都在反對女性，男性讀者如果讀到這些反女性的言論，大概會感到幾分心領神會或者完全信服。男人在性問題上的自我中心，使他們樂於把女人看作符合男人心思的那種女人，看作男人希望看到的那種女人。

針對我對女性所做的判斷，女人們勢必要提出質疑，而我也準備回答她們，這自然毋須明言。事實上，我的研究最終是批判男人的，並且對男人提出了最沉重、最切實的譴責，其意義比女權提倡者所期望的還要深刻。不過，譴責男人對我並沒有多少幫助，從本質上看，這麼做絲毫不能使我的名譽在女人心中得到恢復。

然而，我的分析並不僅止於發出譴責，而是超越了簡單的表面現象，達到了某種高度。站在那個高度上，你不但能觀察到女人的天性及其在宇宙中的意義，而且能看到女人與人類、與一些最根本和最崇高的問題的關係。我將闡明女人與文化問題的明確關係，我們也將看到女人在理想目標的領域裡將要發揮的作用。同樣，在文化問題和人性問題互相重合的領域中，我不僅要做出解釋，而且要做出價值判斷，因爲在那個領域裏，解釋說明即是價值判斷。

我的研究能發展至如此廣闊的視野，並非一開始就有意爲之。經驗心理哲學的不充分，是經驗心理學自身造成的後果。但是，我們從現象入手，只要我們能從現象中找到任何要素，證明現象背後存在的東西，只要我們能窺見一些標誌，它們能表明存在著某種高於現象和造成現象的東西，那麼，經驗性知識（empirical knowledge）不但不會被輕視，反而會顯示出更深刻的意義。我們可以相信，的確存在這樣一條根本原理，儘管任何活人都無法眞正達到。本書力圖朝這條原理不斷邁進。

女人與女權問題所包括的範圍很有限，在這個有限範圍內，不可能去達到一個這麼高的目標。儘管如此，這個問題還是必定與存在（existence）的最深刻奧秘有著緊密的聯繫。只有將問題與對宇宙的解釋聯繫起來，才能從實際的或理論的角度、從倫理學或形上學的角度，來予以解決。

世界觀（Weltanschauung）——或者被看作世界觀的東西——與掌握細節的知識並不矛盾。相反地，所有專門的知識都因爲經驗細節，而得以具備更深刻的意義。領悟宇宙是自我創造的過程；即使綜合數量再多的經驗性知識，也無法使它出現，儘管各個時代的經驗性知識都如此期盼。

我在書中提出的想法，僅僅是一個總體世界觀的萌芽。從性質上看，這些萌芽思想最接近柏拉圖、康德和基督教的理論概念。我一直在強迫自己把本書的大部分論述建立在科學、心理學、哲學、邏輯學和倫理學的基礎上。我想，我至少爲許多事情奠定了一些基礎，而我不可能把那些事情全部做完。我尤其關注我這部分工作當中的缺點，因爲我更注重對已經試圖說出的話做出評價，它們涉及一些最深刻、最普遍的問題，而不大看重我對女人問題的個別見解必定會喚起什麼興趣。

喜歡哲學的讀者大概會誤以爲，他讀到的論著雖然講著一些最崇高、最根本的探問，卻用來考察一個不那麼高尚的特定問題。我也懷有這種厭惡感。但我會說，在本書中，我始終把兩性的對比看作論述的起點，而不是看作研究的最終目的。這個考察已經大有收穫，其中包括大量邏輯學基本問題及其與各種思想原理的關聯，還包括關於審美、愛情、美和善的理論，包括個體、道德以及兩者的關係等問題，包括天才、渴望不朽和希伯來人的特性等現象。這些複雜的內在聯繫，自然有助於研究這個特定的問題，因爲，正是由於我們多角度的考察，使它的範圍擴大了。從這種更寬廣的意義上來說，即使我們證明，文化僅僅能對女人寄予最小的希望，即使考察的最終結果是對女性的貶低，甚至是對女性的否定，那也根本不是想以此去摧毀那些已經存在的事物，或者去貶低那些具有自身價值的東西。如果我在這本書中只是一味地摧毀一切，只留下一片空白，這種做法早就會使我恐懼萬分了。在我的這本書裏，雖然肯定性的措辭或許不那麼清晰，願意聆聽的人還是能夠聽到它們。

這本論著分兩部分：第一部分涉及生物學和心理學；第二部分涉及邏輯學和哲學。有人會提出異議說，如果我把這兩個部分寫成兩本書，效果會更好，一本從純生物學的角度去論述，另一本從內省心理學的角度去論述。然而對我來說，必須先從生物學的角度去考察兩性問題，完結之後，才能進行全然的心理學探究。本書第二部分對某些心靈問題的論述，完全不同於當代任何自然科學家的方法。因此我深知，去掉本書的第一部分會讓很多讀者去冒風險。何況，本書第一部分還有待接受自然科學的關注和批評；而在本書第二部分裡，會引起自然科學的關注和批評的，大概只有不多幾處，這個部分主要是從內省心理學的角度展開論述的。第二部分首先提出了「反實證論宇宙」（the universe that anti-positivistic）這個概念，因此，許多讀者會認爲它很不科學（儘管我已在書中提供了反對實證論的有力證據）。目前，我必須讓自己暫且滿足於一個信念：我已經闡明了這個概念中與生物學有關的內容；我已經爲非生物學的、非生理學的心理學確立了永久的地位。

我的考察可能遭到反對，有人會說它的某些觀點缺乏充分的證據。但我卻認爲這些反對意見沒有多少道理。在這些事情上，「證據」又意味什麼呢？我談論的不是數學，也不是認識論（書中只有兩處涉及認識論），而是經驗性的知識，其中絕不僅僅是指出那些存在的東西。在這個領域裏，證據的意義只不過在於新經驗與舊經驗的一致。無論新現象是產生於人的體驗，還是直接來自於大自然的造化之手，這兩者都幾乎是一回事。我這本書中包括了大量有關經驗性知識的證據。

最後，如果允許我對我這本書做出評判，我要說：這本書的大部分內容並不是草草一看就能馬上理解和領悟的。我之所以親自指出這一點，是爲了引導和保護讀者。

在本書的兩個部分（尤其是在第二部分）當中，我越是發現與當今被看作知識的東西相一致的見解太少，我就越是急於指出這些見解與已有知識的一致之處，因爲我已經發現：我這些見解與已經被人們理解並說出過的東西完全一致。

我要感謝繆納博士（Professor Dr. Laurenz Müllner）給予我的大力協助，感謝約德爾博士（Professor Dr. Friedrich Jodl）從一開始就對我這本書懷有眞誠的興趣。尤其要感謝幫我訂正本書證據材料的好心朋友們。

第一部分

（預備部分）：性的複雜性

緒論

普遍概念的發展——男性與女性——矛盾——過渡形態——解剖學與自然天賦——解剖學的不確定性

一切思想都始於某種程度經過概括的概念，並由此朝兩個方向發展。一方面，概括的範圍越來越寬廣，將越來越多的現象藉由共同特徵彙集在一起，從而包含了現實世界中更廣闊的領域。另一方面，思想越來越接近全部概念的匯合點，即一個個別的、具體的複合單元；我們只能將思考範圍不斷縮小，給普遍概念（「事物」或「某事物」）不斷添加具體的、有區別性的新特徵，才能接近這個匯合點。過去很長一段時間，人們只認識到魚類是動物界的一族，與哺乳類、鳥類和無脊椎動物皆截然不同。後來的認知演變爲：一方面，魚類有硬骨和軟骨；另一方面，魚類、鳥類和哺乳動物具有許多共同特點，因此也可視爲不同於無脊椎動物的一個群體。

大腦能把握現實世界無數異同的全部複雜性，這個斷言不證自明，有如生物界生存鬥爭的法則。我們的概念位於我們和現實之間。我們只能一步步地把握這些概念。這就如同對付一個瘋子，我們最初可能不得不先用繩網箍住他的全身，以限制他的掙扎，而只有當他全身都被束縛住之後，我們才可能想到分別去制服他的四肢。

有兩個普遍概念從原始人類那裡傳了下來，它們自遠古時代起，就約束左右著我們的心理過程。這兩個概念經歷過些許小小的糾正：它們被送進作坊裡，修補主幹和枝節必須改造之處；當新的需要突破一個又一個舊的取捨法則、衝破一個又一個束縛時，它們便會被剪下來，然後或者在這裡添上些什麼，或者在那裡減去些什麼。儘管對這兩個概念做出了這些修正和改動，我們的考察對象還是它們的最初面貌。這兩個普遍概念就是「男性」和「女性」。

在那些被我們稱為「女人」的人裡，確實有一些身上沒有多少脂肪，臀部很窄，瘦骨嶙峋，肌肉發達，氣力十足並極為崇尚精神生活；也確實有些「女人」頭髮很短，嗓音低沉，這就像確實有些「男人」沒有鬍鬚、喜歡說長道短一樣。我們知道，事實上，世上既有不像女人的女人和更像男人的女人，也有不像男人的、女裡女氣的、更像女人的男人。我們僅僅根據人類出生時的一項特徵，就賦予他們性別，後來又把一些與之矛盾的思想加進我們的概念裡。這種做法完全不合邏輯。

在私人交談裡，在社交界，在學術會議或一般會議上，我們都參與過有關「男人和女人」或者「婦女解放」問題的空洞討論。令人遺憾地，這些場合都發出同一種單調的聲音：按照那種見解，「男人」和「女人」就像是一個紅色的球和一個白色的球，除了顏色，在其他各個方面都完全相同。沒有一個討論是針對某個個案的，並且，由於人們腦中所想的個體不盡相同，討論根本不可能得出眞正一致的見解。人們往往用同一個詞彙去表示不同的事物，因此，語言與思想之間就產生了完全不對應的現象。女人和男人全都彼此迥異，差別分明，而女人之間，或男人之間，彼此的每個特點皆完全相同——現實果眞如此嗎？此前一切有關兩性區別的論著，確實（或許是不自覺地）都暗示了這樣的見解。儘管如此，自然界裡卻找不到如此涇渭分明的斷裂。金屬與非金屬之間，顯花植物與隱花植物之間，哺乳動物與鳥類之間，都存在著一系列的過渡形式。我們進行分類，從大自然連續不斷的旋律裡區分出一支支單獨的曲調，只是順應那最普遍實際的對於某種粗淺觀點的需求。但在新的時代裡，我們腦中的陳舊概念成了愚蠢的東西，像原始人的交往習俗一樣。根據以上類比，我可以說：徹底的雄性與徹底的雌性之間那種鮮明分野，肯定無法在自然界裡找到；也沒有哪種生物在這方面顯得如此簡單，能夠非此即彼。事情根本不會這麼一清二楚。

在有關婦女問題的爭論當中，有人曾求助於解剖學的裁決，以為有了解剖學的幫助，便能在男人和女人的兩類特性之間劃出一條界線——一類是與生俱來的、不可改變的特性，另一類則是後天形成的特性。（試圖以解剖上的結果確定男女自然天賦的差異，亦即以爲，若是其他考察全無結果，只要發現某方的大腦重了一丁點兒，事情便會迎刃而解，這種嘗試是一種不著邊際的冒險。）然而，無論談的是大腦還是身體的其他各部分，解剖學家的回答也都頗爲清楚：根本就不存在能將男女截然分開的、絕對的性別界線。大多數男人的手骨都和大多數女人的不同，儘管如此，性別的確立無法取決於骨骼，也無法取決於肌肉、筋腱、皮膚、血液和神經等某個孤立部分。同樣地，胸腔、薦骨和顱骨也不是決定性別的依據。至於男女的骨盆骨骼存在顯著的性別差異，對此我們又該做何解釋呢？幾乎人人都認爲：女性的骨盆乃爲適應分娩的需要，而男性的骨盆卻不是這樣。但是，骨盆的特徵並不能作爲衡量性別的絕對標準。不但是解剖學家，連徒步的旅人都知道：許多女人的骨盆像男人的一樣窄，而許多男人的骨盆像女人的一樣寬。這麼說，難道我們就無從確定男女性別差異了嗎？這幾乎就暗示著，我們無從區分男人和女人。

對這個難題，我們該到哪裡去尋求幫助呢？舊信條已經不夠用了，但沒有它，我們就找不到新的出路。如果過去接受的思想已經不敷應用，我們的任務就必定是去尋求新的、更有效的指南。

第一章
「雄性」與「雌性」

中性狀態的胚胎——成人體內的未發育器官——程度不同的「雌雄異體」現象——性別中間形態的原理——雄性與雌性——類型概念的必要性——小結——對早期表述的回顧

在對大多數生物進行的最廣泛分析中，硬性劃分雄性與雌性的做法，已經不再能充分地解釋已知的事實。很多作者多少都感覺到了這兩個概念的局限。本書的第一個目標，就是闡明這一點。

我贊成其他一些作者的見解。最近，他們在分析與這個題目相關的事實時，把胚胎學所證明的事實當作了起點，即人類、植物和動物間，都存在一個在性別上屬於中性的胚胎階段。

例如，在不滿五個星期的人類胚胎裡，還分辨不出它日後將屬於什麼性別。在胎兒生命的第五個星期，區分性別的過程便開始了。到了懷孕第五個月的末尾，這個過程就已經把生殖器官的原基（它們最初在兩性體內很相像）轉變成一種性別，並確定了整個有機體的性別。關於這些過程的細節，我們無須在這裡做更充分的描述。我們只要知道一點即可：成熟的植物、動物或人類，無論其雌雄異體（unisexual）的表現如何分明，總是會持續存在某種雌雄同體（bisexuality）的特徵，而那個未得到發育的性別永遠不會徹底消失。事實上，兩性的區別從來都不徹底。雄性的所有性徵也會以某種形式出現在雌性身上，無論其發育是多麼微不足道。同樣地，雌性的性徵也存留在雄性身上，儘管它們也許不是如此完整的原基。這個性別的性徵，會以不完全發育的形式出現在另一性別身上。因此，例如就人類（我們對人類懷有最濃厚的興趣）而言，我們會發現：最富於女人氣的女人，她們下頦上（即男人長鬍鬚的地方）可能生出被叫做「汗毛」的無色毛髮；而最富於男人氣的男人，其胸部皮膚下也可能發育出與乳頭相連的大塊腺體組織。詳細的調查也表明：在兩性真正的生殖器官、輸送管，即被叫做「泌尿生殖器系統」的身體區域內，都發現了一套完整但未發育的、與異性器官相應的器官。

胚胎學的這些結論可以使我們想到另外一組事實。海克爾（Haeckel）曾用「雌雄異體」（gonochorism）這個字描述兩性的分離，我們可以看到：不同綱目、不同種類的生物當中，存在著不同程度的雌雄異體現象。一種性徵在異性個體上的殘留程度，可以作爲區分不同種類的動物和植物的依據。最極端的性分化例子，最鮮明的雌雄異體現象，表現爲兩性異形（sexual dimorphism），在此情況下（例如在某些水蚤身上），同一種動物的雄性和雌性之間的差異極大，甚至簡直就像不同種屬的成員。脊椎動物當中的雌雄異體現象，表現得不像在甲殼綱動物或昆蟲中那麼鮮明。在前者當中，雄性和雌性之間不存在堪稱兩性異形的徹底差別。一些在性別上屬於中間形態的形式，即被稱爲「反常的兩性一體」（abnormal hermaphrodite）的形態，會在它們當中更頻繁地出現；但在某些魚類當中，兩性一體卻是正常的形態。

在這裡，我必須指出：絕不能以爲只存在極端的雄性（其個體上遺留著零星的雌性形態）和極端的雌性（其個體上遺留著兩性體或過渡形態的雄性痕跡），而這兩種形態之間又壁壘分明。我這裡特別要說的是人類，但我對人類的見解，只要稍加變動，也適用於幾乎所有能進行有性繁殖的動物。

人類當中的情形是這樣的：男性和女性之間存在著各種中間形態，即性別上的過渡形態。在物理考察中，人們假定了一種「理想的氣體」，這就是說，這種氣體的表現完全符合波以耳定律（law of Boyle-Guy-Lussac），儘管實際上根本就不存在這樣的氣體。我們由此推導出了一些規律，如此一來，背離這些理想規律的情況，就可以在實際存在的氣體中得到印證。按照同樣的思路，我們可以假定存在一種理想的男人M，和一種理想的女人W，把他們作爲性的類型，儘管實際上根本不存在這樣的類型。這樣的類型只能被構想出來，但也必須被構想出來。在藝術中也像在科學中一樣，眞正的目的在於獲得類型，即柏拉圖式的理型。物理學研究絕對剛性體和絕對彈性體的特性，並且完全知道這兩種物體實際上都不存在。在物質的這兩種絕對形態之間，的確存在著某些中間形態。這些中間形態僅僅被當作研究各種「類型」的起點；實際應用理論的時候，它們被看作混合體，並且對它們做了鉅細靡遺的分析。同樣，實際存在的，只有絕對男性和絕對女性之間的中間階段，而絕對的形態從來不曾出現。

我想說清一點：我現在討論的不僅僅是存在性別上屬於中性的胚胎，而且還有永久雌雄同體的形態。我考察的也並不僅僅是那些中間階段的性別形態，並不僅僅是那些已經引起衆人關注的肉體上和精神上的兩性體。另一方面，我的觀念是全新的。迄今爲止，在考察性別的中間形態時，我們僅僅提到了兩性體；借用物理學的類比，這彷彿在說：兩種極端形態之間只存在一組中間形態，而非一段介於其間的領域，其中同樣座落著程度不同的過渡階段。

事實上，男性和女性就像以兩種不同比例的元素混合而成的物質，但絕對不會完全沒有某一個元素。可以說，我們從來沒有發現過一個男人或者一個女人，而只發現過男性形態和女性形態。任何個體，無論是A還是B，從來都不能單純地被叫做一個男人或者一個女人，而應當用一個公式表示它是男女特性的混合體，其混合元素的比例各有不同。請看下例：

$$A\begin{cases}\alpha M\\ \alpha' W\end{cases}\qquad B\begin{cases}\beta W\\ \beta' M\end{cases}$$

請永遠記住一點：在以上兩組元素當中，α、α'、β、β' 全都必須大於零而小於一。

有大量證據能進一步證明這個概念是正確的，在本書的緒論裡，我已經提到了幾個最一般的證據。我們不妨回想一下：世上的確有一些「男人」生有女性的骨盆和女性的乳房，腰部很窄，還留著過長的頭髮；也的確有一些「女人」臀部窄小，胸部扁平，嗓音低沉，還長著鬍鬚（女人下頦長鬍鬚，這種現象比人們想的更普遍，而女人們也拼命地設法除掉它們；我這裡說的，並不是特指中年女人臉上常常出現鬍鬚的現象）。對這一切特別的形態（其中許多都出現在同一個人身上），醫生和解剖學家們都很熟悉，儘管它們的重要性並沒有被理解。

對我一直在闡述的觀點來說，其最驚人的證據之一是一大串變量。同一位或不同的人類學或解剖學工作者測量各種性徵時，便能發現這些變量。測量女子性徵所獲得的數字，並不始於男子性徵不再出現的地方，而是始於兩種性徵相重疊的地方。這種不確定性越有助於

「性別的中間形態理論」，維護眞正科學興趣的人就越是沮喪。解剖學家和人類學家根本不曾企圖對性類型做出一種科學式的表述，而只想要一般的、方便應用的特徵，因此他們被大量的例外現象弄得不知所措。這解釋了測量獲得的結果何以如此模糊不定而無邊無際。

統計學的方法把我們這個工業時代與那些更早的時代劃分了出來。人們認爲統計學的方法具有很強的科學性，這大概是由於它與數學之間存在著某種較遠的關聯。儘管如此，在現實中，統計學的方法卻阻礙了知識的進步。它研究的是平均值，而不是類型。人們還沒認識到：在純科學（這是相對於應用科學而言）當中，我們必須研究的正是類型。因此，注重研究類型的人一定要揚棄當前的（生物）形態學和生理學的方法及其結論。必須開始對細節做實際測量和調查。現有的資料無法用於眞正的科學，即使是定義較寬鬆（不只是康德式的）的科學。

只有通過正確地構想出理想的男人和理想的女人，我們才能獲得有關男女兩性的知識。這裡所謂「理想的」，其涵義是「典型的」，而其中不包括價值方面的判斷。我們承認並確立了這些類型以後，便應當著手去考察個案，而將這些個案分析爲由不同比例的元素構成的混合體，這麼做就既不困難，也不會一無所獲了。

現在，我想對本章的內容做個小結。不應當把生命體描述爲非此即彼的雄性或者雌性。從性別的角度看，現實世界可以被看作兩個極點之間的搖擺，沒有任何個體處在任何一個極點上，每一個體都處在兩個極點之間的某個位置上。科學的任務就是確定任何個體在這兩個極點之間的位置。位於兩個極點上的絕對形態，並不是在經驗世界以外的或高於經驗世界的形上學式存在，我們必須構想出這些絕對形態，把它們作爲描述眞實世界的哲學模式和實用模式。

對生命的雌雄同體形態的表述（其來由是現實中不存在徹底的性別區分），已經非常古老了。我們可以把這種表述追溯到中國的神話，但它是在希臘人的思想中才活躍起來的。我們不妨回想一下古希臘神話裡雌雄同體的化身——赫瑪佛洛狄忒，回想一下《柏拉圖對話錄》裡亞里斯托芬的敘述[1]，還可以回想一下後來的諾斯替教派的《默示書》（提阿非羅[2]著）裡也曾提到原始人是一種「陰陽人」。

---

1 古希臘雅典喜劇家、詩人。在柏拉圖對話錄〈會飲篇〉（Symposium）中，亞里斯托芬談到愛神的力量，言及人的性別最初有三種，即男性、女性和陰陽合體（androgynous），並說遠古眞的存在過陰陽人。

2 據尤塞布勒斯（Euseblus，古代凱撒里亞城主教，有「教會歷史之父」美譽）的《編年史》記載，提阿非羅是安提克（Antioch，古代敘利亞首都，其遺址在今日土耳其境內）的一位主教。該城是早期基督教中心之一，也深受古希臘文化影響。提阿非羅大約生活在羅馬教皇聖索特（Pope Soter）在位時期（168—176），原來信奉異教，後皈依基督教，並寫過三本爲基督教辯護的書，其中一本名爲《默示書》（Suggestionis），對《聖經》的人類起源說和異教人類起源神話進行了比較。《新約聖經》裡的〈路加福音〉和〈使徒傳〉就是希臘人路加爲這位「提阿非羅大人」寫的。

第二章 雄性原生質與雌性原生質

性徵的分布——司迪斯拉普被採用的見解——性徵——內分泌——種質——雄性原生質——雌性原生質——各種變化——閹割術提供的證據——器官移植與輸血——器官療法——細胞的個體差異——「性別的中間形態」的起源——大腦——男嬰過剩現象——性別鑑定——比較病理學

徹底修正迄今被人們接受的事實，這是我給本書確定的目標。我對這樣一本書的期望是，首先，它應當詳細地闡明性類型的解剖學和生理學特徵，而這些闡釋應當是嶄新的，其數量也應令人滿意。有人會問：全面考察一個如此重大的課題，是否已經超出了一個人的能力？對這種抽象的問題，我並不想去回答，而是要馬上否認我有任何此類打算。在一個如此廣闊的領域裡，我並不想妄稱自己已經做了足夠的獨立考察，也並不認爲這種意見對於本書要達到的目的是必要的。我也沒有必要去彙編其他作者提供的考察結果，因爲在這方面，靄理士已經做得很出色了。我如果試圖藉助他的考察結果，以較可能正確的推論，去闡述性的類型，我這本書就依然還是一個假設，科學論證的部分必須再寫一本新書。所以說，本章闡述的這些見解將是正規的和概括的。它們雖然和生物學原理有關，但在一定程度上，我會強調必須對其中某些明確的觀點進行更深入的考察。這項工作必須留待將來去完成，但我的這些提示將會使這項工作更容易進行。

不大了解生物學的讀者，不妨把本章大致瀏覽一下，如此才不致在理解後面的內容時遇到太大的困難。

過去，存在程度不同的雄性體和雌性體這個學說的論述，首先是純解剖學上的。但我們必須討論的不只是男女兩性的解剖構造，還要探問表現男女性徵的解剖位置。現有在兩性身體其他部分的性徵區別的實例，表明了性徵並不僅僅表現於生殖器官和腺體上。但是，這些表現究竟以何處爲界限呢？它們會超出第一性徵和第二性徵的範圍嗎？換句話說，性別存於何處，又在何處毫無影響？

過去十年間出現過許多見解，爲一八四〇年代提出的一個理論提供了新的支持。但是，那個理論在當時卻沒有得到多少支持，因爲它似乎與該理論的提出者及其支持者已經證明的事實截然對立。這裡所說的理論，是由哥本哈根的動物學家司迪斯拉普（J. J. S. Steenstrup）最先提出的，後來得到了其他許多人的贊同。那個理論認爲：性別表現於身體的各個部分。

靄理士收集的調查結果幾乎包括了身體的所有組織，它們都表明了性別差異是普遍存在的。很顯然，典型的雄性和雌性「膚色」之間存在著驚人的差異。這個事實證明，在皮膚、血管、血液中大量的染色物質，以及每一立方厘米中紅血球的數量上，無不存在著性別的差異。畢肖夫（Bischoff）和路丁格（Rüdinger）已經證明了大腦的重量存在著性別差異。更晚近的朱斯塔斯與艾莉斯．高樂（Justus and Alice Gaule）也在考察肝臟、肺臟和腎臟這些營養器官時，得出了相似的結論。事實上，女性身體的各個部分全都能對男性機體產生性刺激作用，儘管不同區域的刺激程度各不相同。同樣，男性身體的各個部分也都能對女性機體產生性刺激作用。

我們由此可以直接做出邏輯的推論，它也得到了大量事實的支持：身體的每個細胞都具有性別特徵，並具有明確的性別意義。現在，我要爲本書已經提出的那條原理（即世間普遍存在著屬於中間狀態的性別）補充一點：這些中間狀態可能呈現出程度不同的發育階段。世上存在著程度不同的性別發育形態，這個概念能使我們更容易理解假性雌雄同體、甚至眞正的雌雄同體的情況。自司迪斯拉普時代之後，眞正的雌雄同體現象已經在許許多多植物和動物身上得到了證實，儘管它在人類身上的表現並不確定。司迪斯拉普寫道：「如果說，一種動物的性別僅僅表現在其生殖器官上，那麼，我們如果見到一種動物同時具備雌雄兩套生殖器官，便會認爲這種動物可能是眞正的兩性同體。然而，性別卻並不僅僅局限在一個區域內；它不單單表現爲某些器官的存在，而是遍及整個生物體，呈現在各個要點上。在雄性身體上，一直到最小的部分都是雄性的；同樣，在雌性身體上，一直到最小的部分都是雌性的。如果同一個體上同時存在雌雄兩性的性器官，那麼，唯有當兩種性徵都在支配整個身體，並且在各個要點上明顯表現出來的時候，該個體才會成爲雌雄同體。由於兩種性別的表現是相互對抗的力量，這種情況便會消除該個體的性別。」但是，如果把「存在無數種性別過渡形態」的原理擴大應用於身體的全部細胞（經驗性的知識支持這個觀點），那麼，司迪斯拉普遇到的困難便可以解決，而雌雄同體也不再顯得不自然了。我們可以設想出每個細胞的全部形態，從最徹底的雄性狀態，經過雄性減弱的一系列階段，直至雄性完全消失，一直到隨後呈現出來的徹底的雌性狀態。性別差異階梯上的那些漸變，究竟是基於兩種眞正物質不同比例的結合，還是以不同方式對同一種原生質所做的更改（例如，對其分子進行不同的空間配置）？不去猜測這個問題，是較明智的。前一種見解很難得到生理學的支持，因爲我們很難想像，兩組狀態居然能產生兩種個體（一種具有雄性素質，另一種具有雌性素質）本質上的生理相似性。第二種見解則令人活生生地想到了對遺傳性的某些令人遺憾的推測。或許，這兩種見解都同樣遠離眞理。目前，經驗性的知識既無法讓我們說清，一個細胞究竟處於雄性狀態還是雌性狀態，也無法讓我們界定那些能區分雄性細胞與雌性細胞的組織差異、分子差異和化學差異。即使不去預期未來的任何新發現（但是，現在已經十分清楚：對有生命物質這一特殊現象，將來不會將它交給化學和物理學去研究），我們也能很有把握地知道一點：單個細胞具有程度不同的性別，並且可能與全身的性別大相逕庭。女人氣的男人，其皮膚通常會比較柔軟，其體內男性器官細胞的分化力也被減弱了，而其男性顯著性徵的發育較差，也直接起因於這種分化力的減弱。

性徵的分布狀態，爲存在不同程度的性別提供了重要證據。這些性徵（至少在動物界內）可以按照它們對異性的刺激力量的大小排列出來。爲避免混淆，我想借用杭特（John Hunter）的性徵分類術語。「原始性徵」是雌雄兩性的生殖腺（即睪丸和副睪，卵巢和卵巢冠）；「第一性徵」是性腺的內部附件（輸精管和精囊，輸卵管和子宮），它們可能具有與性腺和外生殖器不同的性徵。僅僅根據它們，人的性別在出生的時候便可以被確定下來（我將在後面表明，這時確定性別有時很容易出錯），而人們日後在生活裡的命運也由此決定了。在第一性徵後面，就是繁殖並不直接必需的所有性徵。給這種「第二性徵」下的最準確定義是：它們在青春期開始出現，如果沒有性腺內分泌系統的影響，它們就得不到發育。這方面的例子有男人的鬍鬚、女人濃密的頭髮、乳腺的發育，以及聲音的特點。某些來自遺傳的特徵（例如肌肉力量或心理承受力的發展）可以被看作「第三性徵」。這是因爲可以把它們用作便於研究的模式，並且是出於實用上的考慮，而不是出於理論上的考慮。在「第四性徵」這個名目下面，我們可以列入以下特徵：相對的社會地位、生活習慣的差異、生活方式、男人的抽煙喝酒、女人的家務責任等。這些特徵全都具備有力的、直接的影響力。我認爲，這些特徵常常會像第三性徵一樣重要，有時甚至會像第二性徵一樣重要。我們絕不可以爲，這樣給性徵分類意味存在著一條本質的序列鏈。我們也絕不可以爲：心理性徵能決定身體性徵，或者相反，身體性徵能通過某種因果連結決定心理性徵。這種分類僅僅關係到對異性的刺激力，關係到產生這種影響的時間先後，關係到我們在多大程度上能預料到這種影響的範圍。

研究第二性徵，就一定要考察性腺的內分泌對總體新陳代謝的影響。第二性徵的發育程度可以反映這種影響是有是無（例如透過人工閹割的動物）。但是，內分泌對全身細胞都有影響，這是毫無疑問的。青春期時身體所有部分所發生的變化，就清楚地顯示了這一點。事實上，全部腺體的內分泌必須被看作對一切組織都產生影響。

性腺的內分泌因此首先完成了個體的性別。每個細胞都具備某種初始性別，接著一定的內分泌量對其注入影響，成爲最終的決定條件。在這種影響下，細胞才能獲得最終的明確性徵，即雄性或者雌性。

在性腺這種器官裡，個體的性別更加明顯；在構成性腺的細胞裡，性別表現得最爲顯著。同時，我們又必須看到：生殖細胞也最鮮明地標誌出了一種有機體所屬的物種、種屬和族群的顯著特徵。一方面，正如司迪斯拉普正確指出的：性徵遍及全身，並不僅僅局限於生殖器官；因此，另一方面，奈杰里（Naegeli）、德．弗雷（de Vries）、赫特維希（Oskar Hertwig）和其他人也詳細闡述了一個重要理論，並且用很有分量的論據做了論證：多細胞有機體的每個細胞都具備其物種和種屬的綜合特徵，但這些特徵其實都被特別濃縮在性細胞裡。所有研究者大概都會接受這個見解，因爲每個生物都起源於一個單個細胞的分裂和繁殖。

以上幾位研究者進行了使有機體缺失部分再生的實驗，並且調查了關係相近的動物，其相應組織之間的化學差異。其中有許多現象都促使他們產生了一個設想：存在一種「種質」（idioplasm），它除了繁殖的目的以外，還負載著特定的性別，存在於多細胞動物的全部細胞中。按照類似的思路，我也設想出了一種概念：存在著一種「雄性原生質」（arrhenoplasm），和另一種「雌性原生質」（thelyplasm），以作爲兩個模式，每個雙性有機體的種質都可能在其中出現。出於我將要解釋的那些理由，它們將被視爲兩種理想狀態，而它們之間總是存在著各種實際存在的狀態。眞正存在的原生質，將被看作從理想的雄性原生質出發，經過眞實的或想像的無區分狀態（即眞正的雌雄同體），不斷移向一種原生質（它很接近理想的雌性原生質），但永遠不能眞的達到它。這個概念重申了我一直在試圖說明的那個見解。我在這裡提出了幾個新術語，還要請讀者原諒，不過，與其說它們是新思想，不如說它們意在引起關注。

每一個器官都具備性別，進一步說，每一個細胞都具備性別，其性別處在雄性原生質與雌性原生質之間的某個位置上。不僅如此，每一個細胞還天然就具備種類和程度都確定的性別。一個事實可以證明這些見解，即：甚至在同一個有機體上，不同細胞的性別在種類和程度上並不總是一致的。實際上，體內的每一個細胞並不都包含著同樣比例的M和W，距離雄性原生質與雌性原生質的位置也各不相同；的確，同一機體內的相似細胞可能處在性別中點的任何一側。我們以後如果不採用「雄性」和「雌性」這兩個術語，而用符號表示它們，即不帶任何惡意地選擇用正號（＋）代表M，用負號（－）代表W，那麼，我們的見解就可以這樣來表述：同一有機體內不同細胞的性別，不僅在絕對數量上不同，而且將以不同的符號表示出來。有不少男人鬍鬚稀疏，肌肉的發育很差，若不是這樣，他們本來可以是典型的男性。同樣，也有許多女人的乳房發育很差，不然的話，她們本來可以是典型的女性。有些女人氣的男人鬍鬚濃密，肌肉發達；也有些雄性化的女人，頭髮短得反常，卻依然具有發達的乳房和寬大的骨盆。我知道有些男人，其大腿的上半部分像女人，而下面則是男性；還有些男人，其右半個臀部是男性的，而左半個臀部卻是女性的。在大多數情況下，性徵的這些局部變化都會影響到身體兩側，儘管當然只有理想的身體才會出現身體中線兩側完全對稱的情況。但是，性徵呈現的程度（例如毛髮的生長）經常是不對稱的。這種缺少一致性的現象（以及性徵永遠不會表現為完全一致的現象），和內分泌的差別幾乎沒有關係，因為血液流入所有的器官，而血液裡包含著同樣數量的內分泌物質。雖然不同器官接受的血量有所不同，但在所有正常情況下，血液的質量和數量都與這部分器官的需要相適應。

我們假定這些變化的原因是：每個細胞內決定性別的因素通常都各不相同。如果不作這樣的假定，而是設想細胞從它們最早的胚胎發育階段開始，就一直是穩定不變的，那麼，描述任何個體的性別就非常簡單了，只要衡量一下其性腺與該性別的正常類型相差多少就行，而這會比實際上簡單得多。然而，我們卻不能把性別看作一種想像出來的正常量，均勻地分布於個體的全身，因而任何細胞的性徵都能作為衡量其他任何細胞性徵的尺度。儘管同一個身體內，不同細胞或器官的性徵可能極為不同，但這是少數情況，通常所有的細胞都存在同一種特定的性別。事實上，我們可以肯定：整個身體具有幾乎完全一致的性徵的情況更為常見；而不太常見的情況是：不同的器官（甚至不同的細胞）當中出現顯著性別分歧的趨勢。至於這些可能出現的變化究竟會有多大，我們只能通過對個案的調查才能確定。

有一種流行的觀點，其起源可追溯到亞里士多德時代，很多醫生和動物學家也都支持它，那就是：一隻動物如果被閹割，它身上就會突然出現另一性別的特徵。如果對雄性的閹割會導致雌性性徵的出現，那麼，人們就應當懷疑每個細胞是否真的具有獨立於性腺之外的原初性別。但是，塞爾海姆（Sellheim）和弗格斯（Foges）最近的實驗結果卻表明：被閹割之雄性動物的性別類型，並不同於雌性動物，閹割並沒有使雌性性徵出現。在這個問題上，我們最好是不去追求過於寬泛、過於極端的結論。正常的腺體被去除或萎縮以後，第二種潛在的異性腺體可能會被喚醒並活躍起來，從而支配了受損有機體的性別。在許多情況下（人們過於容易把它們當作雄性性徵完全存在的例證），雌性的性腺在更年期退化之後，還會出現雄性的第二性徵，例如老太婆會生出鬍子，老牝鹿有時也會生出短短的鹿角，或者老母雞會生出公雞羽毛等等。不過，即使未受到衰老或手術的影響，這種變化似乎仍會發生。

在某些隸屬於浪飄水蝨科（Cymothoidae）的魚類寄生蟲身上，這種變化卻是其生命史中的正常現象。這些動物屬於一種特殊的雌雄同體，雄性器官和雌性器官在它們身上共存，但並不同時發揮功能。它們以類似「雄性先熟」（protandry）的方式存在，每一個體都先行使雄性功能，然後行使雌性功能。在它們作爲雄性的活動期間，它們具備正常的雄性生殖器官，而一旦雌性輸卵管和孵化器官開始發育，雄性生殖器官便會被丟棄。類似情況也可能出現在人類身上，其表現就是「去勢」（eviratio）和「女性化」（effeminatio）的例子，這些都是老年男性病理學的發現。因此，施行了關鍵的睾丸切除手術以後，我們更難全盤否定女性化發生的可能。〔對於女性也是如此。女性的卵巢被切除後，我們也無法認爲一定不會出現雄性的性徵。——作者原注〕另一方面，這種聯繫又不是普遍的和必然的，閹割一頭牝鹿並不一定會使它出現異性的性徵，這個事實可以證明我們必須假定一點：細胞最初出現在全身，是由雄性原生質或雌性原生質決定的。

每一個細胞都具備原初的性別，而性腺的分泌對它們的影響很小。考察把雄性生殖腺移植到雌性機體上所產生的影響，可以進一步證明這一點。這樣的實驗如果想得到準確的結果，將被摘除睪丸的雄性動物，在血緣上就必須盡量和接受睪丸移植的雌性動物接近（例如這兩隻動物是兄弟姐妹），它們的種質應當盡量相似。這個實驗要取得成功，在很大程度上必須盡量限定實驗的條件，以使結果不被互相衝突的因素所混淆。在維也納進行的一些實驗已經表明：互換了無血緣關係的雌性動物（它們是任意挑選出來的）的卵巢之後，兩個卵巢會出現萎縮，但兩隻動物的第二性徵卻沒有受損（例如乳腺並無退化）。此外，在理想狀況下，把一隻動物的生殖腺從它們的自然位置上移走，移植到同一隻動物體內的一個新位置上（這樣它就仍舊保留著自己的機體組織），其充分發育的第二性徵依然會繼續保留下去，就像沒有接受過手術一樣。兩隻同性動物之間移植的失敗，其原因可能是兩個機體組織之間不具備親族關係。種質的影響可能是極爲重要的。

這些實驗很像那些異體輸血的實驗。外科醫生們都遵守一條實際規則：爲失血的患者輸血時（冒著引起併發症的風險），要輸入的血必須來自該患者的同一親族，供血者應當與患者性別相同。輸血與移植的相似性馬上就變得十分明顯了。我這些見解如果是正確的，那麼，當外科醫生並不滿足於注射常規的生理鹽水、而準備給病人輸血時，他就不但必須採用患者親族中同一性別者的血，而且還要求供血者在雄性或雌性的程度上和患者相近。

輸血實驗不但支持了我的信念（即血球中存在著性徵），而且補充解釋了異性個體卵巢或睪丸移植失敗的原因。只有在雄性原生質或雌性原生質的適當環境中，生殖腺的內分泌才能進行。

與此相關，我還想談談器官療法（organotherapy）的醫療價值。我曾提到，把剛摘下的、保存完善的生殖腺移植到異性個體上，根本沒有效果；此外，把卵巢分泌物質注射到雄性血液中，最好的情況也會造成傷害。另一方面，有人反對器官療法的原理，其依據就是：不能指望取自非近親物種的器官移植能取得良好效果。而更有可能的是，提倡器官療法的醫生們由於忽視了種質的生物學理論，在治療方面錯過了許多有價值的發現。

種質、種質的存在能把特定的種屬特徵賦予那些失去生殖功能的組織和細胞，這個理論還遠遠沒有被人們接受。但是，至少所有的人都必須承認：種屬特徵匯集在生殖腺裡；如果要使關於生殖腺素的實驗能提供的，不僅僅是一種良好的滋補品，前提就是我們必須去觀察實驗動物之間最密切的關聯。我們可以針對被閹割的公雞進行對照實驗，比較生殖腺移植與生殖腺素注射的效果。兩個對照實驗，其一是切除公雞的睪丸，移植到它腹腔內的另一個部位，或者移植另一隻血緣相近的公雞的睪丸；其二是注射睪丸素到被閹割公雞的靜脈裡，睪丸素的來源也必須是血緣相近的同類。這種對照實驗也能增加我們的知識，讓我們了解到什麼是睪丸素的最佳媒介以及最佳用量。從理論的角度上說，我們也很需要知道：生殖腺的內分泌是否與細胞種質化合（chemical union）；或者，生殖腺素的作用純然是催化性的，並取決於用量多少。目前，我們還根本不具備能讓我們提出明確見解的有關知識。

每個細胞都具有原初性別，這種性別雖然通常都很微弱，但仍然是決定性別影響的要素。〔青春期以前就存在性別差異，這表明生殖腺內分泌的力量並不能決定一切。——作者原注〕要證實這個理論，就必須理解一點，即生殖腺的內分泌對構成性徵的影響是很有限的。所有的細胞和組織中，都存在這些層次分明的原始性徵，如果能確認這一點，那我們就可以得出許多意義深遠的重要結論。我們會發現，個體的卵細胞和精子具有程度不同的雄性或雌性，這不但表現在不同個體內，而且表現在同一個體的卵巢或睪丸內，尤其是在不同的時間裡；例如，精子的大小及其活動方式會有所不同。對這些情況，我們至今仍然所知甚少，因爲沒有人按照應有的思路去思考這些問題。

與此相關，我還想到了一個極爲有趣的情況。不同的研究者都多次觀察到了一個現象：在兩棲類動物的睪丸中，不但存在處於不同發育階段的精子，而且還有成熟的卵子。研究者對這個現象的解釋起初引起了爭議。有人指出，是輸精管裡出現過大的異常細胞，所以才被錯誤地當成了卵子；但現在，這個現象卻已經得到了充分的證實。另外，在這些兩棲類動物當中，還常常能見到中間性別的形態，這樣一來，當我們宣稱，個體中存在著清一色的雄性原生質或者雌性原生質時，就應當有所保留。從這個角度看，鑑別新生兒性別的方法最無法令人滿意。只要觀察到一個孩子具有男性器官，甚至儘管出現尿道上裂或下裂（epi- or hypospadias），或者兩隻睾丸都未降入陰囊，人們還是會馬上宣布他是男孩，並從此把他當作男孩看待，儘管在其身體的其他部分裡（例如大腦），確定性別的要素更接近雌性原生質而不是雄性原生質。更準確的性別鑑定法還是越早推行越好。

由以上一系列的歸納和演繹，我們可以很有把握地認爲：所有的細胞都具備明確的、決定性別的原初要素，而我們一定不能認爲，它們在同一個體內是相似的或者近於相似的。每一個細胞，每一個細胞結，每一個器官，在從雄性原生質到雌性原生質的標尺上，都具備各自的指數。要準確地鑑定性別，就必須考察整體的各個指數。如果我相信自己僅僅根據一個案例就寫出了這本書，那麼，我很願意承受對本書中所有理論錯誤和實際錯誤的責備。

決定性別的原初要素的不同，加上內分泌的種種差異（不同個體的內分泌質量和數量也不相同），導致了中間性別形態的現象。雄性原生質和雌性原生質具有無數的變體形式（它們都是微小的介質，與內分泌共同發揮作用），造成了本書前一章提到的那些細微差異。

如果到目前爲止的結論可以被看作是正確的，那麼，我們顯然必須馬上對男女兩種類型的差異，對個體器官的結構及其功能（通過它們，雄性原生質和雌性原生質的天賦特性會呈現在機體組織中），進行解剖學的、生理學的、組織學的和組織化學的考察。我們目前掌握的有關知識來自對平均數字的研究，但平均數字不能滿足現代統計學家的需要，其科學價值非常有限。例如，考察大腦重量的性別差異時，研究者們迄今能證實的東西很少，這大概是因爲沒有人想到去考察典型狀況，而鑑定性別全靠受洗證明或者對外表的草草一瞥。這就像只要給每個「約翰」貼上「男性」的標籤，給每個「瑪麗」貼上「女性」的標籤，他們就分別成了各自性別的代表一樣！即使認爲生理學的確切數據並不必要，至少也應當確定某些事實，才能對性別做出正確的鑑定。那些事實包括全身的總體狀況，它能作爲判斷男女性別的指導，例如股骨大轉子、髂前上脊等部位之間的距離。這是因爲，人體不同部分之間的性別諧調，當然比巨大的性別差異更爲常見。

把性別的中間形態當作衡量性別的標準個體，這種疏忽是錯誤之源。它已經阻礙了其他的調查，使我們遲遲無法獲得眞正有用的成果。即使研究者是想推測男性出生數量過剩的原因，也不得不盡力避免此錯誤之源。這種疏忽，尤其會對那些希望找到決定性別之最終原因的人做出報復。直到檢驗了研究對象中全部有生命個體的雄性程度和雌性程度，這些研究者才察覺，自己的研究方法和各種假定值得懷疑。例如，如果根據外貌，替性別的中間形態分類（以前他們一直在這麼做），他們就會遇到一些實例，而更充分的調查會表明：那些實例證明他們的結論是錯的；相反地，另外一些結論雖然看上去是錯的，但實際上卻是正確的。

他們不知道理想男性和理想女性的概念，所以就沒有一個衡量貞實案例的標準，而只能繼續朝著一些膚淺的、值得懷疑的結論摸索前進。例如，莫巴斯（Maupas）意圖證明某種輪蟲（Hydatina senta）之決定性別的要素，卻發現實驗的誤差率總是在三％—五％之間。他預期在低溫條件下產生雌蟲，但總是出現三％—五％的雄蟲；同樣，當溫度較高時，也出現約同樣的比例的雌蟲。這個錯誤很可能是由於那些輪蟲處於性別的中間狀態，包含雄性原生質的雌蟲在溫度較高時出現，而包含雌性原生質的雄蟲則在溫度較低時出現。這個問題在牛身上的表現更加複雜，更不用說在人類身上了。對人類的考察會得到更互不一致的結果，因此必須對其解釋做出修正。辦法就是承認干擾因素的存在，它們來自實際存在的那些性別中間狀態。做出這樣的修正，要困難得多。

對性類型的比較病理學研究，和對性類型的形態學、生理學和發育史的研究一樣不可或缺。在這個考察領域裡，也像在其他考察領域裡一樣，統計數字能產生明確的結果。某些疾病在一種性別身上的發病率明顯高於另一性別，我們可以把這種現象描述爲雌性原生質或雄性原生質所特有的或者先天的。例如，黏液腺瘤（myxoedema）是女性的先天疾病；而陰囊積水（hydrocele）則是男性的先天疾病。

但是，無論統計數字多麼豐富、多麼精確，只要沒有證據表明：被研究的特定疾病的性質，與男性性別或女性性別之間存在著不可分割的有機聯繫，我們就無法確信統計數字不具理論錯誤。某些疾病與性別有關，這個理論必須說明一點：爲什麼那些疾病會僅僅出現在某一性別身上。以本書使用的術語說，就是，爲什麼那些疾病只發生在相應的雌性原生質或雄性原生質上。

第三章 性吸引力的規律

性偏好——這些現象可能受一種規律的支配——第一個公式——第一種解釋——證據——異長花柱現象——對異長花柱現象的解釋——動物界——更進一步的規律——第二個公式——生物的趨化性——相似性與差異性——歌德《選擇性的親和力》——婚姻與自由戀愛——對後代的影響

愛情是一隻自由鳥，
什麼都不能馴服它：
要是它不肯聽你叫，
那就誰也叫不動它。

威脅不管用，乞求也不靈；
這個在說話，那個卻不語。
我的心已另有所鍾；
他什麼都沒說，卻叫我中意。
愛情是個流浪的孩子，
永遠不懂什麼是法律。

——卡門

眾所周知，從遠古時代起，在具有兩性區別的一切生活形式中，男女之間就存在著性吸引力（sexual attraction），其目的就在於生殖。但「男人」和「女人」僅僅是抽象的概念，從來就沒有出現在現實世界裡，因此，我們不能把性吸引力說成是雄性和雌性想結合在一起的簡單嘗試。我所闡述的理論如果要達到完備，就必須考慮到兩性關係的全部事實；的確，這個理論要想被人們接受，要想取代種種舊觀念，它就必須對所有性現象做出更圓滿的解釋。認知到M和W以種種可能的比例遍布於生命世界，使我發現了一個尚不爲人知的自然規律，迄今還沒有哪位哲學家猜到過這個規律，它就是性吸引力的規律。對人類的觀察最先使我得出了自己的結論，以下我就先從這個方面闡述這個題目。

對於異性，每一個人都有自己明確的、個人的品味偏好。比較一下被某個著名男子愛過的女人們的肖像，我們幾乎總是會發現：這些女人彼此都十分相像，而最明顯的相似之處就在身體輪廓（即「身材」）或者面容上。不過，在更仔細地審視之後，我們還會發現：這些相似之處還擴大到了身體的細枝末節上，*ad unguem*[1]，連手指尖都相似，每個女人都完全一樣。因此，對那個男人具有強烈吸引力的女人，個個都會使他想起以前愛過的那些女人。提到某個熟人的時候，我們時常這樣說：「我眞不明白他怎麼會喜歡那種類型的女人。」想到了這一點，我們就能懂得同一個現象的另一面。在《人類的起源》（*The Descent of Man*）裡，達爾文搜集了很多實例，證明動物當中存在著個體獨特的性偏好。而我將要表明：甚至在植物當中也存在與此類似的現象。

像磁力一樣，性吸引力也幾乎總是雙向的。如果說，這個規則也有例外，那就幾乎總會有證據表明：例外的情況當中一定存在著某些特殊的影響，它們能阻礙順從特定偏好的活動。這種活動總是雙向的；如果偏好不能率性發揮，就會留下未得到滿足的渴望。

「等待意中人」這句常言，或「某人和某人彼此很不合適」之類的說法，其實都是在暗示一個事實：每個男人，每個女人，都具有某種個人特性，它們或者使他（她）具備與異性

1（拉丁語）達及指甲，意爲「唯妙唯肖」、「連最小的細節都完全一樣」。

中某一特定成員結婚的條件，或者使他（她）不具備這樣的條件；這個男人不適合與那個女人結婚，或者這個女人如果和那個男人結婚就一定會產生不合。

大多數人都有過這樣的體驗：在異性當中，某些人不符合我們的口味，有些人使我們無動於衷，有些人使我們憤怒，直到某個人終於出現——此人如此令人嚮往，和與這樣一個人結合相比，世上其他的一切都毫無價值，皆為烏有。那個人究竟具備了什麼特質？他（她）的特別之處是什麼？每一種類型的男人都有在性親和力（sexual affinity）上與自己相對應的女人，如果眞的存在這種情況（我認爲它眞的存在），那就似乎存在著某種明確的規律。這個規律是什麼？它是怎樣發揮作用的？對這個問題，我已經有了自己的答案，但我還是隨機徵求了不同類型男女的意見，並且告訴他們一些實例，請他們發揮各自的概括能力，做出回答。他們告訴我的是：「同極相斥，異極相吸。」[2]在有限的範圍內，在一定數量的實例中，這個公式無疑是對的。可是，這個公式又太籠統，太模糊。在不同的人身上，它有不同的表現；何況我們還不能用數學用語把它表述出來。

本書並不聲稱要闡明性親和力的所有規律，因爲那些規律很多。本書也不自詡能告訴每一個人，異性中的哪一個最適合他的偏好，因爲那將意味著要掌握有關這個問題的所有知識。在本章中，我只考察這些規律當中的一個——這個規律和本書其餘部分的內容之間存在著有機聯繫。我也提到了其他幾個規律，但對下面要談的那個規律，我卻做了最多的調查研究，並且做了最詳細的闡釋。由於這是個嶄新的困難課題，讀者在批評本書的時候，請務必諒解因此造成的結果，即有關材料尙嫌不夠全面。

幸運的是，我不必大段地引述那些事實，我最初從其中引出了性親和力的這條規律；我也不必先詳細轉述我從個人的陳述裡得到的證據。我請每個幫助我的人先談談各自的情況，然後對此人的熟人圈子進行調查。我格外注意那些被人關注並記住的案例，其中，某個朋友的偏好要麼無法理解，要麼似乎並沒有什麼表現，要麼與旁觀者對他的看法不同。每一個人對人體外形都有極細微的認識，這是這項調查所必需的。

我用一個公式來表示這個規律，而我現在也必須證明它的眞實性。

這個規律可以這樣來表述：「要達到眞正的性結合，一個完整的男性M和一個完整的女性W必須加在一起，即使在不同情況下，M與W以不同比例分布在兩個個體之中，也是如此」。

這個規律也可以作如下的表述：

2　這句話的原文爲：「Like poles repel，unlike attract」。此句譯文沒有採取約定俗成的譯法（即「同性相斥，異性相吸」），以避免造成誤解，因爲在這個具體語境中，poles指的不是「性別」，而是「性格」或「極性」。

若用μ表示任何一個平常所說的男性，將他眞實的性構成表示爲Mμ即眞正屬於男性的那些部分；再加上Wμ即其實是屬於女性的那些部分；若用ω表示任何一個平常所說的女性，將她眞實的性構成表示爲Wω，即眞正屬於女性的那些部分；再加上Mω，即其實是屬於男性的那些部分；那麼，若存在完整的性親和力，μ和ω這兩個個體之間最大可能的性吸引力就是：

(1) Mμ＋Mω＝一個恆量M＝理想的男性

(2) Wμ＋Wω＝一個恆量W＝理想的女性

我們絕不可誤解這個表述。這兩個公式都涉及一種情況，涉及一種性關係；第二個公式直接來自第一個公式，沒有增添任何新內容，因爲我是從觀察這樣一種個體入手的：他身上的女性成分與他缺少的男性成分數量相等。如果他是一個完整的男性，他所要的互補對象就應當是一個完整的女性，反之亦然。但是，如果他是由兩種成分合成的，一種是男性素質的明確遺傳，另一種是女性素質的遺傳（絕不能忽視這個成分），那麼，要使個性完整，他的男性素質就必須完整，以構成一種結合；但他的女性素質也必須完整。

例如，某一個體的構成如果是：

$$\mu\begin{cases}\frac{3}{4}M\\ \frac{1}{4}W\end{cases}$$

那麼，該個體最佳的性互補對象就是另一個組合，即：

$$\omega\begin{cases}\frac{1}{4}M\\ \frac{3}{4}W\end{cases}$$

我們馬上就能知道，這個觀點所包含的範圍比通常所說的要廣。根據我這條普遍規律，作爲性類型的男性和女性，唯有在一種情況下才會互相吸引，其中，那個想像出來的個體，

$$X\begin{cases}1M\\ 0W\end{cases}$$

在另一個同樣是想像出來的個體身上找到了互補，即：

$$Y\begin{cases}0M\\ 1W\end{cases}$$

我們可以毫不猶豫地承認，確實存在著明確的、個人的性偏愛。承認了這一點，必然也會認爲：我們有必要去考察這種性偏愛的種種規律及其與個體身心其他部分之間的關係。我已經說過，這個規律絕不會使人感到不合現實，絕不會與科學經驗或日常經驗相矛盾。不過，這個規律卻不能不證自明。對這個現在尚未充分闡述的規律，還可以作如下的表述：

$$M\mu - M\omega = \text{一個常數}$$

換句話說，雄性素質之間存在程度上的不同，雄性素質之和並不是一個常數，因此，最具雄性素質的男人與其補足體（在這個情況中，該補足體位於雄性與雌性之間接近中點的地方）的距離，跟最具雌性素質的男人與其補足體（該補足體位於接近雌性極點的地方）的距離相等。我已經說過，這種情況雖是可想像的，但實際經驗卻不能證明它存在。認識到這一點，我們就必須提出一個經驗性的規律，並設法給它加上合理的科學限定。我們的分析要想站得住腳，就不應當使人們以爲：存在著某種能將兩個人拉到一起的「力」，彷彿那兩個人是木偶一般。這個規律並不僅僅是宣布：在每一個性吸引最強烈的案例當中，都能發現一種恆常的關係。事實上，我們研究的是奧斯瓦德（Ostwald）所說的「不變量」（invariant）和阿凡納留斯所說的「多用量」（multiponsible）[3]。這個量就是在彼此最具性吸引力的一對生物相結合的所有情況中，雄性素質與所有雌性素質之和。

在這件事情上，我們可以完全忽略所謂「審美因素」，即美的刺激。這是因爲：一個男人完全成了某個女人的俘虜，爲她的美貌所傾倒，但同時，另一個並非那女人的性互補者的男人，卻猜不出他那位朋友讚賞那女人什麼，這種情況不是很常見嗎？我們不必討論審美規律，也不必去收集說明審美評價相對性的實例，而應當隨時準備承認：當一個男人認爲一個女人是美麗的，但是從審美的角度上看，那個女人不但可能貌不驚人，而且甚至是醜陋的；事實上，純美學研究的並不是絕對的美，而僅僅是美的概念，而性的因素已經被從那些概念當中剔除了。

我從至少數百個案例當中總結出了這個規律，並且發現其中的例外僅僅是表面現象。你在大街上碰到的每一對男女，幾乎都能爲這個規律提供新證據。那些例外尤其富於啓發性，因爲它們不但能使我想去進一步調查性親和力的其他規律，而且能引導那些調查。我做了一項特殊的調查：我搜集了一組照片，從審美的角度說，照片上的女子全是無可挑剔的佳麗，

3　阿凡納留斯（Richard Heinrich Ludwig Avenarius），德國哲學家，生於巴黎，一八七七年後任蘇黎世大學哲學教授。多用量（multiponible）此字是阿凡納留斯自造的，由法語的「disponible」（可用的）加拉丁語前綴「multi」（多）構成。

個個都是某種明確比例的女性素質的代表。我請幾位朋友看這些照片，然後從中選出最美的女子。他們的選擇恰恰是我期望他們選出的那個，無一例外。對另外一些已經知道我這項研究的男性朋友，我就用另一種方式進行調查。先請他們給我提供一些女子的照片，我再從中選出他們認爲最美的一個。我每次也總是成功。我還對一些朋友詳盡地描述他們心目中理想的異性，並且不對他們做任何暗示，而提供的細節常比他們能理解的還要多。有些時候，我一開始就會向他們描述異性個體中令他們討厭的特質，儘管大多數男人都很容易理解那些缺點，卻不大容易說清吸引他們的是哪些特點。

我相信，只要稍加練習，任何人都能掌握這種技藝，並在任何友人圈子裡實行。了解性親和力的其他規律也非常重要。可以用一組特定的常數去驗證互補性個體的存在。不過，這個規律可能被誇大到滑稽的程度，乃至會使人們想去證明：任何一對完美戀人各自頭髮的長度總是相等。然而，正如我在本部分第二章裡所說，我們並不預期這樣的調查結果，因爲同一個體身上的各個器官，並不一定都具有程度相同的雄性素質或雌性素質。這些探索式的規則很容易氾濫，因而使整個研究變得荒唐可笑，所以，在這個問題上，我絕不再提出更多的規則。

我不否認，對於這個規律的闡述多少有些武斷，還缺少細節上的印證。但是，我既不會匆忙宣布已獲得的結果，以鼓勵其他人去從事這項研究，也不會輕易宣布我的研究裡沒有科學的考察手段。不過，即使有不少闡述還僅僅是理論上的，我還是希望：我已經用鉚釘連起了我這座理論大廈的條條主樑，那就是表明了這個理論如何解釋了以前根本無法解釋的許多問題，所以應當說：如果這個理論是正確的，那麼，我已經以某種方式，從內省的角度證明了它能解釋多少問題。

我提出的這個規律，可以在植物界裡得到最明顯的印證。它們是以前被誤認爲是孤立的一組事實，並被看作非常奇特，找不到類似的實例。每一位生物學家肯定馬上就會猜到我要說的是異長花柱現象（heterostyly）。這個現象是佩爾松（Persoon）首先發現的，後來達爾文對它做了描述，希爾德布蘭（Hildebrand）爲它命名。很多雙子葉植物，以及不多幾種單子葉植物，例如在報春花科（Primulaceae）、牻牛苗科（Geraneaceae）和很多茜草科（Rubiaceae）植物上，顯花的花粉和柱頭全都能發揮功能（儘管它們是交叉授精），因此它們的花從結構上看是雌雄同體，從生理學角度看則是單性的。它們都呈現出了一種特性，即不同個體的雄蕊和柱頭具有不同的長度。這些個體都開長型的花，因此它們的花柱較高，花粉囊較短。在我看來，這種個體的雌性程度更高。相反，那些花柱較短、花粉囊較長的個體則更帶雄性成分。除了這些二形植物以外，還有些三形植物（例如千屈柳，Lythrum salicaria），其性器官呈現出三種長度不同的形式，不僅有長型花和短型花，而且有長度中等的花型。

有關的論著雖然已經提到了二形植物和三形植物，但那些論述還遠遠沒有窮盡植物中實際存在的複雜情況。達爾文本人就曾指出，如果考慮到植物之間的微小差別，至少可以區分出花粉囊的五種不同形態。明顯不同的植物，其雄性因素和雌性因素的程度也不相同；除了這些顯著的差異之外，有些植物程度不同的性別形態還互相過渡，沒有任何間斷。動物界裡也有類似的現象，儘管它們一向被看作絕無僅有的孤立現象，因爲人們並未想到它們類似於植物的異長花柱現象。在某些種屬的昆蟲身上，例如某些地蜈蚣（Forficula）、鰓角類甲蟲（Lucanns cervus）、節狀類甲蟲（Dynastes hercules）以及鞘翅類聖甲蟲（Xylotrupes gideon）當中，一些雄蟲的觸鬚及其第二性徵（這些使它們最顯著地區別於雌蟲）極長，而另外一些雄蟲的卻極短。在這方面，貝特森（Bateson）寫過不少論文，並區分出了兩種形式，即「高大的雄性」和「矮小的雄性」。在兩種極端類型之間，確實存在著一系列不間斷的中間形態；但儘管如此，絕大多數個體還是處在這個極端或那個極端上。遺憾的是，貝特森沒有考察這些不同形態的雌雄個體之間的關係，所以無法知道，其中是否存在著對雄性類型具有特殊的性親和力的雌性類型。可見，這些觀察結果只能被看作相當於異長花柱現象的形態，而並不能反映性吸引力互補的規律。

異長花柱的植物大概可以成爲我提出的一個觀點的依據，那就是：性互補規律適用於每一種生物。首先是達爾文，然後是他之後的很多研究者，都已經證明：在異長花柱的植物當中，授精的效果最好，或者說：實際上，來自長花柱花朵（它具有最短的花粉囊和最長的雌蕊）的花粉唯有落在短花柱花朵的花簇（即具有可能是最短的雌蕊和最長的雄蕊）上時，授精的結果才會最好，反之亦然。換句話說，如果一朵花的雌蕊很長（因而具有程度較高的雌性），而雄蕊很短，它要獲得交叉授精的最佳結果，就必選擇另一朵相應生有短雌蕊（因而補足了第一朵花所欠缺的雄性）和長雄蕊（因而補足了第一朵花的短雄蕊）的花。生有三種不同長度雌蕊的花，其中一個花簇的花粉傳給另一個花簇，而後者對前者的杜頭構成最接近的補足量，這種情況下的交叉授精的效果最好。如果產生了另外一種結合，無論是自然授精還是人工授精，那麼，即使能出現結果，其植株也會很稀疏矮小，有時還會不孕，很像物種雜交出現的結果。

值得注意的是，討論異長花柱現象的作者們，並未滿足於那種通常的解釋，即昆蟲能以身體不同位置，攜帶相應於花朵其長度不同之性器官的花粉，因而造成了這種驚人的結果。不僅如此，達爾文還承認：蜜蜂的全身都能攜帶各種花粉。所以，我們仍然必須弄清：落上了二到三種花粉的雌性器官，是如何從中選定最適合它們的花粉。對選擇力量的這種假定無論怎樣有趣和令人驚異，都不能解釋人工傳授種類錯誤的花粉（即所謂「非法授精」）所造成的結果。有一種理論認爲，杜頭只能用來傳授或接受「非法的花粉」，而達爾文已經證明這個理論是錯誤的。同樣，認爲授粉的昆蟲有時候一定會造成雜交繁殖，這也是錯誤的。

有個假設似乎更有道理：部分個體之所以具有這種選擇能力，其原因是它們具備一種特殊的性質，它深藏於這些花朵之中。我們這裡見到的，可能是個體之間最強烈的性吸引力，其中一個的M與另一個的W同樣多。這個解釋有可能是可信的，有一個事實進一步證明了它的可信性：與生有短花粉囊、更帶雌性的長型花的相應部分相比，生有長花粉囊、更帶雄性的短型花，其花粉的顆粒更大，其柱頭的乳突更小。我們這裡見到的當然是程度不同的雄性和雌性。這些情況有力地證明了我提出的性親和力規律，不但在植物界，而且在動物界（我以後還要論及這一點），發生在具有最大性親和力的父本和母本之間的授精，結果最好。〔為了達到特定的目的，育種專家（其目的往往在於改變自然性狀）常常會不考慮這個規律。——作者原注〕

對性排斥現象的考察，為表明性吸引力規律適用於整個動物界提供了最現成的證據。我想在此指出，觀察更大、更重、較不活躍的卵細胞是否對較小、更活躍的精子具有特殊的吸引力，觀察卵黃較少的卵細胞對較大的、不太活躍的精子的吸引力是否更強，將是一件極有趣的事情。這種情況，可能就像威爾（L. Weill）在他的一個推論裡提到的那樣。那個推論談的是決定性別的各種因素，它認為：成對性細胞的運動速率或動能之間存在著互動關係。去除了其介質液體的速度和摩擦力，性細胞是以相等速度互相接近，還是呈現出加速度？這個問題目前尚不清楚，但弄清這個問題確實很難。在這方面，還需要考察廣大的領域。

我已經反覆地指出，我提出的這個規律並不僅僅涉及性的親和力。否則的話，它無疑早就被發現了。正因爲大量其他的作用物和它緊緊連在一起（談到男人和女人之間的性偏好時，你馬上會想到一個人對特定顏色的頭髮的偏愛，它雖然是一貫的偏好，但並非一成不變。這似乎當然能說明：這種表現得如此鮮明的偏愛，一定是深深地根植於人的天性中。——作者原注），正因爲另外一個或多個規律有時會壓倒這個規律，我們極難見到未受干擾的性親和力的實例。由於必要的調查尚未完成，我在這裡還不打算詳細闡述這些規律，而是要舉例說明幾種尚無法用數學公式表示的因素。

我首先要提到一些普遍受到承認的現象。男人在很年輕的時候（例如二十歲），會受年齡比他們大得多的女人吸引（例如三十五歲的女人）；而三十五歲的男人則會受年齡比他們小得多的女人吸引。另一方面，很年輕的女孩子（例如十七歲的少女）一般都會喜歡年齡比自己大得多的男人，但她們成年以後，則會嫁給年輕的小夥子。這兩種現象值得密切關注，它們爲人所熟知，也很容易觀察到。

本書雖然有必要把論述限制在只考察一個規律的範圍內，但是，如果它能更明確地表述這個公式，排除不可靠的簡單因素，就會使這個規律更爲準確。即使不能用明確的量或其他因數以及相關規律來表述這個規律，我們也可以通過使用一個可變因數，使這個規律達到令人滿意的精確性。

第一個公式只是一種抽象的概括陳述，即在受這個規律支配的性關係當中，存在最強的性吸引力的所有情況裡的那種共同的東西。現在我必須找出一種表達方式，說明在一切能想像出來的情況下性親和力的強度。這種表達方式是概括性的，因而能用來描述任何兩個生物之間的關係，即使兩個生物屬於不同物種或屬於同一性別，也可以使用這種表達方式。

如果用

$$X\begin{cases}\alpha M\\ \alpha' W\end{cases}$$

及

$$Y\begin{cases}\beta M\\ \beta' W\end{cases}$$

（其中α、α'、β、β'，都分別大於零而小於總和）來表示任何兩個生物（它們之間存在性吸引力）之間的性別構成，那麼，這種性吸引力的強度就可以作如下的表示：

$$A=\frac{K}{\alpha-\beta}\ f(t)$$

在上式中：*f(t)* 是兩個個體能夠互相施加影響的時期（可以稱作「反應期」）的試驗函數或解析函數；K是個可變數，我們把一切已知的和未知的性吸引力規律代入其中，這個因數隨著物種、種族和家族之間的關係程度而變化，也隨著兩個個體的外形的健康與殘缺程度而變化；最是兩個個體能夠互相施加影響的時期（可以稱作「反應期」）的試驗函數或解析函數；K是個可變數，我們把一切已知的和未知的性吸引力規律代入其中，這個因數隨著物種、種族和家族之間的關係程度而變化，也隨著兩個個體的外形的健康與殘缺程度而變化；最後，兩個個體之間的實際空間距離越是增加，這個數就越是減小，而在任何個案當中，這個距離都是可以確定的。

當這個公式中的α＝β，A就一定是無窮大；這是一種極端的情況；性的吸引力是一種基本的力量，正像林寇斯以不可思議的高超技巧在他的小說《郵車》（*Im Postwagen*）裡描寫的那樣。這種性吸引力符合自然的規律，如同植物的細根會朝著土地向下生長一樣，也像顯微鏡下的細菌會朝著邊緣上的氧氣移動一樣。不過，要接受這種觀點卻需要一些時間。我在後面還會談到這一點。

當$\alpha-\beta$產生了最大值（即當這個值等於一）的時候，那麼$A=K\cdot f(t)$。這將是一種極端的情況，即在性親和力規律之外人類之間的同情關係和反感關係。這些關係中不包括最狹窄意義上的社會關係，即維護社會共同體的關係。由於K通常總是隨著先天關係力量而增大，當個體屬於同一個民族時，A的值就會比個體屬於不同民族時更大。在後一種情況下，$f(t)$的值很大，並且我們還可以考察它的起伏變化，例如，兩隻屬於不同物種的家畜共處的時候，就是如此。起初，它們通常會互相強烈敵視，或者彼此畏懼（此時的A值是負的），但後來它們就可能會友好相處。

當下面公式裡的$K=0$的時候，

$$A=\frac{K\ \square\ f(t)}{\alpha-\beta}$$

那麼，$A=0$，這意味著兩個生物的起點之間距離太遠，根本不可能存在性吸引力。然而，在刑事法令裡懲罰雞姦和獸姦的條款卻清楚意味著：即使彼此在物種間距離非常遙遠，K的值也大於零。這個公式不僅可以用於相同物種的個體，而且甚至可以用於不同物種的個體。

一種新理論認爲，雌雄兩性機體的結合並非出於偶然的機會，而要受一條明確規律的指引。我已提到的那些複雜的實際情況則說明：我們需要對性吸引力的神秘性質進行徹底的考察。

普費弗（Wilhelm Pfeffer）所做的實驗已經表明，許多隱花植物的雄性細胞不但會天然地受到雌性細胞的吸引，而且會受它們在自然環境中接觸的物質的吸引，或者會受到實驗中使它們接觸到的物質的吸引。在後一種情況下，它們有時只能在實驗中才會接觸到那些物質，在其他環境中接觸不到。在這種條件下，蕨類植物的雄性細胞不但會受到頸卵器分泌的天然果酸的吸引，而且會受到人工合成果酸的吸引；而苔蘚的雄性細胞則或者會受到雌性細胞的天然果酸吸引，或者會受到從蔗糖中提煉的果酸的吸引。受到溶液濃度影響（對此我們還無法解釋）的雄性細胞，會朝著溶液中濃度最高的部分移動。普費弗把這種運動稱爲「趨化的」（chemotactic）運動，並且創造了「向化性」（chemotropism）這個詞，以說明這些現象以及由化學物質導致的細胞運動的其他許多無性生殖現象。很多事實都能證明一個看法：雌性對雄性施加的吸引力（它能在遠處通過雄性的感覺器官產生影響），其某些方面應當被看作類似於向化性。

這種向化性還極有可能解釋另一種現象：儘管子宮內膜分泌液的流動方向是自內向外

的，哺乳動物的精子爲什麼還是會用幾天的時間極力進入子宮，其運動無休無止，堅持不懈。精子雖然受到機械運動的或其他的阻礙，但還是以一種幾乎難以置信的必然性，朝著卵細胞運動。與此相關，我們會想到許多魚類那些驚人的洄游之旅。鮭魚群要旅行數月，其間實際上根本不吃東西，從遠海逆流而上，游向萊因河的源頭，其目的就是到那些安全、食物充足的地點產卵。

最近，我一直在閱讀法肯伯格（P. Falkenberg）關於某些地中海海藻繁殖過程的文筆美麗的劄記。我們談到磁鐵兩極之間的磁力線時，其實是在談一種自然力，它和那種使精子堅持不懈地朝著卵細胞運動的吸引力沒有什麼不同。兩者的主要區別似乎在於：對於沒有知覺的物質之間的吸引力來說，其張力建立在兩個磁極之間的媒介上；而在有生命物質身上，這種張力則似乎只存在於其機體本身。法肯伯格認爲，精子游向卵細胞時，能克服來自光源的力，而在其他情況下，這種力卻會對精子產生影響。性的吸引力，即相當於趨化性的力，比趨光力更強。

如果兩個（按照我的公式）不適合的個體結合，而後來任何一方的自然補足者出現了，那麼會馬上傾向放棄這種權宜的結合，服從於不可避免的自然規律。此時會出現離異，根據事物的不同性質，這種離異或許是結構成分上的，就像把鐵硫酸鹽和苛性鉀放在一起時，SO4離子會離開鐵而與鉀元素結合那樣。在自然界，如果產生對這種潛在差異的糾正，如果我們從道德角度去對這種現象做出臧否，大多數人就極有可能做出荒唐可笑的判斷。

這就是歌德的小說《選擇性的親和力》所表達的主要思想。在那部作品第一部的第四章裡，歌德以這種親和力爲題，寫了一篇有趣的序言，其中充滿了令人無法夢想到的未來意義，也充滿了他日後生活中註定將充分體驗到的力量。我必須承認自己爲一點感到自豪，即本書是表達他有關思想的第一部作品。儘管如此，我還是像歌德一樣，並不打算提倡離婚，而只是想對離婚現象做出解釋。有許多否定離婚、能使人抵禦離婚的人性動機。我將在後面討論這些動機。在人類身上，性欲的肉體表現，並不像在低等動物身上那樣完全受自然規律的制約。根據一個事實，我們就能看到這種徵象：人在一年當中都具有性欲；在人身上，甚至幾乎不存在家畜那種特定的春季發情期。

性親和力的規律還在另一個方面近似於理論化學的一條著名定律，儘管兩者之間其實有著顯著的差別。化學反應的強度與參與反應的物質的質量成正比，例如，更強的酸溶液與更強的基液結合後會產生更強的親和力，這就像一對更具雄性和雌性的生物相結合的結果一樣。不過，生命過程與無生命的化學物質反應之間，卻存在著一種本質上的區別。有生命的機體在構成上並不是同類的和同向性的；它不能被劃分成幾個性質相同的更小部分。這種差別來自個體原則，來自每個生物都是個體這個事實，來自生物從結構上就具有個體性這個事實。因此，生命機體的活動才不像無生命的化學反應，不可能出現其中占更大比例的成分形成一種化合物、占比例較小的成分形成另一種化合物的現象。不僅如此，有機體的向化性還可能產生負面的結果。在某些情況下，A的值會呈現出負數；換句話說，性吸引力可能表現爲性排斥。在純粹的化學過程中，的確也會出現程度不同的排斥反應。然而，從來沒有人把催化干擾引起的某種反應的全部失敗等同於性排斥。至少最近的調查表明，那些干擾因素只是在或長或短的間隔之後才會引起反應。另一方面也頻繁出現一種情況：在一種溫度下形成的化合物，在另一種溫度下會解體。在這裡，反應的「指數」是一個表示溫度的函數，而在生命活動的過程裡，它可能是一個表示時間的函數。

在因數t（即反應的時間）的值當中，還可能找到性吸引力的最後一種類似於化學過程的表現，只要我們願意繼續進行這兩種過程的比較，且不介意這樣的比較。我們可以思考一下那個表示反應速度的公式，看看兩個個體之間產生性吸引力的不同速度，再回想一下A值是怎樣隨著t值的變化而改變的。不過，康德所說的「數學的空虛」（mathematical vanity）使人不願進入如此複雜困難的程序，以及眞實性不確定的方程式。然而所暗示的東西或許可以說得很簡單：隨著兩個個體接近的時間增加，肉體的欲望也會增長。如果把他們關在一起，只要沒有互相排斥，只要不存在使他們互相排斥的因素，兩者關係的發展就會像某種緩慢的化學反應那樣，要經過更長的時間之後才能看到結果。這樣的情況造成了那種關於所謂「沒有愛情的婚姻」的見解，它認爲「婚後自會有愛情，時間會帶來愛情」。很顯然，我們不應當過分強調性親和力與純化學過程之間的相似性。儘管如此，我還是認爲這樣的比較很富於啓發性。我們現在還不清楚，性吸引力是否等於生物的向性（tropism）。討論性欲的普遍問題，如果不超出性的單純範圍，就無法得到最終的答案。愛的現象，要求我們從另一個角度去研究，在本書的第二部分裡，我還會討論這個問題。儘管如此，我們還是不能否認：把人類的性吸引力比作向化性的時候，這兩者之間確實存在著相似性。在這方面，我可以用歌德的《選擇性的親和力》裡的人物愛德華（Edward）和奧黛莉（Ottilie）的關係作爲例證。

提到歌德的這部浪漫作品，我們自然會想到討論婚姻問題。我可以在這裡提出幾個實際的推論，它們似乎和本章的理論思考相符。很顯然，在性吸引力方面，存在著一條自然規律，它與其他自然規律沒有多少區別。這個規律表明：性欲雖然有無數層次不同的表現，但人們總是能發現那種配偶，雙方幾乎都完美地適合於對方。婚姻迄今仍然具有其合理性，而從生物學的角度看，自由戀愛應當受到譴責。不過，單偶婚姻的問題更加難以說清，其解決辦法涉及一些其他因素，例如這種婚姻的週期（我們將在以後討論這個問題）以及隨著時間的增長出現的性偏好的變化等。

我們可以從異長花柱的現象裡導出第二個結論。「非法授精」幾乎無一例外地降低了後代的生育力，這個事實尤其能使我們得出第二個結論。這使我們想到，在其他的生命形式裡，最強壯、最健康的後代全都來自一種結合，其中性的互相適性都達到了最大程度。正如一句老話所說，「來自愛情的孩子」最終會被證明是最健康強壯、最富於生命力的人。因此，對改良人類感興趣的人必須從純衛生學的角度去考慮這個問題，去反對通常那種出於利益考慮而結成的商業式婚姻。

這個性吸引力規律如果被用於指導對動物的繁育，很可能產生有益的結果。我們必須更加注意準備交配的動物的第二性徵。爲了使對母馬沒有吸引力的種馬與前者交配，採用人工授精的方法可能會成功，但其後代的質量卻不高。爲了使母馬懷孕而使用假種馬去授精，這個方法的一個最明顯結果，大概就是其後代會極度神經過敏，而必須用溴化物和其他藥物才能醫治這種症狀。同樣，現代猶太人的退化，其部分原因也可能是：在他們當中，出於其他理由、而不是出於愛情的婚姻格外普遍。

在達爾文以仔細的觀察和實驗證實的許多基本原理（後來，其他的研究者也證明了它們）當中，存在著一個事實：在關係極近的個體之間，在物種特徵過於不同的個體之間，性的吸引力全都微乎其微；此外，即使這樣兩個個體能結合在一起，其後代通常也會早夭或者非常虛弱，或者沒有任何實際生育能力。同樣，異長花柱植物的「合法授精」產生種子，會比非法授精所產生的更多、更有活力。

可以概括地說，表現出最強的性吸引力的父母，其後代最具成功的活力。

這個規則當然是普遍性的，它暗示出了一點：可以從本部分的前幾章裡得出的一個結論是正確的。男女在結婚並懷孕以後再去克服彼此的性厭惡，這不會給後代帶來什麼益處，因爲這勢必會損害即將出生的子女的身心特點。但有一點確定無疑：許多沒有子女的婚姻都是沒有愛情的婚姻。我們已經論證過了兩個互補的個體之間存在著更強烈的性吸引力，如果雙方的性行爲密切聯繫著這種性吸引力，懷孕的可能性便會增加。

第四章
同性戀與男色

作為中間形態的同性戀——與生俱來的還是後天形成的？是正常現象還是疾病？——性吸引規律的一個特殊實例——人皆具有同性戀的萌芽——友誼與性別——動物——醫療的失敗——同性戀、懲罰與道德——同性戀與男色的區別

長期以來，人們一直在設法解釋性倒錯（sexual inversion）現象及迷戀同性的傾向（無論是否伴隨著對異性的厭惡），而性吸引力的規律都做出了解釋。我在後面將會提到同性戀的一個特點，但即使先不提它，我現在也可以說：所有性倒錯者身上都可能發現異性的種種解剖特徵。根本就不存在眞正的「心理性別上的雌雄同體」。對男人具有性吸引力的男人，都具有女人素質的外在標誌；同樣，對女人具有性吸引力的女人，也都會呈現出男性的特

點。事實上理當如此。我們如果承認身心之間的密切關聯，這一點就很容易理解了。第一部分第二章中闡述的事實也能進一步說明這一點，那些事實就是：在一個有機體上，並不是清一色地呈現出雄性或雌性的要素，這些要素其實是以不同的量分布在不同的器官裡。所有的性倒錯者，其解剖構造上都很接近異性，無一例外。

這個觀點與一些人的看法截然相反，那些人認為：性倒錯是後天形成的一種特徵，它取代了正常的性衝動。一些作者極力主張一種見解：性倒錯是一種後天形成的習慣，是節制正常的性交、尤其是模仿別人所導致的結果。這些作者包括施林克—諾京、克雷培林和費里。可是，誰是世界上的第一個同性戀者呢？是赫瑪佛洛狄忒這位神教給他的嗎？我們還不得不盡力證明，正常男人對正常女人的性偏好是一種非自然的、後天形成的習慣。古代的一些作家認為，這種習慣產生於人們偶然發現它很令人愉快。正常男人天生就會發現女人是什麼，同樣，對性「倒錯」者來說，被同性吸引，也是他（她）出生後發育的正常結果。一個人當然有機會去滿足其倒錯的性欲，不過，只有當天生素質已經具備了這樣的條件，他（她）才會眞的擁有這種機會。節制性交（這是以上對性倒錯現象的第二種解釋）不僅僅會導致手淫，而且會導致其他後果。有個假定或許可以對此做出解釋，那就是：性倒錯雖然是後天形成的，但只有在同性戀的需求植根於天生素質中的條件下，人才會渴望並急切尋求倒錯的性愛。同理，我們也可以說：如果能明確地證明，正常男人必須先看到女人或女人的畫像才會去愛，那麼，正常的性吸引力就是一種後天形成的特徵。有些人把性倒錯看作一種後天形成的特徵，其實，這個看法僅僅看到了構成一個機體全部素質的因素之一，而它卻僅僅是個次要的、附帶的因素。

我們既沒有多少理由說性倒錯是後天形成的，也沒有多少理由把性倒錯看作是從父母或祖父母那裡繼承而來的。的確，並沒有人提出這樣的見解，它也似乎和一切經驗相矛盾；但確實有一種意見認爲：性倒錯產生於一種神經性的體質，而在性倒錯者的後代們身上，可以發現普遍的體質衰弱。事實上，性倒錯通常被看作心靈的病態，看作退化的症狀，而有性倒錯表現的人則被視爲身體不健康。然而，這種觀點蒙上了惡名，當極力主張這種觀點的克拉夫特—埃賓在後來的著作中放棄了這種觀點時，它的名聲就更差了。儘管如此，大多數人還是沒有認識到：性倒錯也可能是完全健康的表現，在其他的社會事務方面，性倒錯者的表現也相當正常。如果問他們是否希望在性方面被另眼看待，他們的回答無一例外都是否定的。

正是由於我提到的這些錯誤觀念，人們考察同性戀的時候才沒有去聯繫其他的事實。有些人把性倒錯視爲病態，視爲心理發育的一種可怕的變態（這是大衆普遍接受的觀點），或者認爲它是一種後天形成的惡德，是受到下流誘惑的結果。持這些見解的人應當想到一個事實：在最富於雄性素質的男性和最富於雌性素質的女性之間，存在著一系列的過渡階段；而在性別的轉化上，也存在著眞假兩種雌雄同體；因此，另一方面也存在著各種女人，從女同性戀者[1]和最具雄性的潑婦，其間經過一系列的中間狀態，直到最具雌性的處女。按照定量的分析，我將把兩性的性倒錯界定爲一些個體，在他們身上，α這個因數（見本部分第一章）的值非常接近0.5，因此它其實等於α'；換句話說，這些個體身上的雄性成分和雌性成分相等，或者更具體地說，例如其中有些個體雖然被看作男人，但此人體內卻可能包含著過多的雌性成分，或者相反，一個被看作女人的，其體內的雄性成分卻可能多於雌性成分。由於許多個體身上缺乏統一的性徵，人們就完全可能根據男性第一性徵的存在去確定他們的性別，甚至不會去考慮那些個體的睪丸遲遲未降入陰囊，或是生有尿道上裂或下裂，或是日後不能分泌精子；或者更甚，在鑑定女子性別時，不去考慮該個體根本沒有陰道。因此，男性從事的一些職業（例如在軍隊服役）就被派給了那些α值小於0.5或α'值大於0.5的人。此類人其實可以在自己的同性當中找到互補者，也就是在其被承認的性別中找到互補者，儘管他（她）們實際上屬於另一性別。

不僅如此，任何性倒錯者的性欲都不是徹底逆反的。這個說法不但可以支持我的觀點，而且只有它才能解釋我的觀點。所有的性倒錯者最初都可能對兩種性別產生性欲；他們其實是雙性戀者。也許到了後來，他們才主動使自己的性欲稍微偏向於某一種性別，因而變成了正常或倒錯意義上的單性戀者；或者環境的影響會使他們如此。但是，在這個過程當中，基本的雙性戀傾向從未徹底泯滅，無論在什麼時候，這種傾向都有可能證明其被壓抑的存在。

人們常常提到，同性戀與存在於動植物胚胎期裡的雙性別原基有關；近年來，這樣的說法越來越多。我觀點中的新東西是：我認爲不能把同性戀看作一種返祖現象，或者看作起因於胚胎發育受阻或性別發育不全。不能把同性戀視爲一種變態，視爲對通常完整的兩性區別的一種罕見的竄改。同性戀不過是性別的中間形式，它們分布在一種理想的性別形態到另一種理想的性別形態之間。我認爲，現實中的一切有機體都具有同性戀和雌雄同體的潛在傾向。

每個人身上都有同性戀的原基，無論其形式是多麼微弱，它聯繫著異性特徵的或多或少的發育。這一點完全可以從一個事實上得到證實：在青春期裡，體內仍然存在著相當多的未分化的性徵，在內分泌發揮其刺激作用之前，男孩子和女孩子都會受到帶有肉欲色彩的強烈情結的支配。

從那個年齡往後，如果一個人一直保留著一種明顯傾向，即與一個與自己同性者的「友誼」，那麼，他身上就一定存在著異性的鮮明特徵。不過，還有些人身上的過渡性別形態更

1　原文爲sapphist，此字來自公元前六世紀前後希臘女詩人莎芙（Sappho）的名字，據說她是女同性戀者，被柏拉圖稱爲「第十文藝女神」。此字可與lesbian一字互換，後者來自莎芙居住的列斯波斯島（Lesbos）的島名。在本書中，homosexual一字有時泛指兩性的同性戀者，有時則特指男性的同性戀者，與sapphist或lesbian的特指相對應。

加顯著，他們在和兩性交往以後，沒能使自己對異性產生激情，卻依然對那些與自己性別相同的人竭力保持著秘密的、全心全意的依戀。

男人之間的友誼當中全都存在著性的因素，無論這種因素在其友誼中是多麼無關緊要。但我們只要記住一點就足夠了：沒有某種能把男人吸引到一起的吸引力，就不會有友誼。男人之間的友愛、保護和偏袒，大多都由於他們之間存在著無可置疑的性相容性。

在老年男人當中，也可以發現類似青年男人的性友誼的情況。例如，隨著老年出現的器官萎縮，男人潛在的雙性戀傾向就會出現。這大概就是這麼多五十歲以上的男人犯猥褻罪的原因。

在動物當中，我們也可以觀察到相當普遍的同性戀現象。卡爾什（F. Karsch）彙編了其他作者的大量（如果不是全部的話）觀察報告。遺憾的是，這些報告全都沒有提到這些現象中應當被觀察到的各種程度不同的雄性和雌性形態。不過，我們卻有理由確信：這個規律也適用於動物界。如果公牛長期與母牛隔絕，公牛當中就會發生同性戀；其中雌性成分最多的牛會首先受到性侵犯，然後是其他牛，也有些牛永遠都不會受到性侵犯。（據記錄，牛群裡的中間性別形態的數量最多。）這可以表明，它們體內潛伏著同性戀傾向。不過，在其他情況下，它們的性要求則會按照正常的方式得到滿足。圈養的牛群，其行爲完全如同性囚徒和性罪犯。動物當中不但會出現自瀆[2]的現象（像人類一樣），而且還會出現同性戀現象。我認爲：這個事實，連同動物中存在中間性別形態的事實，都有力地證實了我提出的性吸引力規律。

可見，倒錯的性吸引力根本不是這個性吸引力規律的例外，而只是其中的一種特殊情況。半男半女的人需要的性互補對象，也應當同樣是半男半女的人，這才符合這個規律的要求。這就解釋了一個事實：性倒錯者往往與性格相似者交往，而極少與性格正常者有親密關係。性吸引力是雙向的，因此，性倒錯者才會如此容易識別出對方。正因爲如此，人類社會的正常成員很少知道同性戀現象究竟能在多大範圍內出現；而一個同性戀案例若被衆人知道，每一個正常的年輕浪子都會認爲自己有權去譴責這種「惡行」。一直近到一九〇〇年，德國一所大學的一位精神病學教授還主張，應當對同性戀者施行閹割術。

現在對同性戀者採取的療法（在嘗試醫治這種人的案例中），當然不像那位教授提議的那麼激烈，不過，那些療法卻只能表明人們對同性戀的實質知之甚少。目前採用的療法是催眠術，而它的理論依據只能是「同性戀是一種後天形成的特性」。它引導接受治療者去想像女人的身體和正常的性交，以使他們去適應正常的性關係。不過，這種療法卻很少能得到公

2　原文爲onanism，又意指交媾中斷。此字來自〈舊約．創世記〉第三十八章，猶大（Judal）的兒子俄南（Onan）奉父命與嫂子同房，「知道生子不歸自己，所以同房的時候，便遺在地，免得給他哥哥留後」（第8—10節）。

認的效果。

按照我們的觀點，催眠療法的失敗是意料之中的。催眠者讓同性戀者想像「典型的」女人形象，而忽視了被催眠者內在的差異，更沒有意識到那種類型會使被催眠者感到自然的厭惡。正常類型的女人並不是同性戀者的互補對象，因此，為了完成對一個長期規避正常性交的男人的治療，即使醫生建議他去接受任何美貌妓女（無論她多有魅力）提供的性服務，也會無濟於事。如果把我們的公式用於尋找性倒錯的男人的互補對象，它就會指出：這種人的性互補對象是那些最具男人氣的女人，她們都屬於女同性戀者類型。她們大概是唯一能吸引性倒錯的男人或能使他們愉快的女人。如果說，性倒錯不會自生自滅，所以必須找到治癒它的方法，那麼，我這個理論就可以提供以下的解決辦法：性倒錯者必須用性倒錯者來互補，即男同性戀者必須根據程度的不同，到相應的女同性戀者中去尋求補償。理解了這個辦法，就應當最終廢除英國、德國和奧地利的懲治同性戀者的荒唐法律；而目前，至少應當儘量減輕對他們的懲罰。在本書的第二部分裡，我將要說明：在男人的同性戀關係當中，主動的一方和被動的一方何以都會表現出羞恥，儘管兩者的欲望比男女間的正常關係中更強烈。從理論上說，這兩種關係在道德上根本沒有差別。

當今，不少人都在強烈主張，不同的個體都應當享有各自的權利，儘管如此，支配人類的卻只有一條規律，正像世上只有一種邏輯而不是好幾種邏輯一樣。我們違背了這條規律，違背了根據違犯法律（而不是道德過失）量刑處罰的理論，去禁止同性戀者的行爲，而同時卻允許異性戀者們任意胡爲，只要雙方能避免公開的醜聞就行。站在更符合人性的立場上，站在未被「懲罰就是威懾」的教育理念玷污的刑律的立場上，我們可以說，對性倒錯的唯一合情合理的療法就應當是：允許這些人到另一些性倒錯者中尋找並獲得自己需要的對象。

在我看來，我的理論無可爭議，無庸置疑。它能對一切現象做出完整的解釋。不過，這個說法目前還面對著一系列事實，它們似乎與這個說法截然相反。我提出的「性倒錯與存在性別的中間類型有關」的見解，我對支配這類人之間的吸引力的那條規律的解釋，也似乎與那些事實相矛盾。對女人的一切性倒錯現象來說，我的解釋很可能已經很充分了，不過，的確還存在著另一種現象：在一些男人身上，女人氣的表現雖然極少，但他們還是能強烈地吸引另外的男人；他們對男人的影響，比那些更女人氣的男人的影響更大——這種影響甚至會在最具陽剛之氣的男人身上起作用，而事實也表明：這種影響甚至會比任何女人對這些男人的影響大得多。摩爾（Albert Moll）說得很對：「世上存在著一類心理性別上的雌雄同體者，男女兩性都能吸引他們，但他們似乎只迷戀該異（同）性的獨有特徵。世上還存在著另一類心理性別上的雌雄同體者，吸引他們的不是該異（同）性的獨有特徵，這些特徵對他們來說並不重要，甚至某種程度上還會引起反感。」這種區別來自兩類現象之間的差異，本章的題目就指出了這兩類現象——同性戀與男色。可以這樣來表述這個差異：同性戀者屬於一種性倒錯類型，他們遵循性吸引力的規律，迷戀最具女人氣的男人或者最具男人氣的女人。另一方面，愛好男色（雞姦）者（pederast）既可能迷戀最具男人氣的男人，也可能迷戀最具女人氣的女人。不過，這種人只有在不喜歡男色的情況下，才會迷戀最具女人氣的女人。不僅如此，他對男性的欲望還會比對女性的更強，這種欲望在他天性裡植根更深。男色現象的起源本身就是個難題，本書的考察依然無法解決它。

第五章 性格學與體型學

「性別的中間形式」原理作為個體心理學的基本原理——同時呈現還是呈階段性？——心理學考察的方法——實例——個人化的教育——遵循傳統——體型學與性格學的對應——人相學與身心對應原理——差異變化學說的方法——對這個難題的一種新表述——演繹性的體型學——關聯性——展望

我們承認，物質與大腦之間存在著緊密的聯繫。以這個觀點看，我們就能預期發現一點：如果用「性別的中間形式」這個概念去解釋一些心理事實，就會獲得豐富的成果。分別存在一種女性的心理類型和一種男性的心理類型，這是很容易想像出來的（很多研究者已經在尋找這些類型了），不過，在現實的個人身上卻從未發現過如此完美的類型。這完全是因爲，在大腦裡也像在身體內一樣，存在著種類齊全的性別中間狀態。我提出的這個概念，也大大有助於我們去分辨不同種類的心理素質，有助於我們去研究心理學家們一向不曾了解的那個角落——不同個人之間的種種差異。如果我們能對個體心理的各種素質進行逐級分類，如果我們能認爲「一個人的性格非男即女」這句話已經不再符合科學，如果我們能做出精確的判斷，說出某某人身上的男性成分和女性成分各占多少，那就是向前邁進了一大步。一個人做事、說話或者思考的時候，究竟是哪個要素在起作用呢？要回答這個問題，我們本來應當對這個人做出更明確的描述，而新的研究方法也會決定進一步考察的方向。我們以往的知識都是從某些概念出發的，而它們其實只是些令人困惑的平均值；靠那些知識，既遠遠把握不了最廣闊的現實，也遠遠無法找到最爲隱秘的細節知識。以往研究方法的失敗，促使我們希望能把「性別的中間形式」的原理作爲基礎、對性格進行科學的研究，希望這個原理能證明：努力使它成爲個體差異心理學的一個啓發性原理，是正確的。迄今爲止，性格學還一直完全被掌握在文人作家手裡，從科學的角度說，它還是一塊未被開墾的領地。把「性別的中間形式」的原理運用到性格學上，也會受到更熱烈的歡迎，因爲這個原理能被用於定量分析，也就能使我們敢於估算出，一個人身上（甚至在一個人的心理素質當中）的男性成分和女性成分各占多少百分比。這個問題的答案甚至並不僅僅是說：我們知道一個有機體在兩性之間的標尺上的確切解剖位置，儘管在實際中，身心性別一致的情況比不一致的情況更普遍。但我們一定要記住本部分第二章裡提出的觀點，即性別在全身的分布並不平均。

我們絕不能以爲同一個人身上男女成分的比例是個恆量。我們必須考慮一個重要的新結論。「性別的中間形式」的原理能大大地清理以前的心理學工作，而要想正確地運用這個原理，就必須考慮到那個新結論。事實上，每個人的性格都在男性和女性之間變化或者搖擺。在一些人身上，這些搖擺的幅度大得反常；在另一些人身上，這些搖擺卻十分微小，幾乎不爲人察覺。但是，搖擺始終存在，大幅度的搖擺甚至會表現於身體外部。像地球磁力的變化一樣，這些性別搖擺有時是規則的，有時是不規則的。有規則的搖擺有時很難察覺；例如，很多男人在夜間會使人感到更像女人。有規則的大幅度搖擺與機體生命的一些巨大差異有關，這些差異現在已經引起了關注，並且可以解釋許多令人困惑的現象。不規則的搖擺大概主要是由環境（例如周圍人的性狀況）造成的。這可能有助於解釋心理學有關某種人群的一些奇特觀點，那些人群尚未得到足夠的注意。

總之，在單個的瞬間裡，我們不可能觀察到雌雄同體現象；我們只有在連續不斷的時間階段中才能去研究它。性心理差異中的這種時間因素既可能具備規則的週期性，也可能不具備。朝這個性別極點的擺動幅度，可能大於朝另一個性別極點的擺動幅度。朝男性一端擺動的幅度與朝女性一端擺動的幅度完全相等，這雖然在理論上是可能的，但實際上卻似乎極爲罕見。

在做進一步的詳細考察之前，我們不妨在原則上承認：「性別的中間形式」這個概念已經能使我們更準確地描述個體的性格，因為它能幫助我們確定每一個體身上男性成分和女性成分的比例。這個概念也能讓我們去衡量任何個體朝性別兩極擺動的幅度。我們必須首先確定採用哪種考察方法，因為它將決定考察的進程。我們可以採取兩種方法：一種是從經驗性的調查入手，去考察性心理的幾乎無數種中間狀態；另一種是先從抽象的性類型（即理想的男性心理和女性心理）入手，再去調查這些演繹得出的類型與實際情況之間究竟有多大距離。我們應當採用哪一種方法呢？第一種方法能讓我們獲得心理學知識，它從事實中引出理念，通過觀察繁複多變的自然，歸納出性的類型，因而具有歸納性和分析性的特點。第二種方法具有演繹性和綜合性的特點，與形式邏輯更為一致。

我一直不願意完全採用第二種方法，因為人人都能將兩種極端類型應用在實例上。現實當中的人都是兩種類型的混合體，而只要理解了這一點，將理論付諸實踐便是很簡單的事情，搜集詳細實例的工作也必定出現許多重複的案例，在理論上也不會有多少進展。然而，第一種方法卻是不可行的。羅列大量細節以歸納出結論，這只會讓讀者感到疲憊。

在本書的第一部分（即從生物學角度論述性別問題的部分）當中，我幾乎沒有提到這兩種極端的類型，而只是對性別的一些中間階段形式進行了最充分的考察。在本書的第二部分當中，我要對男女兩種類型的性格特徵做出盡可能充分的心理學分析，並且僅僅略微涉及一些具體實例。

首先，我要指出（但並不過分強調）「性別的中間形式」的一些比較明顯的心理特徵。

女人氣的男人通常都急於結婚，至少是當結婚的大好良機自動出現在他們面前的時候，他們就是如此（我提到這一點是爲了避免造成誤解）。只要有可能，這些人幾乎總是在很年輕的時候就結了婚。尤其是在可能娶到有名的妻子、藝術家、詩人、歌唱家和女演員的時候，這些人十有八九都會和她們成婚。

女人氣的男人在身體方面的懶散程度，與其身上女人氣質的多寡成正比。這種「男人」外出的時候，其唯一目的就是讓別人看到他們的臉很像女人，並希望得到讚美，然後心滿意足地回家。古代神話裡的納西索斯就是這種人的原型。這些人天生就格外注重自己的髮式、容貌、鞋子和服裝。無論在什麼時候，他們都十分在乎自己的外表，關心自己梳妝打扮上的最微小的細節。對別人投來的每一個瞥視，他們都非常敏感，並且，由於他們身上的那些女性成分，他們往往還會故意賣弄自己的步態和舉止。而另一方面，男人氣的女人卻往往毫不在乎自己的梳妝打扮，甚至不去護理自己的身體；她們在衣著上所花的時間也少於很多女人氣的男人。男人的華麗服飾，以及女人的大部分所謂「婦女解放」型的服飾，都起因於這些陰陽人數量的增多，而並不僅僅由於時尚的更迭變換。

的確，如果有人深入探究某種東西何以會成爲時尚，便一定會發現其中的眞正原因。

一個女人身上的女性氣質越多，她對男人的理解就越少，男人性徵對她的影響也就越大。這並不只是性吸引力的規律在起作用，正如我前面陳述過的那樣。同樣，一個男人身上的男人氣質越多，他對女人的理解就越少，也越容易受到女人性徵的影響。自稱懂得女人的男人，其本人就與女人非常相似。與男人氣的男人相比，女人氣的男人往往更懂得怎樣對待女人。男人氣的男人（除了極少的例外）只有經過了長期的經驗之後才知道怎樣對待女人，而即使到了那個時候，他們的做法也是最不完美的。

對那些完全屬於第三性徵[1]的現象，我在這裡只是做了一些最膚淺的探討。儘管如此，我還是想指出一點，那就是我得出的這些結論在教育學上的意義。我堅信，人們越是理解這些觀點，就越是能接受一種因人而異的教育方式。當今，在對待個人的方式上，比起我們那些向學生灌輸道德守則的教師和小學校長來，鞋匠（他們針對每個人的尺碼做鞋）的做法要更爲合理。當今，具有「性別的中間形式」的個體（尤其是在女人身上），完全被當作男女的理想類型來對待。對於人的心靈，我們只用現成的傳統模式，用類似「整形外科」的方式折磨它。目前的教育體制壓制了很多眞正屬於天性的東西，連根拔掉了許多眞正源於自然的東西，而把許多自然天性歪曲成了人爲的、非自然的形式。

從沒有記載的古代開始，世界上就只有兩種教育體系：一種體系的對象來到這個世界上的時候，身上就被派定了作爲男性的全套特徵；而另一種體系的對象來到這個世界上的時候，身上就被派定了作爲女性的全套特徵。「男孩子」和「女孩子」從小就穿著彼此不同的衣著，做著彼此不同的遊戲，學習彼此不同的教育課程（例如女孩子要學習縫補衣服等技能）。處於「性別的中間形式」的個體被置於極爲不利的環境中。即使如此，這些人身上那些自然的本能還是會在他們很小的時候就自動地流露出來，甚至往往在青春期以前就表現出來。有些男孩子喜歡玩布娃娃，還從姐妹們那裡學會了編織和縫紉；如果給他們取個女孩的名字，他們會非常愉快。同樣，也有一些女孩子非常喜歡參加自己兄弟的那些吵鬧的體育活動，是男孩子的密友和遊戲夥伴。過了青春期，這些內在的差異就表現得更加明顯。男人氣的女人會留短髮，喜歡穿男裝，喜歡鑽研學問，喜歡喝酒、抽煙，熱衷登山，或者滿懷熱情地參加各種體育運動。女人氣的男人則留長髮，穿緊身衣，精通女子梳妝打扮的各種用品，隨時都能和女人做好朋友、跟她們親密無間，喜歡和女人打交道，而不喜歡和男人打交道。

接下來，所謂「性別」的法則和習俗就被強加給了他們，像灌輸一種惡德一樣，把他們壓進兩種截然不同的模具。我的結論將引出的提議恐怕會遇到消極的阻力，而在女孩子的教育上，這種阻力會比在男孩子的教育上更大。在這裡，我必須以最鮮明的態度去反對一種教

1 根據作者在本書第一部分第二章中的解釋，「第三性徵」指的是「某些來自遺傳的特徵（例如肌肉力量或心理承受力的發展）」。

條，目前這個教條被視為無可置疑，且成了一種廣泛的主張，那就是：所有的女人全都一模一樣，女性中根本不存在個體。在體質更接近女性（而不是更接近男性的）的女人中，個體差異和未來發展的多樣性不像在男性個體中那麼巨大，事實的確如此。雄性個體的多樣性大於雌性個體的多樣性，這種現象並不僅僅存在於人類當中，而是存在於整個生物界，並且和達爾文提出的那些原理有關。儘管如此，女人之間依然存在著很多差異。「女人全都一模一樣」是一種很普遍的錯誤認識，其心理根源主要來自我在本部分第三章講述的那個事實，即每個男人一生當中都只和某一群女人有親密關係，而因為那些女人都是他根據自己的體質界定出來的，所以他自然就會發現她們都很相似，沒有多少區別。出於同樣的理由，並且通過同樣的方式，人們也經常會聽到一個女人說：「男人全都一模一樣。」大多數女權運動領袖都一致表達了對男人的狹隘見解，而那些見解也完全來自同樣的原因。

現實中存在著無數的個體，每一個個體身上都存在著不同比例的男性成分和女性成分，這個原理顯然是我們研究性格的基礎，並且必須被運用在一切合理的教育方案當中。

性格學必定要與某種形式的心理學結合起來，而那種心理學應當研究某種關於真實存在的心理現象的理論，這兩門學科之間的關係，就像解剖學之於生理學。所以，完全有必要去創立一種「個體差異心理學」的嘗試（這與理論研究沒有多少關係）。那些相信身心平行對應的人，一定會樂於進行這樣的嘗試，因為他們將會不僅從生理學的角度、而且從心理學的角度去觀察中樞神經系統，並且很樂於承認一點：性格學必定是體型學的姐妹。事實上，性格學和體型學在未來非常有望得到最廣泛的應用，從而使我們能展望一種前景，即人相學（physiognomy）將會在科學中佔有一席正當之地，而有那麼多人曾試圖讓人相學佔據那個位置，但迄今都未曾如願。

人相學的研究對象，是靜態心理力量與靜態身體力量之間的關係，而生理心理學（physiological psychology）研究的則是動態心理力量與動態身體力量之間的關係。僅僅由於人相學的研究很難，就把它看作一門行不通的學問，無論從研究方法還是從實際上來說，這都是一個很大的錯誤。然而，這恰恰就是當今科學界的普遍態度。這種態度與其說是有意識的，不如說是無意識的，雖說如此，它有時候卻表現得非常明顯。例如馮．繆比烏斯繼承高爾的工作，對那些具有數學天賦者進行人相學方面的研究時，就是如此。如果可能，許多人的研究工作都會表明：我們完全可以僅僅憑著檢驗一個人最極端的外表，而不必依靠交互詢問或者猜測，就可以對一個人的大部分性格做出正確的判斷；而我們也並非不可能把這種方法簡化成一種精確的方法。我們只需準確地研究那些反映性格的情感表情，只需（運用最基本的類推法）去跟蹤那些通向言語中樞的傳輸通道，便可以對性格做出準確的判斷。

儘管如此，還是要經過很長時間以後，官方科學才不會再把人相學研究視為非法。人們雖然仍舊相信身心的平行對應，但還是一直把人相學家看作騙子，而直到不久前，人們還在把他們當作催眠師。即便如此，每個人卻都一直在至少是下意識地做著人相學家（而有頭腦的人則是在有意識地這麼做），並且會繼續根據鼻子的形態去判斷一個人的性格，儘管他們不承認存在著「人相學」這門科學；而傑出名人和殺人兇手的肖像依然會繼續喚起每個人的濃厚興趣。

我很願意相信一點：每個人的身心之間都存在著一種後天形成的對應關係，這個假定迄今一直都可能忽視了我們大腦的基本功能。而實際情況當然是：人人都相信人相學，都在實際運用它。身心之間存在著明確的關聯，我們必須把這個原理看作人相學研究中的一條極具啓發性的公理。這個原理還能使宗教和抽象哲學去說明一種必須被看作實際存在的關係中的細節。

無論性格學能不能與體型學聯繫在一起，只要我們能稍微深入地剖析一下當前盛行的混亂見解，看看它們是不是由錯誤的研究方法造成的，那就會看到：性格學不僅僅對其他科學很有價值，它對人相學也很有價值。我希望，我即將做出的嘗試能開闢出一條通向這個迷宮裡的小路，並被證明能夠得到普遍的應用。

有些人喜歡狗而討厭貓；另一些人則非常愛貓卻不喜歡狗。面對這些現象，喜歡刨根問底的人會樂於提出這樣的問題：「爲什麼這個人喜歡貓，而另一個人喜歡狗？這究竟是爲什麼？」

我認為，這並不是表述這個問題的最有效方式。在我看來，更重要的是應當追問一下：愛狗的人和愛貓的人在其他方面究竟有哪些不同？事實將證明：探尋種種相互關聯的差異，這個習慣不但對純體型學和性格學極為有益，而且最終也對人相學極為有益，而人相學就是體型學和性格學的匯合點。亞里士多德很早就曾指出：動物的許多特徵的變化之間並不是互不相關的，後來，不單單是居維葉，尤其是聖希萊爾（Geoffery St. Hilaire）和達爾文，也都曾對這些「關聯性」進行過專門的研究。在一些情況下，從功利原則的角度很容易理解這些特徵之間的關聯性，例如，食道是為了適應消化生肉，而下顎和身體則必定是為了適應捕捉獵物。但是，另一些關聯性卻很難說是為了適應某種單一的目的，例如反芻動物的胃、雄性動物的偶蹄和角；或者具有某種顏色毛髮的動物對某些毒素具有免疫力；或者在家鴿當中，短喙的腳都比較小，而長喙的腳都比較大；或者藍眼睛的白貓容易耳聾等等。

我絕不是認為科學只能滿足於僅僅是發現這些關聯性。僅僅滿足於發現這些關聯，這比滿足於發現了向自動販賣機裡投一枚硬幣、那機器便一定會吐出一盒火柴強不了多少。這將會使思辨哲學的主要原理失去作用。這樣的關聯（例如長髮與正常卵巢之間的關聯）理應使我們得到更大的收穫，但這仍然屬於生理學的領域，而並不屬於體型學的領域。要達到一種理想的體型學的目標，最好的方法可能是對幾種器官進行徹底的研究，而不是像集郵家收集郵票那樣，綜合從（在陸地上爬行或在海裡游泳的）動物身上觀察到的所有現象，再做出推論。居維葉常常依靠某種類似猜測的工作，僅僅根據動物的一塊骨頭重構出整個動物。充分的知識將使我們能從質量和數量兩個方面、準確全面地完成這項工作。我們一旦獲得了這樣的知識，每一種單一特徵馬上便會顯得十分明確，並且會大大減少我們把它與其他特徵相混淆的可能性。體型學中關聯原理的這種眞實而合理的延伸，其實就是在運用生物界的功能理論。它並不排除對因果關係的研究，而只是把這種研究限制在一定的範圍內。毫無疑問，我們必須從種質（idioplasm）當中尋找器官關聯性的「原因」。

關聯性變化的原理能不能運用於心理學，取決於差異心理學（differential psychology）的發展，即對心理差異的研究。不僅如此，我還相信：研究解剖學意義上的「習慣」與研究心理特徵，這兩者的結合將會形成一種靜態心理學，即眞正科學的人相學。解剖學、心理學和人相學這三門科學的考察原則，都必須是按照如下的方式提出問題：如果已知兩種器官在某一方面存在著差異，它們還在其他哪些方面存在差異？這將是做出新發現的黃金法則，並且，如果遵循了這個法則，我們也不會繼續迷失在那個「爲什麼」問題的答案周圍的黑暗迷霧裡而束手無策。知道了一種差異之後，我們就必須堅持不懈地細心尋找其他的差異，而我們只要從這個角度提出問題，就一定會大有收穫，一定會很快得到許多新發現。

有意識地遵循這個考察原則，對研究大腦思維的難題具有特別重要的意義。心理活動與身體特徵並不同時存在，而只是在偶然的情況下或者幸運的機遇中，即當一系列現象在個體身上迅速地呈現出來的時候，我們才可能注意到心理現象之間的關聯。相互關聯的心理現象之間會存在巨大的差異，只有知道了自己的研究目標，並且盡力去尋找它們，我們才能克服考察材料給我們造成的特殊困難，去完成心理學的研究。而在解剖學裡，這種研究則要相對簡單一些。

第六章
解放了的女人

婦女問題──婦女解放的主張與男性成分──婦女解放與同性戀──解放了的女人的性愛傾向──解放了的女人的人相學特徵──其他著名女子──女性氣質與婦女解放──實踐的規則──天才在本質上屬於男性──歷史上的婦女運動──週期性──生物學與歷史的概念──對婦女運動的展望──婦女運動的根本錯誤

要立即運用差異心理學去闡明「性別的中間形式」原理，我們現在就必定會面對一個問題，而它正是本書要從理論和實際兩方面回答的一個特殊問題──婦女問題。從理論方面說，婦女問題並不是人種學或經濟學的問題；從實際方面說，婦女問題也不僅僅是法律問題或家庭經濟問題。換句話說，它不屬於最廣義的社會科學問題。本章將對婦女問題做出回答，但讀者絕不要認爲它是最終的或徹底的答案。毋寧說，這個答案是一種必要的先期考察，並且未超出我提出的那個原理所推出的結論。我雖然要對一些個案做出解釋，但並不想從中歸納出具有普遍意義的規律。那些案例所隱含的實際意義，也絕不是可以（或應當）用於指導未來的道德箴言，而僅僅是從以往案例中抽象出來的一些技術規則。本章不討論男性類型及女性類型的問題，這個問題將在本書第二部分中討論。這個先期考察將僅僅包括一些性格學—邏輯學方面的結論，它們得自「性別的中間形式」原理，而對婦女問題來說，這個原理有著十分重要的意義。

從我已經闡釋過的內容看，這個先期考察的總方向是很容易理解的。一個女人的解放及其獲得解放的資格，與她身上男性成分的多寡成正比。但是，「婦女解放」的思想包括很多方面，而由於這個思想還和許多實際風俗（它們與婦女解放理論毫不相干）有關，它的涵義就更難廓清。我所說的「一個女人的解放」，既不是指她主宰了家庭生活，也不是指她征服了丈夫。我絕不是指她有勇氣在晚上自由地外出活動，或者單獨一人在公共場所露面，或者無視某些社交規則（例如禁止單身女人在家中接待男人的造訪，禁止她們參與或聆聽有關性問題的討論）。我所討論的婦女解放，不包括女人對經濟獨立的渴望，也不包括女人在技術學校、綜合大學、音樂學院以及師範學院中得到的恰當教育。可能還有其他許多類似的運動與「解放」（emancipation）這個字有關，而我也不打算在本書中討論它們。我要討論的婦女解放，指的不是女人與男人表面上的平等，而是婦女問題中眞正重要的東西，那就是深植於女人心中的那種獲得男人特性的渴望，即渴望獲得男人那種在精神和道德上的自由，渴望獲得男人那種實實在在的影響力和創造力。我認爲，眞正的女性素質當中既不包含對這種意義上的解放的渴望，也不包含爭取這種解放的能力。一切正在努力奮鬥以獲得這種解放的女人，一切眞正具有巨大精神能力的著名女子，有經驗者第一眼便能從她們身上發現某些屬於男性的解剖特徵，發現某些與男人非常相似的身體特徵。在過去和現在都備受推崇的所謂「女人」，都被提倡女權的人看作了女人所能取得的成就的典範，但她們幾乎全都屬於我所描述的那種處於「性別的中間形式」的人。歷史上最早的一例是莎芙，她給我們留下了性倒錯的先例，而已被承認的描述女子間性倒錯關係的那些術語，就源自她的名字。因此，本部分第二章和第三章的內容馬上就對婦女問題有了重要的意義。我們掌握的著名女子和解放了的女人的性格學材料過於模糊，不能作爲引出任何令人滿意的理論的依據。我們所需要的是某種基本原理，它能使我們確定這樣的個體究竟處於男性與女性之間的哪一點上。我提出的「性吸引力」規律，就是這樣一條基本原理。用這個原理去解釋同性戀的事實，則能表明一點：能夠吸引其他女人或被其他女人吸引的女人，其本身就是半個男人。用這個原理去解釋我們已掌握的歷史證據，我們也會發現：女人解放的程度與一個女人身上男性成分所占比例的多寡，實際上是一致的。莎芙只不過是歷史上衆多具有同性戀或雙性戀傾向的著名女子的先驅。古代學者們曾經熱情地為莎芙申辯，認為她當年與其女性夥伴之間的關係除了純粹的友情，別無其他，彷彿暗示說莎芙是女同性戀者就一定會貶低她的人格。但在本書的第二部分當中，我卻要提出一些理由，以表明一點：同性戀可能是一種比異性戀更高級的形式。在這裡，我只要說一句便足夠了：一個女人的同性戀是她體內雄性成分導致的結果，並且預示著身心發展程度的一種更高階段。俄國女皇凱瑟琳二世、瑞典女王克麗斯蒂娜，布里姬曼（她雖然又聾又啞又瞎，卻具有很高的才能），以及我搜集到的相關材料裡大量有才能的婦女和女孩，她們要麼就是雙性戀者，要麼就是同性戀者。

現在我要說說另外一些特徵，它們表現在眾多的女人身上，但沒有證據表明她們具有同性戀的傾向。我將要證明：我對她們身上那些男性特徵的描述絕非出於幻想，也並不來自一個自我中心主義的男人的希望，即把一切更高級的智力表現統統歸於男性。具有同性戀或雙性戀傾向的女人，會因為迷戀女人或女人氣的男人而暴露了她的男性氣質；同樣，異性戀的女人，也會因為選擇男性氣質不足的男人為伴侶，而暴露了她的男性氣質。在喬治．桑的許多次浪漫戀情中，最著名的是與繆塞的風流韻事，而繆塞是一位最具女人氣質的感傷詩人。喬治．桑的另一段著名戀情是她與蕭邦的浪漫關係，而我們可以說：蕭邦幾乎是獨一無二的女性音樂家，他的相貌就顯示了他的女性氣質。（蕭邦的肖像清晰地顯示出了他的女性氣質。梅里美也曾形容喬治．桑「瘦骨嶙峋」。蕭邦和喬治．桑初次見面時，喬治．桑的作風活像個男人，而蕭邦這個男人卻表現得像個女孩子。喬治．桑凝視蕭邦的時候，蕭邦臉紅了，於是她便用她那低沉的嗓音向蕭邦致意。——作者原注〕科羅娜的出名，與其說是因爲她自己的詩歌作品，不如說是因爲米開朗基羅對她表現出的迷戀，而後者早期的朋友都是些少年。女作家斯特恩是李斯特的情人，而李斯特的生活和作品也極具女性氣質，他與華格納之間存在著一種曖昧的友情，而他後來對巴伐利亞國王路德維希二世（Ludwig II）的熱誠，則可以清楚地說明那種友情的性質。斯塔爾夫人的《論德意志》大概算是女人所寫的最偉大的著作，據說她與史雷格爾的關係非常親密，而後者是個同性戀者，曾做過斯塔爾夫人孩子們的私人教師。在一生當中的某些時期裡，舒曼的臉會被人誤當成女子的臉，而他的一大部分音樂也都具有女性氣質，儘管它們其實並非女人的作品。

即使沒有證據表明著名女人的性生活，我們也能根據她們個人外表的細節得出一些重要的結論。這些資料同樣能夠支持我提出的那個普遍命題。

喬治．愛略特的前額十分碩大寬廣，她的動作和表情也都迅速而果斷，根本不具備女人的那種優美。方塔納（Lavinia Fontana）的臉上呈現著智慧與果敢，卻很少女人的魅力；魯依施（Rachel Ruysch）的臉也幾乎可以說完全是男性的。富於獨創性的女詩人馮．杜洛斯特—霍紹夫的自傳，表明了她的身材很瘦，與女人毫不相像，她的臉也是男性的，能使人聯想起但丁的臉。女作家兼數學家柯瓦列夫斯卡（Sonia Kowalevska）也像莎芙一樣，頭髮異常稀疏，而她更缺少的，則是當今女詩人和女學生中流行的那種時尚風度。如果忘了提到那位非常出色的女畫家波奧爾（Rosa Bomheur），那將是個重大的疏漏，而無論從她的外表還是性格，你都很難找到屬於女性的特徵。聲名狼藉的布拉瓦茨基夫人的相貌也酷似男性。

我還可以舉出其他一些當今公衆熟知的、解放了的女人，因爲她們也可以爲我提供大量的證據，證實我提出的那個見解：眞正的女性要素（即抽象的「女性」）與婦女解放毫無關係。一些歷史資料雖然可以證明「頭髮越長，見識越短」這句老話是正確的，但我們也必須考慮到本部分第二章裡提到的那些例外現象。

唯有解放了的女人身上的男性成分才渴望婦女解放。

因此，儘管人們通常都會爲女作家使用男性筆名找出某些理由，但我們卻有比這更充分的理由去解釋這一現象。女作家使用男性筆名，這個做法是表達她們所感到的男性成分的一種方式，而那些成分是與生俱來的。這在喬治．桑那樣的女作家身上表現得尤爲明顯，她們都喜歡身穿男裝，喜歡參加男人的活動。她們選用男人的名字，是因爲她們覺得男人名字與她們的性格密切相關，而幾乎不能說那是出於引起公衆關注的欲望。事實上，部分地由於人們對性問題的興趣，迄今爲止，若其他條件完全相同，女人的作品一直都比男人的作品更引起人們的興趣。並且，由於種種相關因素，女人的作品總是會得到更充分的重視，而只要有正當的理由，它們得到的讚揚也會比具備同等優點的男人作品更多。尤其在當今，很多女人已經因爲她們的作品而出了名，但如果那些作品出自男人之手，卻幾乎不會引起任何注意。我們不妨暫且打住，對這個現象做一番更深入的考察。

在哲學、科學、文學和藝術領域裡，一些男人做出了很有價值的貢獻，但我們若用他們成名的標準去衡量那些有名女人的一長串名單，便馬上會看到一種可悲的降格。如果以這種方式去衡量，在考夫曼（Angelica Kaufmann）、勒布倫夫人（Madame Lebrun）、卡巴列羅（Fernan Caballero）、馮．岡德希姆（Hroswitha von Gandersheim）、索莫維爾（Mary Somerville）、埃格頓（George Egerton）、勃朗寧夫人、潔曼（Sophie Germain）、舒爾曼（Anna Maria Schurmann）和梅里安（Sybilla Merian）那樣的女人身上，便很難見到什麼出衆之處。我這裡既不想提到女權運動記錄上那些被過分抬高了的女人的名字〔例如女詩人馮．杜洛斯特—霍紹夫〕，也不願意評論當今著名女人的名氣裡究竟有多少眞實成分，而只要概括一句便足夠了：在思想史上，即便是成就最接近男人的女人，也沒有一個眞正堪與第五等或第六等的男性天才相提並論。例如，在詩歌方面，任何女人都比不上呂克特（Rückert）；在繪畫方面，任何女人都不及凡．代克；而在哲學方面，任何女人都不如席馬赫（Scheirmacher）。即使不算那些歇斯底里的預言家〔以上提到的許多女子，其大部分智能活動主要源自歇斯底里症，但人們通常都把那些活動僅僅看作病態，這個解釋過於有限。我將在本書第二部分闡述這個問題。——作者原注〕，例如女先知西彼爾（Sybil）、德爾菲神廟的女祭司、布希儂（Bourignion）、凱騰伯格（Kettenberg）、德．拉．莫特．古揚（Jeanna de la Mothe Guyon）、索斯科特（Joanna Southcote）、斯圖敏（Beate Sturmin）以及聖特麗莎，我們也可以看到巴什科切夫那類的女子。我還記得她的肖像，儘管她的前額很像男人，至少她的臉龐和身材還頗具女人氣。然而，無論是誰，只要在巴黎盧森堡美術館的「異國大廳」（Salle des Etrangers）裡仔細研究過她的繪畫作品，並用它們與她崇拜的大師勒帕日的作品做個比較，都可以清楚地看到：她只不過是模仿了後者的繪畫風格，而這正像歌德小說《選擇性的親和力》中的奧黛莉學會了模仿愛德華的筆跡一樣。

還有一些情況既非常有趣，也並不鮮見，那就是：一個聰明家族的才能，似乎可以在該家族的某位女性成員身上得到最大的體現。不過，能以這種方式傳承的卻僅僅是才能，而不是天才。凡．愛克（Margarette van Eyck）和馮．施坦巴赫（Sabina von Steinbach）這兩位女畫家就是最好的例證。按照一位非常讚賞才女的作家古爾（Ernst Guhl）的說法，「她們選擇繪畫生涯，無疑都是因爲受了其畫家父親、母親或兄長的影響。換句話說，她們都在自己的家族中找到了從事繪畫的動機。歷史記載表明，這樣的情況有兩三百例；並且，就是再加上數百例的類似情況也絕不會全無遺漏。」爲了正確地認識這個統計數字，還應當提到一點：古爾還補充說，「它只是個大致的數字，是對我們所知道的一千名女畫家的統計」。

這也爲我從歷史角度分析婦女解放的觀點做出了結論。它表明了我提出的那個觀點是正確的，即對解放的眞正渴望，與獲得解放眞正相關的素質，全都來自女人身上的男性成分。

絕大多數女人從未特別關心過藝術和科學，而僅僅把它們看作手工勞動的更高級分支。即使她們在一定程度上熱衷某個藝術或科學課題，那也完全是爲了吸引異性中的某一個（或某一群）特定的人。除此以外，深入的考察已表明：對智能活動眞正感興趣的女人，都處於「性別的中間形式」的狀態。

唯有男人氣的女人才渴望自由和與男人平等，如果這是眞的，那麼，由此推出的結論就是：在婦女解放的思想當中，並不一定包含著自覺的女性原則；而我們如果想到一點，這個說法就更符合實際了，那就是：這個說法的依據是對個案的仔細檢驗，而並非來自對某個「抽象的女人」的心理考察。

我們現在如果從社會穩定的（而不是從道德的）角度去看待婦女解放的主張，那也無疑會發現它帶來的害處。婦女解放的不受歡迎之處，可以從它引起的騷動和憤慨當中反映出來。婦女解放的主張促使一些女人去研究學問或從事寫作，而那是出於虛榮心或是出於吸引崇拜者的欲望，她們並不具備眞正的創造才能，卻無疑具備某種模仿能力。不可否認，確實有相當多的女人眞心渴望解放，眞心渴望得到更高的教育，這已經形成了一種風尚，因而使其他衆多女人心中產生了荒唐的憤慨，使她們以爲自己的見解是正確的。許多女人本來可以做個可敬而體面的妻子，卻借著「婦女解放」這個口號去反對自己的丈夫；那些做女兒的人，也把這個口號看成了一種與母親的權威作對的方式。可以這樣描述這種婦女解放的實際結果：在證明某些統一的法則或規律方面，這個運動的影響實在太難以確定了。但願能給這個運動以最廣泛的自由，但願一切男人氣的女人在其道路上不會遇到什麼障礙，她們都有一種心理需要，即必須投身男性的職業，並且她們在身體方面也很適於從事那些職業。然而，成立某個旨在引起社會革命的婦女解放黨，這個想法卻必須被放棄。應當放棄整個所謂「婦女運動」，因爲它違背了自然天性，是人爲的，所以從根本上就是個錯誤。

最重要的是應當放棄那個所謂男女「徹底平等」的荒唐口號，因爲就連最具男人氣的女人，其身上的男性成分也極少會超過百分之一，而正是她身上的男性成分才使她具備了某種特殊能力，或者將會使她最終獲得某種重要地位。把少數眞正具備才智的女人與智力中等的男人相提並論，甚至做出推論（有人已經這樣做了）說女性的智力高於男性，這是十分荒謬可笑的。正如達爾文指出的那樣，唯有處於個性發展最高階段的男女才能相提並論。在《人類的起源》一書中，達爾文寫道：「如果分別列出在詩歌、繪畫、雕刻、音樂（包括作曲和演奏）、歷史、科學和哲學研究方面的最傑出男女的名單，各項成就下只列出五六個名字，那麼，這兩份名單就根本不能相提並論。」不僅如此，如果仔細研究這兩份名單，你還會看到：女性的那份名單將會表明，我那個關於男性及其天才的理論是正確的；而比較這兩份名單，則會使那些極力提倡女權的人越發感到不快。

有些人曾一次又一次地提出：必須創造一種社會氛圍，它應當有利於使女人在精神方面得到充分的、不受限制的發展。這種主張忽視了一個事實：在歷史上，「婦女解放」、「婦女問題」和「女權運動」根本不是什麼新鮮事物，而是一直都在伴隨著我們，只是在不同的歷史時期裡呈現出不同的突出特點而已。說男人給女人的精神發展設置了許多障礙，這也過分誇大了事實，在當今尤其是如此。〔男人中有很多沒受過多少教育的傑出名人，例如彭斯和馮・埃森巴赫，但在著名女人中卻找不到類似的例子。——作者原注〕此外，這種主張還忽視了另一個事實：當今極力鼓吹婦女解放的，並不是那些眞正的女人，而只是那些男人型的女人，她們以婦女的名義提出其要求的時候，既誤解了自己的性格，也誤解了促使她們行動的動機。

像歷史上其他所有的運動一樣，當代婦女運動的發起者們也讓自己相信：這個運動是歷史上的首創，以前從來就沒有人想到過。這些人認爲：女人迄今一直都受到男人的束縛，都是在男人製造的黑暗裡發展，而現在正是女人強調自己、主張自己的天然權利的時候了。

但是，這個運動也像其他的運動一樣，其原型在歷史上最早的時期就已經出現了。古代史和中世紀史上都有例證表明：很多女人都曾爲在社會交往和智能活動方面獲得解放而奮鬥。還有例證表明：歷史上也曾出現過很多提倡女權的男男女女。因此，以爲女人迄今一直根本沒有機會去自由發展其精神力量，這完全是個錯誤。

伯克哈特（Jacob Burckhardt）談論文藝復興時期時曾說：「當時，能給予義大利著名女子的最高讚美，就是說她們在頭腦和性情上像男人一樣。」史詩中（尤其是在博亞爾多和亞里奧斯托的作品裡）記載著女子做出了男人那樣的業績，這就代表了那個時代的理想。如今稱某個女人「有男子氣」（virago）雖然是一種近於挖苦的恭維之詞，但這個字最初卻是一種讚譽[1]。

女人最早在十六世紀被允許登上舞臺表演，女演員就是從那個時代開始出現的。「在那個時期，人們承認女子也能去冒親自表達最高的藝術理念之險。」正是在那個時代，人們普遍對女性推崇備至。摩爾就認爲女子和男人完全平等；而馮·奈特希姆（Agrippa von Nettecheim）走得更遠，他認爲女人比男人更優秀。但是，女人們卻完全忘記了這些見解，而這個問題後來被人們徹底遺忘，直到十九世紀才被重新提了出來。

在世界歷史上，「婦女解放」的浪潮似乎每隔一段時期就會再度出現，並且會在持續一定的時間之後消失，這種現象難道不值得關注嗎？

人們已經注意到：在十世紀、十五世紀和十六世紀，同樣也在如今的十九世紀和二十世紀，婦女解放的浪潮都更加引人注目，其中的婦女運動也比其他時期內更爲高漲。根據我們掌握的資料去提出一個假設，這還爲時過早。但我們必須記住一點：這種浪潮的週期性很可能具有十分重大的意義；它定期地重複出現，而其中可能包含著一種因素，那就是雌雄同體以及處於「性別的中間形式」者的繁殖過剩。在動物界，這種情況並不罕見。

按照我的解釋，這樣的時期應當是「雌雄異體」（gonochorism）（即兩性分裂）現象出現得最少的時期之一。這種時期的一個標誌是男人氣的女人數量增多，另一個標誌則是女人氣的男人的數量也增多了。一些有力的證據表明歷史上確實存在這種週期性。這種週期到來的時候，還可能隨之產生所謂「分離主義的偏好」（secessionist taste），這種偏好把身材瘦長、胸部扁平、臀部狹窄的女人視爲偶像。這種錯誤之所以最近大爲增長，變成了某種時髦的同性戀，大概是因爲當今「陰盛陽衰」的現象正在日益加劇，而拉斐爾前派運動的那些怪癖之所以盛行，也可能出於同一個原因。

機體生命中存在著這樣的時期，相當於個體生命中的某些發展階段，但可以延伸到數代生命之後。如果這個觀點被證明是正確的，它就可以啓發我們對人類歷史當中的許多模糊觀點做出解釋，它們都和所謂「歷史的解決方式」有關，尤其和那些經濟論—唯物論的觀點有關。而事實表明，那些如今非常流行的觀點是毫無益處的。從生物學角度書寫的世界歷史仍然有待續寫，它的意義在於面向未來。我這裡只能指出未來的工作應當努力的方向。

如果能證實某些時期產生的雌雄同體者較少，而另一些時期產生得較多，那就可以知

1　virago 這個字原爲拉丁語，意思是「女武士，女英雄」。

道：婦女運動的興衰、其週期性的重現與消失，都按照有規則的節奏起伏漲落，都反映了男性化的和女性化的女人的多寡，反映了與之相伴的婦女解放欲望的強弱。

討論婦女問題的時候，我顯然並沒有把大量女性化的女子考慮在內，她們都是衆多工匠階層者的妻子，迫於經濟壓力到工廠做工或者從事田間勞動。工業進步與婦女問題之間的聯繫，遠不像人們通常認爲的那樣密切，尤其不像社會民主黨所說的那樣密切。智能工作所需要的精神能量與體力勞作所需要的精神能量，兩者之間的聯繫就更不那麼密切了。例如，雖然法國出現過三位最著名的女人，卻從未出現過一次成功的婦女運動，而歐洲其他國家都沒有像法國那麼多的眞正商人式的、有才幹的女人。爲了獲得生活必需品而努力工作，這和爲了發展心智而努力工作毫無關係。我們必須劃清這兩者之間的界線。

發展婦女心智的運動，其前景並不十分樂觀。但是，更沒有希望的是另外一種觀點，它有時也被納入婦女問題當中討論，那就是：人類將朝著徹底兩性區分（即兩性異形）[2]的方向發展。

在我看來，這種觀點根本站不住腳，因爲動物界裡地位較高的種群當中，並沒有證據表明截然的兩性異形正日益增多。在兩性異形方面，蠕蟲和輪蟲、許多鳥類以及猿類中的山魈，都比人類表現得更鮮明。如果認爲「人類將朝著徹底的兩性異形的方向發展」，那麼，隨著人類逐步分成了絕對的男性和絕對的女性，婦女解放運動便會因此而逐漸失去其必要性。另一方面，認爲「婦女運動具有週期性復活的特點」的見解，卻能夠把這種運動降到荒謬無效的地位上，使它僅僅成爲人類歷史上的一種短暫現象。

被人們徹底遺忘，這就是一切婦女解放運動的命運，那些運動都企圖把全體女性置於一種新的社會關係中，並且將男性視爲永久的壓迫者。這種運動或許可以造就某種類似於亞馬遜人那樣的群體，但隨著時間的推移，能構成這種群體的人將不復存在。文藝復興時期的婦女運動及其隨後徹底消失的歷史，對鼓吹女權的人來說是個教訓。激憤的群衆不可能獲得眞正的心智自由，而心智的自由唯有靠個人的奮鬥才能獲得。婦女解放的敵人究竟是誰？究竟是什麼力量在阻礙婦女解放呢？

婦女解放最大的、唯一的敵人，就是女人自己。本書的第二部分將論證這一點。

2 sexual dimorphism：參本部分第一章。

第二部分

（主要部分）：性的類型

第一章 男人和女人

雌雄同體與雌雄異體——男人或女人，雄性或雌性——性格學的根本困難——感覺實驗和分析與心理學——狄爾泰——經驗論的性格概念——什麼是心理學的研究對象，什麼不是——性格與個體——性格學的難題與兩性的問題

人做的一切事情都代表著人相學上的自己。

——卡萊爾

我們必須將雄性和雌性、男人和女人都看作類型，而現實中存在的個體（關於其品性還存在著許多爭論）都是這些類型的不同比例的混合體。若承認了這一點，我們就獲得了一個

考察兩性眞正差異的自由天地。唯一眞正存在的個體是處於性別中間狀態的形式，但本書第一部分只是扼要地討論了這個問題。在本書第一部分當中，我從一般生物學的角度闡述了我的理論。

現在，我必須把人類作爲特定的考察對象，以表明內省分析的結論中存在的不足，因爲這些結論必須得到一個事實的證明才是完整的，那就是：生物界普遍存在著「性別的中間狀態」。植物和動物中存在著雌雄同體，這是無可爭辯的事實。不過，植物和動物當中的雌雄同體，卻似乎更多地表現爲同一個體身上雌雄兩種性腺的並置，而較少表現爲兩種性徵的眞正融合；它更多地表現爲兩種性徵的共存，而較少表現爲眞正的中性形態。但在人類身上，從心理的角度說，個體總是要麼就是男人、要麼就是女人，至少在單一瞬間內是如此。這種說法完全符合一個事實：每一個人，無論表面上被看作男性還是女性，都能在另一個「女人」或「男人」的個體上立即認出自己的性互補對象。（我曾聽見一個雙性戀的男人見到一個雙性戀的女演員（她臉上生著鬍鬚般的汗毛，嗓音渾厚，頭髮很少）時嘆道：「她眞是一位完美的女人。」對每個男人和每位詩人來說，「女人」這個字的意思都不盡相同；儘管如此，它指的卻總是同一種對象，那就是男人各自的性互補對象。——作者原注）這種雌雄異體性（uni-sexuality）可以從一個事實上得到體現，而那個事實的理論價值怎麼估計也不會過分，它就是：在一對同性戀的男人當中，其中一個總是在身心上充當男人的角色，如果這種關係比較持久，他會一直保留著自己的男人名字，或者另起一個男人名字；而其中另一個男人則充當女人，他或者會起一個女名，或者會以女人自稱，或者讓前者給他起一個女名（這是一種相當典型的做法）。

同樣，在兩個女人的性關係當中，其中一個總是在充當男性的角色，另一個則充當女人，這個事實具有最爲深刻的意義。在其中，我們最意外地看到了男性與女性兩種元素之間的最基本關係。人類當中確實存在著各種各樣的性別中間形態；儘管如此，一個人總是要麼是男性，要麼是女性，二者必居其一。古老的性別二元性（duality）已經爲事實所證明，而其中包含著深刻的眞實性。即使在具體案例中解剖學與形態學的情況並不一定完全一致，我們也絕不能忽視這一點。理解了這一點，就等於朝著那些最重要的結論邁進了一大步。通過這種方式，我們也能了解眞正的「實在」（existence）這個概念。不過，這種「實在」與性格學中最困難的問題密切相關，因此，著手完成我們這個危險重重的任務時，我們完全應當事先確定一個方向。

即使僅僅由於考察材料的複雜性，性格學考察的道路上也會遇到極大的障礙。考察之路穿過那些錯綜複雜的事實的時候，這些障礙會一次又一次地出現，而我們本來以爲已經弄清了那些事實。我們會再次迷失在無法穿越的灌木叢中，彷彿再也回不到原路上去了。但最大的困難卻是：我們依靠有步驟的方法研究那些複雜的材料，取得了進展，並且似乎馬上就要得到良好結果時，卻會立即遇到最嚴重的障礙，使我們幾乎無法從材料中歸納出類型。例如，就兩性之間的差異而言，已經提出的最有用的理論是：存在著某種極性（polarity），即存在著兩種極端的性別形態，其間又存在著各種中間形態。性格差異的現象似乎與這個法則相一致，也與畢達哥拉斯及阿耳克邁翁的學說非常相近，還能使我們聯想到謝林的自然哲學（Naturphilosophie）近來在化學理論中的復活。

但是，即使我們能夠確定一個個體在兩極之間所處的確切位置，並且揭示了其中包括的衆多特徵，從而進一步驗證了這個位置，這個由這些並存的界線構成的複雜系統，果眞就能使我們理解「個體」這個概念嗎？難道它不會是馬赫和休謨的獨斷懷疑論的復活嗎？我們可以期望這種分析能使我們對人類個體做出充分的描述嗎？從某種角度上說，它將成爲某種類似魏斯曼遺傳學中「遺傳微粒」學說的東西，而那是一種支離破碎的心理學。

這就把我們引上了一條與陳腐的舊觀念截然相反的道路。一個人的內部是否存在著某種單一的簡單實體？如果存在，它與複雜的精神現象之間的關係又是什麼？人眞的有靈魂嗎？歷史上從未出現過一門研究性格的科學，其原因很容易理解。這樣一門科學的研究對象（即性格）本身就包含著重重難題。一切形而上學理論、認識論、心理學基本問題的難題，也就是性格學的難題。至少，在提出假定、命題和研究對象方面，性格學將不得不去參考認識論，並且必須儘量去搜集人類本性全部差異的有關資料。

這門性格科學的前景無限廣闊。它將不僅僅是「個體差異心理學」（是斯特恩（L. William Stern）爲它重新確定了作爲一門科學的目標）。它也將不僅僅是某種研究個人機體和感官反應的學問，因而不會淪落到現代實驗心理學家通常的研究「結論」的地步，而後者其實與物理實驗的統計數字相差無幾。性格學將從某種角度去研究心靈的實際存在問題，而現代心理學卻似乎忘記了這個問題。性格學或許只能爲心理學的熱忱研究者，提供深入研究單音節單詞的結果，或者是關於少量咖啡因對大腦的影響的研究結果，儘管如此，性格學也不會因此自慚形穢。傑出的心理學家雖然並不僅僅滿足於研究知覺和聯想，但迄今卻一直不得不用「英雄主義」和「自我犧牲」之類的基本事實去解釋詩歌的特徵，這可悲地證明了現代心理學的不足之處。

脫離了哲學，任何一門科學都不會像心理學那樣迅速地走向膚淺。與哲學的分離，是心理學無所作爲的眞正原因。心理學應當表明：關於感覺的學說對它尤其無用。當今的經驗主義心理學家在研究個性發展的時候，往往都會從研究觸覺和普通感覺入手。但他們對感覺的分析卻只不過是生理感覺分析的一個組成部分，因此，將它與心理學的眞正難題聯繫起來的任何嘗試都註定會失敗。當代科學心理學的不幸在於，它已經受到了兩位物理學家的深刻影響，他們是費希納和赫爾姆霍茲，而其結果就是它不能認識到：感覺所能重構的只是外部世界，而不是內心世界。當今兩位最有才智的經驗主義心理學家——詹姆斯和阿凡納留斯，已經幾乎是直覺地認識到了一點：心理學其實不能建立在皮膚和肌肉的感覺上，儘管事實上全部現代心理學都建立在對感覺的研究上。狄爾泰認爲，現有的心理學根本沒有研究過那些突出的心理問題（例如謀殺、友誼、孤獨等等），但他卻沒有特別重視這個觀點。如果心理學研究在未來將會獲得什麼成果的話，那就一定是對一種眞正的心理學的強烈呼喚，而那種心理學的第一個戰鬥口號就是「不再去研究感覺」。

要著手運用我提出的這種廣闊而深刻的性格學，首先就必須把「性格」這個概念本身當作一個實在的單元。在性格學當中，我們必須去尋找各種短暫變化背後的那種永存的東西。然而，性格並不是位於人的思想感情背後的東西，而是從每一種思想感情裡流露出來的。「人做的一切事情都代表著人相學上的自己。」每個細胞都包含著個體的全部特徵，同樣，一個人心靈的每一種外在表現，也不僅僅涉及少數幾個性格特徵，而是反映著心靈的整體狀態。在這個瞬間，心靈的一種性質占顯著地位；而在另一瞬間，心靈的另一種性質占顯著地位。

任何感覺都不是孤立的，而是處在感覺場（field of sensation）的完整背景中，即處在「自我」（ego）的世界裡，這個感覺場中的某個部分在這一瞬間更爲清晰，而另一部分則在下一個瞬間更爲清晰。與此相同，一個人心靈生活的每個瞬間都反映著完整的個人，只是這一瞬間他的這個側面反映得比較明顯，下一瞬間他的另一側面反映得比較明顯。心靈生活的每個瞬間都在展示的這個「實在」（existence），就是性格學的研究對象。承認了這一點，我們就第一次創造了一種眞正的心理學。現有的心理學迄今幾乎完全都在研究紛繁的世界，研究不斷變化的感覺場，卻沒有去研究自我的支配力量。這顯然與「心理學」這個名稱本身相矛盾。新心理學將是一種以整體爲研究對象的學科，而只要它能與對主體與客體（這兩個領域只有在抽象的意義上才能分開）複雜性的研究相結合，就會呈現出嶄新的面貌，獲得豐富的成果。運用這樣一種性格學可能解決心理學中的許多爭論（它們或許是其中最重要的爭論），因爲這種性格學將解釋同一個問題何以存在那麼多的歧見。同一個心靈過程會不時呈現出不同的側面，這完全是因爲它帶有個人性格的色調，染上了個人性格的色彩。因此，個體差異心理學的學說完全有可能在普通心理學的領域中得到完善。

性格學與「心靈」學說的混淆一直是一大不幸；但是，不能因爲歷史上存在過這種狀況，它就有理由繼續存在下去。絕對懷疑論者與絕對獨斷論者之間只有一字之差。無條件地承認絕對的現象論的人，會相信這種理論能使他擺脫提出證據的一切重負（而他一站在其他理論的立場上，就必須提出各種證據），也會隨時樂於不加證明地拋棄「實在」這個概念，而性格學卻恰恰以「實在」爲研究對象，這個概念與某種形而上學的抽象「本質」（essence）毫無瓜葛。

性格學必須保衛自己，不使自己受到兩種強敵的傷害：一種敵人把性格學看作某種不著邊際的東西，認爲性格學與科學的研究對象之間幾乎毫無聯繫，就像藝術與油漆匠之間幾乎毫無聯繫一樣；另一種敵人則將感覺視爲唯一的現實和「自我」世界的基礎，否認性格的實在。如此一來，還有什麼能留給「性格學」這門研究性格的科學呢？一方面，有些人在大呼「根本沒有研究個性的學問」[1]和「個性無法被解釋清楚」[2]；另一方面，也有些人在發誓捍衛科學，認爲科學與性格學毫不搭軋。

在這樣的交叉火力之下，性格學必須守住自己的陣地。我們完全有理由擔心性格學的命運也會像它那些姊妹學科一樣，即或者會像人相學那樣，被看作一門無關緊要的瑣碎學問，或者會像筆跡學那樣，被視爲一種占卜術。

1 拉丁原文：De individuo nulla scientia。
2 拉丁原文：Individuum est ineffabile。

第二章
男女的性欲

女性心理學的問題——男人作為女性心理的闡釋者——性衝動的差異——「釋放衝動」與「結合衝動」——強度與性活動——女人性欲的易激性——女人性生活的更廣大領域——性知覺的區域差異——男人性欲的局部性及週期性休止——性意識程度的差異

女人並不洩露自己的祕密。

——康德

從女人那裡，你了解不到女人的任何東西。

——尼采

總的來說，提到心理學的時候，我們通常指的都是心理學家們的心理學，而這些心理學家都是清一色的男人！我們從沒聽說人類歷史上有過一位女心理學家！儘管如此，女性心理學還是構成了普通心理學的一章，其重要性與兒童心理學相當。人類心理學一直總是在描述男人（這種描述雖非有意爲之，但表現得非常明確），因此，普通心理學已經完全變成了男性心理學，而一旦人們明白了還存在著另一種截然不同的心理學，兩性通用的心理學的難題就立即出現在人們面前。康德說過：在人類學當中，女性的特性比男性的特性更值得哲學家去研究[1]；兩性通用的心理學很可能隨著女性心理學的出現而消失。

儘管如此，女性心理學還是不得不由男人去寫。這樣的嘗試從一開始就註定了失敗，這是很容易想見的，其理由有三：第一，其中的結論不得不以另一性別（即男性）爲依據，並且不可能依靠內省得到證實；第二，即使女人能夠相當精確地描述自己，我們也絕不能因此而以爲：女人性格中那些讓女人感興趣的方面也會讓男人感興趣；第三，即使女人能夠並願意充分地剖析自己，她也不可能願意去談論自己。我將證明，這三個「不可能」來自女人天性中的同一個源頭。

因此，這種考察本身就面臨著一個責難：除了女性以外，誰都沒有資格對女人做出精確的陳述。同時，我們必須把這種反對意見暫時放到一邊，儘管在本書後面的內容裡我還會對這個問題多發表些見解。在此，我只要說一句就夠了：迄今爲止，我們還沒有看過孕婦對自己感覺和情感的敘述，無論在詩歌還是在回憶錄裡，都不曾見過，甚至在婦產科論文裡也是如此（這種狀況難道僅僅是受男人壓迫的結果嗎？）。這種現象不可能是女人的過分羞怯造成的，因爲，正如叔本華正確指出的那樣，對孕婦來說，沒有比懷孕這件事本身更讓她感到羞怯的事情了。何況，孕婦生產之後，她依然有機會根據記憶來坦言自己懷孕時的心靈生活。即使羞怯感阻礙了孕婦們在懷孕期間訴說感受，它也會在她們產後消失，而人們對這種剖白的種種興趣也理當促使某個產婦打破沉默。但是，並沒有出現這種情況。我們一向把對女人心靈的眞正有價值的揭示歸功於男人；同樣，對孕婦的感覺做出了描述的，也恰恰是男人。這究竟意味著什麼呢？

我們近來知道了包含一半或四分之三女性成分的女人的心靈生活，但她們寫出來的，其實只是她們身上男性的一面。事實上，我們只有一條線索：我們不得不求助於男人身上的女性成分。我們對女人的了解，是我們依據「性別的中間形式」的原理、通過男人才得到的。在本書後面的討論中，我還要闡明並完整地運用這個原理。這個原理的形式雖然尙未廓清，

1　康德認爲：在未開化狀態中，女性的特性被男性的特性所掩蓋，因此不能被認識到；文明狀態雖然促進了女性特性的發展，但唯有在條件有利時它才能得到明顯的表現，「所以在人類學中，女性的特性比男性的特性更値得哲學家去研究」（見康德《人類學》第二部分「論性別的特性」）。

但它似乎暗示了一點：最具女人氣的男人最有能力描述女人，而那種描述本該由眞正的女人完成。然而，這個說法卻大可質疑。我必須指出，一個男人身上可能具有相當多的女性成分，但他並不一定因此就能在同樣的程度上描述這種性別的中間形態。而更值得關注的事實是：男性有能力對女人的本性做出忠實的描述。極端的男性已經成功地描述了女性，因此我們必須承認一點：我們不能懷疑抽象的男性（M）具備這種描述女性的能力。男性這種超越了女人的力量是一個最值得關注的問題，我們將在本書後面的章節中去討論它。目前，我們必須先把它當作一個事實，繼續探究男女兩性之間實際存在的心理差異。

有人曾試圖把兩性的根本差異歸納爲「男人的性衝動更強烈」，並想由此引出其他一切結論。且不說「性本能」這個術語指的是不是一種簡單而眞實的東西，只說是否有證據表明兩性之間存在這種根本差異，就很值得懷疑。這個說法的可信程度並不比古代的某些理論高多少，那些理論認爲女人會受到所謂「未獲得滿足的子宮」（unsatisfied womb）的影響，而男人則會受到所謂「精液瀦留」（semen retentum）的影響。我們還必須警惕當前流行的一種傾向，即把幾乎一切事情都與「昇華了的性本能」聯繫在一起。依靠如此模糊含混的概括，根本不可能建立任何有系統的理論。性衝動力量的強弱能決定其他方面的性質，這是最不可能出現的情況。

無論說男人的性衝動強於女人，還是說女人的性衝動強於男人，兩種說法其實都是錯誤的。男人性衝動力量的強弱，並不取決於男人體內雄性成分的多寡；同樣，女人體內雌性成分的多寡也不能決定她性衝動的強弱。人類的這些差別，還有待於進一步去分辨。

與人們的普遍認識不同，兩性的性衝動的總量並沒有什麼差別。但是，如果我們檢驗一下構成性衝動的兩種力量（摩爾（Albert Moll）的分析認為，性衝動就是由那兩種力量構成的）的性質，就會發現它們確實存在著差異。它們可以被分別稱作「釋放衝動」（liberating impulse）和「結合衝動」（uniting impulse）。「釋放衝動」表現為一種不適感，它是成熟性細胞的積累造成的；「結合衝動」則表現為一種欲望，即成熟個體對滿足性欲的渴望。男人具有這兩種衝動，而女人只具有後一種衝動。兩性的解剖特徵和心理過程，就可以證實這個差異。

此外，我們還會注意到一點：只有最具男性氣質的青年才會沉迷於手淫。此外我還相信（雖然這個見解常常引起爭論）：只有在更具男性氣質、缺乏女子本性的女人當中才會產生手淫的惡習。

現在，我必須討論一下女人的「結合衝動」，因為在女人的性欲中，這種衝動即使不說是全部，也佔據著絕大部分。但這絕不是說，女人的「結合衝動」比男人的同樣衝動更強烈。這種錯誤認識無不起因於一種混淆，即把獲得某種東西的欲望（desire），當作了促使主動獲取所欲之物的誘因（stimulus）。在全動植物界裡，雄性的生殖細胞都是能活動的主動因子，它們能穿過空間，去尋找被動的雌性細胞。這種生理差別有時被誤當成滿足性結合的實際願望或者誘因。對這個結論還應當補充一點：有些時候（尤其是在動物界裡），雄性除了具有直接的性誘因之外，還具有一種追蹤並捕獲雌性身體的本能；而雌性則只具備被佔有的被動本能。絕不能把這些行為上的差異誤當成兩性性欲的眞正差異。

不僅如此，我還可以表明：從生理上看，女人比男人更易被激起性欲（但不是更敏感）。

性興奮狀態是女人生命中最重要的瞬間。女人會全身心地投入性活動，換句話說，女人會全身心地投入懷孕和生殖活動。她與丈夫、孩子的關係構成她的全部生活。相反，男性卻並不僅僅要求滿足性欲。正是在這個方面（而不是在性衝動力量的強弱方面），男女兩性才體現出了眞正的差異。男人體現爲從事性活動的強度，女人則體現爲性活動及其附帶活動在全部生命活動中所占的比例。區分這兩種表現是很重要的。人類的女性更多地投入性活動的領域，這就是兩性之間意義最重大的差異。

不僅如此，女性還會被與性活動相關的事情完全佔據，並由此感到滿足；而男性還會對其他許多事情感興趣，例如戰爭、體育運動、社會事務、娛樂活動、哲學、科學、商務、政治、宗教和藝術。我既不打算暗示說這個差異總是存在，也並不認爲這個差異有多麼重要。這就像猶太人的問題一樣。可以說，猶太人之所以具有目前的性格，是因爲那是強加給他們的，而猶太人以前曾和現在不一樣。我們現在無從證實這一點，因此，還是讓另一些人去接受這個見解好了，因為他們相信環境能夠改變性格。對這個問題，歷史的證據也模糊不清。對於婦女問題，我們也必須去考察當今實際存在的人。不過，如果我們碰巧發現了某些特徵，而那些特徵又不可能是從外部賦予女人的，我們就可以相信：那些特徵是與生俱來的，是永遠存在的。說到當代的婦女，至少有一點是確定無疑的。除了本書第十二章提到的那種例外情況，我可以肯定地說：如果女人對性活動之外的事情產生了興趣，那完全是為了她愛的那個男人，或者是為了她希望愛上她的那個男人。對那些事情本身，女人根本沒有真正的興趣。或許會出現一種情況：一位真正的女性會去學習拉丁語。即使真的出現了這種情況，那也或許只是為了幫助她上小學的兒子學習拉丁語。想獲得某個對象的欲望，與得到該對象的能力、對該對象的興趣以及獲得該對象的有利條件，通常都是成正比的。肌肉不發達的人根本不會渴望去掄板斧；不具備數學才能的人也絕不會想去研究數學。在真正的女性身上，才能似乎非常難得一見，即使有所表現也非常微弱（儘管這完全是由於她們的主導性欲阻礙了其才能的發展），因此，女人不具備構成才能素質的力量，而那些素質雖然不能實際地造就個性，但一定會影響個性的成長。

與真正的女性相對應，還存在著一些極度女性化的男人；在女人的公寓裡總是可以發現這種男人；除了愛情和性活動，他們對其他一切都沒有興趣。但是，這樣的男人卻不是唐瑣。

所以說，女性的生活原則只有性欲，別無其他；而男性的生活原則卻是性欲再加上其他事務。男女進入青春期的不同方式，使這個差異表現得更加顯著了。在男人身上，青春初期是一次危機。他感到體內出現了某種新奇陌生的東西，感到某種東西增強了他的各種力量和感情，而這並不是出於他的意願。對性活動的生理刺激彷彿來自他身體以外，與他的意願沒有關係。度過了青春期以後，很多男人仍然會終生銘記那段躁動不安的時光。與此相反，女人不但不會受到青春初期的騷擾，反而會感到青春初期增強了她的重要性。男青年根本不會渴望性成熟期的到來；而女人卻從她還是小女孩的時候就盼望著性成熟期的到來，以爲從中能得到她想要的一切。男人到達性成熟期時，往往會頻頻伴隨著對它的拒斥感和厭惡感；年輕女子在青春期開始後，卻會懷著激動和迫不及待的歡欣，關注自己身體的發育。對發育正常的男人來說，青春初期猶如一條岔道；而對女人來說，青春初期就等於最終的歸宿。在處於青春期的男孩子當中，極少有人不會覺得「我要結婚」（此指廣泛意義上的結婚，而不是與某個特定的女孩結婚）這個念頭非常荒唐可笑；相反，若問及女人對她們未來婚姻的想法，連最年輕的女孩都會感到亢奮並且極有興趣，幾乎無一例外。出於這些原因，一個女人既高度重視自己的性成熟期，也高度重視其他女人的性成熟期。無論是在童年還是在老年，女人與世界之間都不存在眞正的聯繫。對女人來說，成年之後回憶童年時只能想到當年的愚蠢。她以厭棄和憎惡去面對暮年的到來。她唯一真實的童年記憶全都與性有關，而隨著她越來越重視性成熟期，對童年的記憶會逐漸消失。從處女變成婦人，這是女人生命中的一個重大分界點；而男人的相應經歷，卻和他的生命進程幾乎沒有多少關係。

女人的性欲遍布全身，而男人則是部分身體存在性欲，這個差異可以通過各種不同的方式表現出來。刺激男人身體的某些部分能激起他的性欲，而那些部分只限於他身體的某些區域，具有極其鮮明的局部性；在女人身上，能被激起性欲的部分則遍布於全身，因而幾乎身體的所有部分都能因受到刺激而產生性欲。在本書第一部分的第二章，我曾說過性徵分布在兩性的整個身體上，但這並不是說感覺器官（通過這些器官能激起明確的衝動）也平均地分布於全身。當然，身體的某些區域肯定更容易激起衝動，即使在女人身上也是如此，而在男人的身體上，性區域和一般的身體之間卻存在著鮮明的分野，但女人的身體卻不是這樣。

男人身體上的性區域和其餘部分，在形態學上是互相孤立的，這可以被看作象徵了男人的性欲與他全部天性之間的關係。男人身體的有性欲部分和無性欲部分對比分明，同樣，男人的性欲也因時間的不同而變化。女性總是時時具有性欲，而男性只是間歇性地具有性欲。女人的性本能時刻都是活躍的（至於女人這種性欲狀態的一些明顯的例外，我將在以後談到），而男人的性本能卻時常處於休止狀態。因此就出現了這樣一種情況：男性的性衝動會通過個性爆發出來，並會顯得比女性的更強烈。兩性之間的眞正差異是：男性的欲望是週期性的，而女性的欲望是持續性的。

女性的這種特有而持續不斷的性欲，給她的身心造成了重大的後果。男人的性欲是他生命中的附屬物，因此，男人就有可能把它保持在生理的背景上，讓它處於意識之外。所以，男人能夠把性欲放在一邊，而不必去認眞對付它。女人並不把她的性欲限制在某些時段內，也不把性欲僅僅分布於某些器官上。因此，男人能夠了解自己的性欲，而女人卻意識不到自己的性欲，所以會誠心誠意地否認它的存在，因爲女人除了性欲什麼也不是，因爲女人就是性欲本身。

女人不會因爲時刻都具有性欲而認識到自己的性欲，因爲要想辨認任何事物就必須具備對偶性（二元性）。男人並不單單具備性欲，從解剖和生理特點上說，他還能從其性欲中「分離」（detach）出自己。因此，男人才具備了進入他渴望的性關係的力量。只要願意，男人就能夠限制或增進這種關係。他也能夠拒絕或贊同這些關係。他或者可以擔當起唐璜的角色，或者可以擔當起修道士的角色。如果願意，他可以採取任何行動。坦率地說，男人佔有自己的性器官；而女人的性器官卻佔有女人。

因此，我們可以根據前面的論據得出一個結論：男人具有意識到其性欲的力量，因而能做出行動去對抗性欲；而女人卻似乎不具備這種力量。不僅如此，這還意味著男人身上的分化現象更爲顯著，因爲在男人身上，天性中的有性欲部分和無性欲部分是截然分開的。然而，能意識到某個具體的明確對象，這層意思卻幾乎不包含在「意識」這個字的習慣涵義中，而這個字通常都用來暗示一個意思：如果說某個人具有意識，他就能意識到任何對象。這就促使我去思考女性意識的本質；而要進行這番思考，我就不得不繞過很長一段彎路。

第三章
男女的意識

知覺與感覺——阿凡納留斯對「元素」和「特性」的區分，兩者在心靈活動最初階段的不可分割性——「澄清」過程——呈現——理解的不同程度——遺忘——通道與大腦組織——「涵擬」的概念——「涵擬」是最初級的心靈活動——思維內容結構的兩性差異——感受度——判斷的確定性——作為男性特徵的發達意識

著手考察兩性心靈生活的主要差異，只要其內容涉及主體與對象的問題，我們就必須先做一些心理學方面的考察，並且提出一些概念。在提出觀點和原理時，當前流行的心理學體系一直沒有涉及本書論述的主題，因此，其中能爲我所用的東西很少，這就不足爲怪了。當今根本沒有什麼心理學，只有不少心理學家，因此，對我來說，選定任何一個學派，並力求

運用那個學派的原理去論述我的主題，這簡直就是異想天開。我寧可試著自己提出幾條有用的原理。

僅僅根據一條原理去分析心靈過程，以獲得對整個心靈過程的全面統一的認識，不同的心理學家在提出知覺與感覺關係的見解時，這種努力表現得格外明顯。例如，赫爾巴特認爲感覺來自初級意念，而霍爾維茨則認爲感覺來自知覺。現代心理學家大都認爲這種一元論的嘗試肯定會一無所獲。儘管如此，這類觀點中還是包含著某種眞理。

不過，要揭示眞理就必須首先做出一個區分，而現代心理學家卻沒有這麼做。我們必須區分兩種情況：知覺一個知覺、感覺一種感覺、思想一種思想，這些活動本身完全不同於事後對這些活動的重現（在重現過程中，認知功能發揮了作用）。在很多情況下，這個區別具有根本性的重大意義。

凡是簡單、明確、具體的知覺，凡是清晰可辨的思想，在能被用言詞表達出來之前，都要經歷一個模糊朦朧的階段（實際上，該階段可能十分短暫）。聯想也是如此，在聯想的諸要素眞正組合在一起之前的那段或長或短的時間內，存在著某種模糊的、概括化的「聯想預示」或者「聯想初現」階段。具體而言，萊布尼茲就曾經研究過類似的過程；而我認爲，他的研究就是赫爾巴特和霍爾維茨所做嘗試的基礎。

人們普遍認爲，快樂和痛苦是最基本的感覺。不過，在這兩種感覺之外，馮特又加上了緊張感與鬆弛感，以及靜止感和刺激感，從而將心靈現象進一步劃分成了一些涵義更窄的感覺和知覺，而這種劃分，卻使人們無法正確地研究我提到的那種朦朧的先期階段。所以，我必須首先返回到對我所知的心靈現象的最寬泛劃分上，即像阿凡納留斯那樣，將心靈現象劃分成「元素」（elements）和「特性」（characters）。在這個特定的意義上，所謂「特性」當然與性格學的研究對象毫無關係。

阿凡納留斯使用的那套嶄新術語，對闡明他的一些見解極爲有用，也是不可或缺的。然而，接受他的某些結論的最大障礙，卻是他想從大腦生理學當中引出他的心理學，而那種心理學是他的獨創，來自他的內心意識，其中很少以爲人熟知的生物學事實爲依據。他的著作《純粹經驗批判》（*Critique of Pure Experience*）的心理學部分（即第二部分）當中包含著許多資料，而該書的第一部分（即生理學部分）就來自那些資料。因此，在讀者看來，該書的第二部分便彷彿是在敘述對亞特蘭提斯的某種發現[1]。由於存在這些困難，我先要在這裡簡要介紹一下阿凡納留斯的理論體系，因爲我發現它對我闡明自己的見解很有幫助。

阿凡納留斯使用的「元素」這個概念，相當於通常的心理學術語當中的「知覺」

---

1 傳說位於大西洋中的一個島嶼，最先由柏拉圖提及，據說在直布羅陀海峽以西，後因地震而沉入海底。這句話的意思是：該書的心理學部分的內容好像是經驗之外的東西。

（perception）或者知覺的內容；或者相當於叔本華所說的「表像」（presentation）；或者相當於英國人所說的「印象」（impression）或「意象」（idea）；或者相當於日常語言當中的「事物」、「事實」或「對象」（object）。這個字被他獨立地用於指代某種特定感官刺激的存在或缺失——這是一個最重要的嶄新補充。按照阿凡納留斯的用法（也是爲了達到我們自己的研究目的），無論對這套術語進行何種程度的所謂「分解」都沒有關係，我們既可以將整棵大樹看作「元素」，也可以將它看作每一片單獨的樹葉，或者看作每一根纖維，或者看作一些顏色、尺寸、重量、溫度、阻力等等元素（很多人會到此爲止）。但是，我們還要做出進一步的分解，可以把樹葉的顏色僅僅看作其質量、強度、亮度等造成的結果，而這些都是元素。我們還可以更進一步，用一些現代的終極概念去描述那些不可再分的單位。

因此，根據阿凡納留斯的概念，所謂「元素」包含著諸如「綠」、「藍」、「冷」、「熱」、「軟」、「硬」、「甜」、「苦」之類的意念，而它們的所謂「特性」則是性質的一個特殊種類。這些意念都呈現爲「特性」，除了呈現出「快感」和「不快感」以外，還呈現出另外一些樣式，例如「出乎意料的」、「意料之中的」、「新穎的」、「不重要的」、「以前認識的」、「已經熟知的」、「切實的」和「可疑的」等等種類。阿凡納留斯首先將這些看作心理學上的類別。例如，凡是我所猜到、所確信、所了解的對象都屬於「元素」；而我猜測它可能存在、但並不確信或了解的對象，則都屬於「特性」，它們以心理的形式（而不是邏輯的形式）呈現出來。

可見，心理活動中存在著一個階段，其中無法區分出這些心理現象，因爲它們對這個階段來說還全都太早，不會出現在這個階段。一切「元素」最初顯現的時候，全都與不斷流動的背景混爲一體，而這個整體存在只能用「特性」這個字朦朧地暗示出來。爲了弄清我的意思，讀者不妨設想一種實際情況：一個人望見了遠處風景中的某個東西，例如一叢灌木或者一片樹林，而在最初的那個瞬間，他甚至不知道「它」爲何物。這種情況就很類似我所說的那個心理階段。

在這個瞬間，「元素」與「特性」是絕對不可區分的（它們總是像佩茲奧特明智地指出過的那樣，是不可分割的），因此，這樣的瞬間就有力地表明了阿凡納留斯的那個獨創性的命題。例如：我在人群中看見了一張臉。那張臉上的表情使它讓我在來來往往的人流中注意到了它。我既不知道那張臉像誰，幾乎無法對它做出描述，也不能由它想到什麼；但它卻引起了我的注意，並且使我非常不安。我會禁不住好奇地自問：「我以前在哪兒見過那張臉呢？」

一個男人只要對一個女人的頭部瞥上一眼就可能產生強烈的印象，卻可能說不出自己究竟看見了什麼，或者（例如）說不出她頭髮的顏色。視網膜唯有在對象前暴露足夠長的時間（哪怕只有幾分之一秒），才能獲得準確而持久的印象。

從相當遠的距離觀看任何對象時，你最初只能看見對象最模糊的輪廓。離對象近一些的時候，你才能把細節看得更清楚，獲得更生動的感覺，而那些細節最初全都消失在整體的團塊中。我們不妨設想一下那種總體的第一印象，例如，一塊從頭骨上脫落下來的蝶骨，或者從過近處或過遠處看到的任何畫面。我自己就有過這樣的體驗：雖然貝多芬的奏鳴曲給我留下了強烈的印象，我卻根本不知道它的樂譜。阿凡納留斯和佩茲奧特忽略了一個事實：各種元素進入意識的時候，還伴隨著一種「特性化漸顯」的過程。

一些簡單的心理物理學實驗，可以說明我方才提到的那個見解。讓一個人留在黑暗的房間裡，直到他的眼睛適應了沒有光亮的環境，再給他看幾秒鐘有顏色的光線，他便會獲得照明感，但他無法辨別照明的性質。他雖然見到了某種東西，卻弄不清那東西究竟是什麼，除非那個刺激能保持一段明確的時間。

同樣，每一個科學發現，每一項技術發明，每一種藝術創造，都要經歷一個朦朧的預備階段。這個過程近似於逐步打開一座雕像外面的包裝紙時我們所獲得的一系列印象。我們試圖回憶起一首樂曲的時候，也會發生同樣的情況，儘管這個過程也許非常短暫。每一個思想產生以前，都存在著某種「半思想」（half-thought）的狀態。在那種狀態下，模糊的幾何圖形、變幻不定的意象以及若隱若現的朦朧背景，都同時出現在大腦中。我將這個過程的開端和尾端稱為「澄清」（clarification）狀態，它相當於近視者戴上度數合適的眼鏡後觀察對象時看到的情況。

個體生命中會出現這樣的過程（並且，不等這個過程完成，個體或許早就死去了）。同樣，歷史上也出現過這樣的過程。明確的科學概念產生之前，都要經歷一個預示階段（anticipation）。這個逐步清晰化的過程會分布在許多代人身上。達爾文和拉馬克的理論產生之前，古代和現代就已經出現過對它們的朦朧預示了，而我們現在往往會過高地估計那些預示。邁爾和赫爾姆霍茲都有其先行者，而歌德和達文西（他們可能是我們所知道的最多才多藝的智者）則朦朧地預示了現代科學的許多結論。全部思想史就是一個不斷「澄清」的過程，一個在細節上得到越來越準確的描述、越來越現實化的過程。認眞回顧一些複雜的現代知識的發展史，便可以最清晰地理解思想史上蒙昧與覺醒之間那些數不清的階段，理解各個細節環環相連的漸次發展過程。例如，關於雙曲線函數的知識就是如此。

這種澄清過程也可以被逆反，而「遺忘」就是這樣一種逆反活動。逆反過程可能需要經歷相當長的時間。在它發生的過程中，人們通常只能偶然地察覺到它的某一點。逆反過程很像一條本來修好的道路因無人維護而逐漸頹毀滅跡的過程。一個思想的隱約預示，很像對那個思想的朦朧回憶。那種回憶會越來越模糊不清，如同一條無人維護的道路，動物常在它的邊線上來回穿行，使它慢慢地頹毀，終至消失。針對這種情況，有一個切實的記憶法則很有意思，是我的一位朋友發現並採用的。有一種很常見的情況：你如果打算學會（例如）一段樂曲，或者想學會哲學史的某一部分，就必須一次次地複習它們。問題在於，這些旨在保持記憶的連續努力之間，究竟應當間隔多長時間？答案是：間隔的時間不應長到使你可能對學習對象重新產生興趣、重新感到好奇。如果間隔的時間已經造成了這種結果，澄清的過程就必須從頭開始。埃克斯納提出的一種十分流行的生理學理論，或許可以被看作與澄清過程相應的生物學理論，那就是神經系統中那些「通道」（path）的形成理論。按照這個理論，神經（或準確地說，神經纖維）能形成便於刺激通過的通道，只要這些刺激持續的時間足夠長、或者重複得足夠頻繁即可。對遺忘現象也可以做出同樣的解釋：事實上，神經細胞的這些通道或者運作是因爲廢止不用才產生萎縮的。阿凡納留斯本來可以用他的「大腦神經纖維之間的逐步連接」理論去解釋上述過程，但如果用他提出的生物學學說去解釋心理物理現象，卻不免顯得過於粗糙、過於簡單了。儘管如此，他關於神經連接的見解，對於解釋澄清過程卻依然是既方便又恰當的，因此，我將使用這些概念去闡述這個問題。

我們必須徹底探究澄清過程，如此才能理解它的重要性。但目前最重要的是僅僅去考察澄清的初始階段。阿凡納留斯指出了「元素」和「特性」之間的區別。這個區別雖然將會在澄清過程的後期階段中明顯地表現出來，但在澄清的最初瞬間卻並不存在。我們必須發明一個名稱，去表示這個過程中時時都能感覺到的元素與特性的二元性（二重性）。我建議用「涵擬」（henid）這個字來表示心靈活動的最初存在狀態[2]。（此字來自希臘人，因爲希臘人不能區分知覺和感覺，不能將它們看作兩種可以相互分開的獨立要素，因而認爲它們之間根本不存在二元性。）

「涵擬」當然是一個抽象的概念，不可能以絕對的形式發生。人類的心靈活動眞正地處在未分化的絕對極端，我們無法確定出現這種情況的頻率，而頻率也並不重要。但是，我們的理論卻不必擔心存在這種極端狀況。我們都體驗過一個普通的實例，可以說明「涵擬」指的是什麼：我也許有一個想說些什麼的明確願望，但某件事情卻使我分了心，結果我想說的（或者想到的）那句話就消失了。後來，通過某種聯想過程，那句話突然重新出現了。我馬上知道它就是我正要說出的話，只是（可以說）它已經處在一個更完善的發展階段上了。

某位讀者大概希望我描述一下我所說的「涵擬」究竟是什麼意思。這個希望只可能出於對這個字的誤解。「涵擬」這個字本身就排斥具體描述。它僅僅指某種東西。隨著我們以後一一地認識「涵擬」的內容，我們自然會更進一步地確定它的涵義。不過，「涵擬」卻並不等於這種詳細內容的全部，而是與它有所區別，因爲「涵擬」是一種發展程度較低的意識，

2　涵擬（henid），魏寧格創造的詞，表示一種朦朧隱蔽的感覺形式，例如低級動物的感覺和人類的蒙昧感覺。這個字暗示一種前思維形態，它與其說是一種概念，不如說是一種隱約的感覺。從後文可以看到，魏寧格認爲女人只有「涵擬」而沒有清晰的思想。

（不妨說）它並不具備清晰的面貌，其中交混著淡去的印象和新生的印象，在視覺領域裡也沒有它的中心點。

所以，具體的「涵擬」是無法描述出來的，你只能意識到它的存在。

儘管如此，「涵擬」還是至關重要的，像「元素」和「特性」一樣。每個「涵擬」都是單獨的個體，都區別於其他的「涵擬」。在後面的論述裡，我將表明：童年早期（具體地說，即從出生到十四個月大的期間）的心理活動可能全都是「涵擬」，儘管那還不是絕對意義上的「涵擬」。整個童年期的心理活動都與「涵擬」相差無幾；人在成年期始終處於這些心理活動的某一發展階段。某些植物和動物的知覺也可能是「涵擬」；而人類也總有可能處於從「涵擬」到徹底分化的知覺及意念之間的發展階段中，儘管事實上很少能達到這樣的理想狀況。我們無法用詞句說清絕對的「涵擬」，因爲詞句只能暗示清晰的思想。即使在人類智能的最高發展階段，也仍然會存在某些不清晰的東西，因而也是不能用詞句說清的東西。

「涵擬」的理論將有助於解決知覺與感覺兩個領域之間的古老爭論，並且可以取代有關「元素」及「特性」的實驗性概念，它們是阿凡納留斯和佩茲奧特從澄清過程中推導出來的。各種元素唯有變成了明確的東西，才能區別於特性。只要意念的輪廓還處於模糊狀態，人就會處於各種遊移不定的朦朧心理狀態當中；而一旦在清醒狀態下（而不在朦朧狀態下）去觀察事物，人的思維過程就截然不同了。

現在要問：我一直在進行的考察與兩性心理學之間有什麼關係？澄清過程中，男女兩性之間究竟存在著什麼差異呢？（我這番離題的話，目的就在於指出這個差異。）

我的回答如下：

男性的心靈活動雖然與女性的相同，但其形式卻比女性的清晰。女性的意念多少都具有「涵擬」的性質；而男性的思維則多少都屬於清晰而詳細的呈示（presentation），其中的各種要素都較為明確，不同於各種層次的感覺。女人的思維和感覺是同一的；男人的思維和感覺則是互相對立的。女人的許多心理體驗都是「涵擬」；而男人的心理體驗則都經歷了澄清過程。女人總是要受情感的支配，她只知道情緒，卻不知道心理刺激。

男人的心靈活動比女人的更清晰分明。男人身體和臉部的特徵更鮮明，就表明了這一點，因為相比之下，女人身體和臉部的線條比較圓渾、輪廓也沒有男性的那麼清晰。同樣，我們還應當記住：男性的感覺比女性的敏銳得多（儘管目前流行著一種與此相反的看法）。唯一的例外是：男人的觸覺不如女人的敏感。這是個極有趣的例外，我將在以後討論它。不僅如此，還有證據表明：男人對疼痛的感受也比女人強烈得多。我們現在已經知道：在痛感和觸感方面，男女之間確實存在著差異。

較弱的感受性往往會延緩心靈活動的澄清過程，儘管我們不能肯定它一定會造成這種情況。女人心理活動的清晰度較差，其更確鑿的證據可能來自一個事實，即男人做出的判斷比女人的更果斷（儘管這種差異還有其更深刻的根源）。男人當然常常會遇到一種情況：他們的心靈活動尚處在接近「涵擬」的階段時，他們更了解一種事物不是什麼，而不大知道它是什麼。被馬赫稱作「直覺經驗」（instinctive experience）的東西，其基礎就是「涵擬」。男人更接近「涵擬」階段時會圍繞著一個對象進行思維，並且做出一次次新嘗試，以校正自己的思維，還會說「那個詞還不能正確地表達出思想」。這種情況當然暗示著判斷的不確定和不果斷。唯有到了澄清過程的末尾才會產生清晰的判斷，而判斷活動本身就標誌著心理活動已經脫離了「涵擬」階段。

女人只有「涵擬」，男人則具有清晰的思想，這似乎是兩性間的一個根本差異。這個見解的正確性，其最有力的證據來自這樣一個事實：凡在可以做出新判斷（它並不僅僅表現為某種能用詞句的形式確定下來的東西）的地方，總是會出現一種情況，即女性都期待著男性去澄清她的心靈活動，去解釋她的「涵擬」。幾乎可以說：能澄清女人的「涵擬」，這是男人的「第四性徵」，這種澄清活動當然是針對女人的；而女人也期望男人去解釋和說清她的心思。正是出於這個理由，很多姑娘才會常常說：她們只願嫁給（或者至少只願去愛）一個比自己聰明的男人。如果哪個男人說女人的一切想法都是正確的，如果哪個男人對女人心思的了解沒有超過對他自己心思的了解，他便會遭到女人的拒斥。總之，認為男人在精神方面應當勝過女人，認為女人應當接受男人的影響、服從男人的支配，女人將此作為衡量男性素質的一條標準。這一點本身就已經足以證明：一切關於兩性平等的見解都是荒謬的。

男人的生命是有意識的；女人的生命是無意識的。這當然是根據極端情況做出的必然結論。女人從男人那裡獲得自己的意識。將女人意識以外的東西帶入女人的意識，這是典型的男人對典型的女人發揮的一種性別功能，因而也必然是男人的完整理念中，一個必不可少的組成部分。

現在，我們即將討論關於才能的問題。有關現代女性的問題全都似乎自然地導致了一個爭論：具備更高才能的，究竟是男人還是女人？在這個問題上，人們通常都認爲至今還不曾有人嘗試去區分純粹的男女類型之間的差異。對於這些說法，我能得出的結論與我對這個問題的回答，兩者之間存在著重要的聯繫。

第四章
才能與天才

天才與才能——天才與稟賦——研究方法——眾人對天才的理解——「理解他人」意味著什麼——天才的複雜性——心靈生活的階段性——不可誤解名人——理解與注意——天才者的全面意識——天才離「涵擬」最遠——男性的等級較高——天才總是全面的——女性不具備天才和英雄崇拜精神——才能與性別

關於天才（genius）的本質已經有過不少論著，因此，在討論這個問題之前，最好先說明我對這個問題的總體看法，以免誤解。

我要做的第一件事，就是釐清關於才能（talent）的問題。在人們的頭腦裡，天才與才能幾乎總是被連在一起，彷彿天才就是比較高級的（或者最高級的）才能，彷彿一個具有多種極高才能的人，很可能處在天才與才能之間的某個中間階段。這種看法是完全錯誤的。即使天才有不同的程度或等級，也和我們所說的「才能」毫無關係。一個人可能天生就具備某種很高的才能，例如數學才能；他能輕而易舉地解決數學中最困難的問題；不過，做到這一點卻根本不需要天才。天才就像獨創性和個性一樣，總是表現爲一種全面的多產性（general productiveness）。

另一方面，也有一些天分很高的人卻根本沒有表現出顯著的才能。例如，諾瓦里斯和讓·保羅就是如此。天才顯然不是最高級的才能，兩者之間存在著極大的區別，性質截然不同，既不能互相衡量，也不可互相比較。

才能可以遺傳。一個家族的成員可能全都具備某種才能（例如巴哈的家族）；而天才卻不能遺傳。天才從來都不會擴散，而總是帶有極其個人化的特徵。

許多智力不佳者，尤其是女人，往往都把天才和才能看作一回事。事實上，女人不具備欣賞天才的能力，儘管這個看法並不普遍。任何能使一個男人與其他男人有所區別的突出表現，都同樣能激起女人的性野心。女人往往將戲劇家和優伶混爲一談，也根本不會區分藝術大師和一般的藝人。在她們眼裡，有才能的人就是天才，尼采就屬於她們所認爲的那類天才。所謂「法國人的思想」[1]雖然對她們極具吸引力，卻與大腦的最高度發展毫無瓜葛。偉人把自己和世界都看得太重，因而不屬於所謂「有知識者」。僅僅擁有知識的人不夠眞誠，因爲他們從不會對事物產生眞正深刻的關注，也從不會產生壓倒一切的創造欲。他們所關心的，只是讓自己的作品在表面上閃閃發亮、熠熠放光，就像精工切割的鑽石，卻不在乎它不能照亮任何東西。與其說這些人頭腦中的是他們自己的思想，不如說是別人認爲他們所具有的思想。有些男人情願娶一個自己並不喜歡的女人，而這完全是因爲那個女人受到了其他男人的讚美。許多男人與其思想之間都存在著這樣的關係。由此我不禁想起了一位在世的作家，一位引人矚目、狂放不羈的人物，當他只不過是在胡亂吼叫的時候，卻以爲自己在吶喊狂嘯。遺憾的是，尼采（無論他比我想到的那種人優越多少）似乎把絕大部分精力都放在了那些自以爲能震驚公衆的事情上。但是，唯有當他最不計較效果的時候，他的表現才最好。他具有鏡子那樣的虛榮心，它只把自己反映出來的東西告訴給人，「瞧吧，我多麼忠實地反映了你的形象！」年輕的時候，男人尙不能認識自己，所以往往要通過靠近其他人來獲得自己的地位。然而，偉人之所以歷盡辛苦、表現得咄咄逼人，卻完全是出於必然。他們不會像小女孩那樣，而一件新衣服就能使小女孩萬分開心，因爲她知道那件新衣服會使朋友們妒火中燒。

1 根據此處語境，此指法國十八世紀以狄德羅爲代表的百科全書派思想家（如伏爾泰、盧梭等）的思想。他們都具備廣泛的知識，在哲學、美學、文學和戲劇等方面都有傑出的成就。句中泛指他們多方面的才能。

天才！天才！它激起了大多數人多少精神不寧和輾轉反側、多少嫉恨和妒火、多少豔羨之情和鄙俗之心！爲了被看作天才，有多少僞裝不曾做出過？有多少華而不實之舉不曾上演過？

現在，我要欣然地將話題從僞裝的天才轉到眞正的天才及其眞正體現上。但該從何說起呢？構成天才的一切素質都彼此密切相連，因而從任何一種說起，得出的結論都顯得不夠成熟。

所有關於天才本質的討論或者是屬於生理—臨床醫學方面的，而它只能表明：依靠目前對天才的認識去解釋如此困難的天才本質問題，是個十分荒謬的想法。這些討論或者是從形而上學的高度向下派生出來的，其唯一目的就是把天才問題納入純哲學的範圍。如果說，我即將踏上的道路還不能立即達到我的各種目標，那完全是那些道路本身的性質所決定的。

請想一想，和普通人相比，偉大的詩人能多麼深入地把握人的本質。再想一想，莎士比亞或者尤里庇得斯在他們的戲劇中塑造了多少不同性格的人物。或者想想左拉在他的小說裡是怎樣出色地區分了人類的不同性格的。繼創造了彭忒斯勒亞這個人物之後，克萊斯特又創造了凱蒂卿這個人物；而米開朗基羅則描繪出了他想像中的德爾菲神廟女先知西彼爾以及麗達的形象。此外，很少有人會像康德和謝林那樣，雖然極少全力研究藝術，卻對藝術提出了最深刻的眞知灼見。要描寫一個人，你就必須去理解這個人；而要理解這個人，你自己就必須像這個人。要忠實地描寫人物的心理活動，你就必須能夠在自己身上再現這個人物。要理解一個人，你自己就必須具備這個人的性格。你必須具備與你要塑造的人物相同的心思。唯有盜賊才能理解盜賊，唯有天眞漢才能理解另一個天眞漢。裝腔作勢者只能理解另一個裝腔作勢者，從其他人的行爲中，這種人除了外表以外看不到任何東西。相反，心地單純的人卻連最明顯的裝腔作勢都看不出來。可見，要理解一個人，其實就必須去做那個人。

由此似乎可以得出結論說：人最理解的是自己。然而，這個結論顯然是大錯特錯了。任何人都無法理解自己，因爲要理解自己，主體的認識活動和意志活動就必須成爲主體的對象。要領悟宇宙，就必須站在宇宙之外的某個視點上，而獲得這樣一種視點的可能性，卻根本不可能和「宇宙」的觀念共存。能理解自己的人才能理解世界。我並不把這個說法僅僅當成一種解釋，因爲它包含著一條重要的眞理，對我即將重申的觀點具有重大的意義。目前，我只須強調一點就可以了：任何人都無法理解自己最深層、最隱密的本性。實踐中常會出現的情況是：一個人希望在一般意義上去理解事物時，他總是從他人的角度去獲取自己的材料，卻從不會從自己的角度去獲取它們。而他選定的其他人，則必定在某些方面與他本人相似，無論從整體上看與他有多麼不同。唯有利用這種相似性，他才能認識、再現和理解其他人。只要這個人能理解那個人，這個人其實就是那個人。

上述論點中當然包括那些天才者，因爲天才者對其他生命的理解是常人所無法相比的。

據說，歌德曾說他能在自己身上找到一切惡德和罪孽天性的跡象，而在他生命中的某個時期，他卻沒能充分地認識到這一點。因此，天才就是那種稟賦更複雜、更豐富、更多樣的人。一個人個性中容納的人越多，他就越近於天才。如果對周圍人的理解在他心中僅僅像微弱的燭光那樣飄忽不定，他就不能像偉大的詩人那樣，讓那個火苗在筆下的主人公心中漸漸燃燒成熊熊烈焰，就不能給他創造的人物賦予鮮明的個性。理想的天才藝術家應當生活在每一個人的心裡，應當讓自己融入每一個人的心裡，應當通過衆人去揭示自己。因此，哲學家的目標也應當是通過自己去揭示一切人，應當將一切人融合成一個整體，而那個整體就是他自己。

這種多變的性格會同時出現在一位天才身上，而這和我在前文中提到過的兩性同體現象（bi-sexuality）相差無幾。即使是最偉大的天才，也無法在同一時刻或者同一天當中理解一切人的本性。一個人頭腦中多方面、多層次的思想萌芽，只能隨著他整個生命進程的逐步展開而一步步地慢慢成長。幾乎可以說，他的成長過程就像具有明顯的階段性。不過，這些階段再現時的表現卻並不完全相同：它們不僅僅是簡單的再現，而是比前一次出現表現得更強烈鮮明，是更高階段上的再現。在個體的生命當中，沒有任何兩個瞬間是完全相似的；位於後一瞬間與前一瞬間之間的那些階段，不是相似於螺旋上升的成長過程中的較高部分，就是相似於其較低部分。因此，常會出現一種情況：名人在少年時代就已經開始構思一部作品，而成年時代卻把它放在了一邊，直到晚年才去重新思考並完成它。每個人的生命都存在著一些成長階段，它們只是在程度上有所不同、在「廣度」上有所變化而已。天才自身包含著最大量的他人特徵，並且表現得最爲活躍；同樣，一個人的精神聯繫越寬闊，他各個成長時期的「廣度」也就越大。傑出人物的老師經常說，傑出人物在年輕時「總喜歡走極端」。這彷彿是說傑出人物除了走極端之外還會有什麼其他表現似的！人們常常認爲，不平凡者生命中出現的這些轉變過程，其特點類似於危機。歌德就提到過某位藝術家身上發生了「青春期再現」的現象。這個思想顯然與我們正在討論的問題有關。

這種現象源自他們生命的階段性，在天才身上，沒有創造成果的幾年之後會出現大有成果的幾年，然後又會出現沒有成果的幾年。無收穫期的標誌，表現爲他們在心理上的自我輕視，感到自己不如他人。在無收穫期當中，對收穫期的回憶在折磨著他們；他們會羨慕周圍那些對這種懲罰處之泰然的人。昔日的狂喜時刻使他們更覺痛苦，同樣，天才對其意氣消沉期的感覺也比其他人更強烈。每一位偉大人物都會經歷這樣的時期，或長或短；其間他會喪失自信，會想到自殺。在這樣的時期裡，他雖然也可能播下未來豐收的種子，但那些種子裡卻並不包含任何能帶來收穫的成分。他還可能招致種種盲目的非議，「這樣一位天才居然就這樣敗落了！」「他已經過時了！」「他在重複他自己！」如此等等。

天才者的其他特性也是如此。不但他作品的材料，還有他作品的精神，全都發生了階段性的變化。在一段時期裡，他喜歡在作品裡表達哲學見解和科學見解；而在另一段時期內，藝術卻對他產生了最強烈的影響。在一段時期裡，他的興趣會完全指向歷史和文明的發展；而後來，他卻可能轉而去研究「自然」（在這方面，讀者不妨比較一下尼采的《無限性的研究》和《查拉圖斯特拉如是說》）。在一段時期裡，他會成爲一個作品深奧難懂的神祕主義者；而在下一段時期內，他又會變成一位作品簡明質樸、最容易使人理解的作家（比昂遜和梅特林克就是現代的兩個良好例證）。著名人物經歷的這些階段，其「廣度」其實是非常寬闊的，他們表現出的不同天性也多種多樣，他們身上體現著衆多不同的個體。因此，我們幾乎可以將他們精神生活的階段性，判定爲天才的典型特徵。我不得不針對所有這些現象，提出能爲讀者接受的看法，因爲天才者的個人外表常會產生令人難以置信的巨變。只要比較一下歌德、貝多芬、康德和叔本華各自在不同時期的肖像，便足以證明這一點。一個人臉部表現出的不同側面的數量，幾乎可以被看作他的才能在人相學上的反映。〔我想表示「天才」這個意思時，卻常常禁不住要使用「才能」這個字；但我還是希望讀者記住一點：我堅信，在「才能」（或「本領」）與「天才」之間確實存在著根本的差異。——作者原注〕

面部表情始終不變的人，其智力處在低等水平上。因此，天才者的臉部會不斷顯露出新的側面，很難歸類，而其個性在容貌上只會留下了很少的標記，人相學家一定不要對此感到奇怪。

我對天才的這番初步描述很可能遭到憤怒的批判，因爲其中包含著一層意思：就連莎士比亞那樣的天才，身上也存在著福斯塔夫的那種粗鄙氣質，存在著伊阿古的那種流氓天性，存在著凱利班的那種野性。我這番描述會遭到批判的另一個原因，是它將偉大的天才與他們所描述的一切低劣可鄙的事物等同了起來。事實上，天才們的傳記已經表明：他們很容易產生種種最奇特的激情，很容易放縱種種最令人厭惡的本能。儘管如此，我們如果更充分地闡明本章主題的意義，便會知道這種反對意見依然站不住腳。對那些反對意見，唯有最膚淺的評論者才會表示贊同，而眞正的對立觀點卻更有可能來自推理。左拉雖然極爲忠實地描述過「謀殺」的衝動，但他自己卻並沒有殺過人，因爲他身上蘊藏著許多其他個性。眞正的兇手要受其自身性情氣質的支配；而作家筆下的兇手卻在所有的衝動之間徘徊。左拉可能比眞正的兇手更了解謀殺的欲望，而如果這種欲望眞的出現在他心裡，他就會在自己身上識別出它，並且做好對付它的準備。通過這樣的方式，偉大人物的種種犯罪本能被理性化了，因而轉變成了能用於藝術的東西（像左拉那樣），或者轉變成了能用於哲學的東西（像康德那樣），卻不會轉變成眞正的犯罪。

偉大人物身上存在著多種多樣的可能性，由此可以得出一些非常重要的結論，而那些結論可以和關於「涵擬」的理論聯繫起來，我在前一章中已經初步闡述了關於「涵擬」的思想。對已經存在於自己內心的東西，人的理解要比對身外事物的理解快得多。（若不如此，人就根本不可能互相交流，事實上，我們也根本不會知道出現過多少次無法互相理解的情況。）天才所理解的東西比常人多得多。在天才眼裡，一切事物都顯得更加顯豁清晰。

陰謀家很容易認出和他相同的人；熱情充沛的演奏家很容易看出其他演奏家身上的相同熱情；相反，那些沒有什麼特殊之處的人卻什麼也發現不了。同樣，正如華格納所言，藝術最能識別藝術自身。就個性複雜的天才而言，我們可以做這樣的表述：天才者對其他人的理解，比其他人對自己的理解還要透徹，因為天才心中不但包含著自己的個性，而且包含著與自己個性相對立的個性。要觀察和理解天才，就必須認識這種二元性。人若要意識到某個事物，最必要的條件是什麼呢？如果從心理學的角度去探究這個問題，我們便會發現其答案就是「對比」。如果一切事物都是渾然一體的灰色，我們就根本不會知道何為色彩。絕對和諧的聲音，很快就會使所有的人昏睡。二元性（其對比力量各有不同）就是敏銳意識的來源。因此就會出現這樣的情況：如果一生什麼都不去想，那就沒有任何人能夠理解自己；不過，一個人卻能夠理解與自己部分相似、部分不同的另一個人。這種對各種特質的分配，就是產生理解的最佳條件。總之，理解一個人，你就必須使自己具備那個人的一部分個性，同時還要具備與他相對立的個性，讓兩者共存於一身。

我們若想認識一對事物之一，那對事物就必須呈現為兩個互相對立的事物。我們的色彩視覺這個事實，就可以說明這一點。色盲總是會擴展到那些互補色上。對紅色色盲的人，同時也是綠色色盲。對藍色色盲的人，同時也辨認不出黃色。這個規律也適用於一切精神現象。它是產生意識的最基本條件。最活潑開朗的人也最懂得什麼是沮喪消沉，對它的體驗也最爲深刻，其感受比那些性情平和的人強烈得多。任何一個像莎士比亞那樣具備如此細膩優雅的感覺的人，都必定也能表現出極端的粗鄙低俗。

一個人頭腦中結合的對立類型越多，被遺漏的類型便越少，因爲理解之後的觀察能使他看到更多東西，使他能夠理解他人的感覺、思想和願望。從來沒有一位天才不是人類的洞察者。偉大人物往往不但能一眼看透那些頭腦比較簡單的人，而且完全能確定那些人的性格。

大多數人都具備這種或那種本領或感覺，但它們的發展卻並不平衡。有的人通曉一切鳥類，能最精確地分辨出小鳥的各種叫聲；而有的人則鍾愛植物，從兒時起就對植物學懷著濃厚興趣。有的人熱衷研究地球上的各種層積岩，對天空幾乎毫無興趣；而有的人則最迷戀繁星密布的寒冷太空。有的人厭惡高山，卻癡迷於永不停息的海洋；而有的人則像尼采那樣，從驚濤排浪中找不到任何快樂，卻無比渴望安寧的丘巒。每一個人，無論頭腦多麼簡單，天性中總會有某個方面，他對那個方面格外熱衷執著，他在那個方面的機能也特別敏銳。所以，理想的天才能將一切人納入心中，能將他人的一切好惡都裝進心裡。他身上不僅包含著人的普遍性，而且包含著人的全部天性。在他眼裡，一切事物都不是祕密。他看到的最多，而被他忽略的卻最少。他能理解絕大多數事物，並且理解得最深刻，因爲他能洞察最大量的事物，並且能對它們進行對比。天才者能夠最迅速地意識到最多的事物。因此，他的感覺無疑是最敏銳的。但這並不等於說：畫家的視覺最敏銳，音樂家的聽覺最敏銳，因爲衡量天才的尺度並不是感覺器官的敏銳性，而是大腦在察覺事物方面的敏銳性。

可見，天才者的意識與「涵擬」階段之間的距離最遠。天才者的意識最清晰、最明澈、最分明。憑藉這種意識，天才本身就可以被說成是一種更高級的男性素質，因而女性就不可能具備天才。本章以及下一章的結論很簡單，那就是：男性的生命處於一種比女性高級得多的意識階段；天才與最高級、最廣闊的意識是同一的。最高級類型的人這種最全面的意識，來自他們天性中的無數對立元素。

全面性是天才的鮮明標誌。世上沒有所謂「專一天才」這種東西（例如數學天才、音樂天才，甚至象棋天才等等），只有全面的天才。天才者無須學習就能通曉一切。

我們有理由認爲：天才們的這種無限的知識，並不包括了解科學從事實中歸納出來的各種理論和思想體系。它既不包括了解西班牙王位繼承戰爭的歷史，也不包括了解關於逆磁性的物理學實驗。

畫家掌握的顏色映在水上的知識，來自多雲或晴朗的天空，來自視覺觀察。同樣，要對他人做出判斷，也必須深入地研究性格學。不過，一個人越有才能，他就越能獨立地鑽研知識，他掌握的知識也就越多。

按照「專一天才」的理論，一個音樂「天才」在其他知識方面應當是個傻子。這種理論混淆了天才與才能。眞正偉大的音樂家完全能夠具備多方面的知識，就像哲學家或詩人那樣。貝多芬就是這樣的音樂家。另一方面，音樂家也可能像一般的科學家那樣，僅僅從事自己專業範圍內的活動。史特勞斯就是如此，其音樂旋律雖然非常優美，但只要他不具備創造性的才能，便不能被看作天才。讓我們再回到本章的主要論題上。才能是多種多樣的，但其中只有一種是天才，那就是能夠任意選定一種才能並掌握它。天才們身上都包含著某種共同的東西；但從表面上看，偉大的哲學家、畫家、音樂家、詩人以及宗教導師之間卻存在著很大的不同。人通過專一才能這個媒介來發展自己的精神，但是，專一才能的意義卻不像普遍認爲的那麼重要。不同藝術之間的界限很容易被越過，而除了與生俱來的才能以外，還必須考慮到其他許多因素。研究一種藝術的歷史時，還應當同時研究其他幾種藝術的歷史，如此才有可能弄清許多模糊的事件。不過，有的問題已經不屬於我正在討論的範圍了，那就是：究竟是什麼，決定了一位天才變爲（例如）神祕主義者，或者變爲（例如）繪畫大師。

女人與天才本身無緣，與天才共同特質的一切不同表現無緣。我將在後面討論一個問題：是否可能有純粹的科技天才、藝術天才或者哲學天才。我們完全應當在更準確的意義上使用「天才」這個字。但還是會出現一種情況，即無論我們能將天才表述得多麼清晰，也都不得不將女人排除在天才之外。我很高興地看到：我的考察過程本身已經表明，如此去界定

「天才」，就必然會將女人排除在外，而這並不是我的罪過。

現在，我對本章做個小結。女人不具備天才的意識，除非藉助某個特定的男人表現出來，他將自己的個性強加在女人身上。男人能夠透徹地理解這一點。卡萊爾在他的著作《英雄與英雄崇拜》（能讀懂它的人現在還不多）裡，已經對這種理解能力做了充分的描述，只是他的描述目前還嫌太早。不僅如此，《英雄與英雄崇拜》裡始終明確地強調了一種觀點：天才與成年男性相連，天才是理想的男性素質的最高表現形式。女人本身並不具備天才的意識；她要從男人那裡借取某種不完善的意識。總之，女人的生命是無意識的，男人的生命是有意識的，而天才的生命則是最有意識的。

第五章
才能與記憶

認知結構與再現思想的能力——對經驗的記憶是天才的標記——評論與結論——回憶與領悟——對比能力與認知能力——音樂、素描和繪畫的男性特質的原因——天才的不同程度——天才者與常人的關係——自傳——固定的觀念——對個人創造物的回憶——連續性記憶與非連續性記憶——連續性與感激之情——過去與當前——過去與未來——追求不朽的渴望——現有的心理學解釋——真正的來源——人一生的內心發展——個體發展心理學，或理論傳記學——女人不具備追求不朽的願望——記憶與天才關係的延伸——記憶與時間——「無時限性」原理——價值作為一種無時限的品質——價值理論的第一條規律——證據——價值要素的個性化與持久性——渴望不朽的一個特例——天才者渴望不朽（因其記憶的全面性和其創造物的持久性）與無時限性相關——天才與歷史

——天才與民族——天才和語言——實踐家與科學家不可稱為「天才」——哲學家、宗教創始人和藝術家具備天才

以下的自我觀察，可以說明我提出的「涵擬」理論：

我半機械地寫下了一本植物學著作的一頁筆記，因爲我打算以後給那本書做個摘要。我腦子裡出現了某種「涵擬」式的東西。一分鐘後，我開始回憶片刻前自己想了什麼、怎麼去想，以及究竟是什麼在叩我的意識之門。我雖然做了最大的努力，但還是沒想起來。我把這種情況看作「涵擬」的一個典型例證。

獲得的印象越深，複雜知覺的細節就越容易再現出來。意識的清晰是回憶的先決條件，對心理刺激的記憶與意識的強度，兩者之間成正比。「我不會忘記它」，「我一生都會銘記著它」，「它再也不會從我的記憶裡溜掉了」，事物給人留下了深刻印象時，或者一次重大經歷使人增長了智慧或得到更多財富時，人們便會使用諸如此類的說法。心理印象的組織結構會直接影響再現知覺力量的大小，因此，我們顯然無法回憶起一個絕對的「涵擬」。

一個人的心理資質，會因爲他積累的經驗的組織結構不同而有所不同，所以，資質越好，他就越容易記住自己的全部歷史，記住自己想過、聽過、見過、做過、知覺過和感受過的每一件事情；而再現自己一生時，他回憶起來的事實也就會越完整。可見，完全記住自己

的一切體驗，這種能力就是天才的最確切、最普遍、最易識別的標誌。一種普遍流行的理論（尤其是那些在咖啡館哲學家當中流行的理論）如果是正確的，那麼，之所以說富於創造性的人（因爲他們總是去開拓新領域）沒有記憶，便往往是由於他們只有在新領域裡才會發揮其創造力。

天才者的記憶既寬廣又精確，我將把這一點作爲我理論的一個最基本的必要前提，並且不準備再對它做進一步的論證。不過，這一點卻似乎與天才者的某些表現相矛盾：他們往往會很快忘掉在小學裡學過的功課，忘掉希臘文動詞變位表等等。他們只能記住自己經歷過的東西，卻記不住自己學過的東西。在他們僅僅爲了應付考試才學會的知識中，唯有與這些學生的天生才能相一致的東西，日後才會被他們保留下來。因此，油漆粉刷匠的色彩記憶，便會比哲學家的色彩記憶更強；一位學問最窄的語言學家對希臘語動詞不定過去式的記憶，也可能勝過他的老師，儘管後者是一位大詩人。有一個事實，可以表明實驗心理學派的無用（儘管這些心理學家裝備著非常精確、令人驚異的實驗儀器）：這些心理學家竟指望從「對字母、不相關單詞和長串數字的記憶測試」中得出結果。這些實驗和人的眞正記憶、和人用來回憶自己生活的記憶幾乎毫無關係，因此你會懷疑這種心理學家是否已經理解還存在著大腦這種東西。傳統的實驗將彼此迥異的對象置於同一種條件之下，卻根本不關心受試者的個性，而只是把他們當作或者精確、或者不精確的記錄儀。有個比喻可以說明什麼是記憶：在德語裡，bemerken（注意）和merken（記住）這兩個動詞是同根字。唯有與人的天生資質相一致的東西，才會被保留在記憶中。一個人之所以能記住某個事物，完全是因爲他能對它懷有某種興趣；相反，他如果忘掉了某個事物，則完全是由於他對它沒有興趣。虔誠的教徒能把經文記得既牢固又準確，詩人能把詩句記得既牢固又準確，而數學家則能把數學公式記得既牢固又準確。

這些事實，不但可以使我們從另一個角度去領會本書前一章的主題，而且可以說明天才者出色記憶力的來由。一個人越是出類拔萃，他結合在自己身上的不同個性就越多，他對不同事物的興趣就越多，因而他的記憶範圍就必定越廣。事實上，在知覺事物方面，每個人的機會都是均等的，但大多數人卻只能理解所知覺到的事物中少而又少的部分。在理想的天才身上，知覺與理解是同一的，是同時發生的。當然，實際當中根本不會眞的出現這種情況。另一方面，世上也沒有任何人對知覺到的事物毫無理解。由此我們可以說：確實存在著等級不同的天才（而不是才能）；任何男性身上都存在著天才的某種跡象。徹頭徹尾的天才只是一種理想。任何人身上都絕不會沒有一點天才的素質；任何人身上也都絕不會全都是天才的素質。理解（即吸收）與記憶（即保留），會隨著它們的範圍和持久性的不同而變化。有些人的心智會時時中斷，他們看不到任何事件的意義，因爲他們心中根本沒有可以用來與外界事物作對比的東西（當然，實際上並不存在這麼極端的狀況）；而另一些人的心智發育得非常充分，他們不會忘記任何事情，因爲他們能夠吸取牢固而切實的印象。這兩者之間，還不間斷地存在著一系列中間狀態者。實際中也不存在極端的天才，因爲即使最偉大的天才，也不會在一生中的每個瞬間都是完全徹底的天才。

記憶與天才之間這種必然聯繫的直接推論，以及這種聯繫確實存在的證據，就是天才者對微末細節的非凡記憶力。天才者具有能領悟一切的智慧，因此，每種事物對他就只有一種解釋，見到那種事物時，他往往不會懷疑那種解釋，因此那些事物就牢牢地固定在了他的記憶中，並且永遠都無法磨滅，儘管他也許幾乎毫不費力地就記住了它們。所以，我們由此可以看到天才者的另一個標誌，即「那件事情已經不再符合實際了」這句話對他來說毫無意義。在他心裡，沒有任何一件事情會與實際不符，這或許是因爲：對於隨著時間而發生的變化，天才者比其他任何人都了解得更清楚。

要客觀地檢驗一個人的天分，有一種辦法似乎最爲有效：先讓他長期脫離自己的環境，再讓他回到先前所處的環境當中，讓他與環境產生新的交流。這時我們便會看到：天分較高的人什麼都沒有忘記，他會找到那個未完成的工作對象，繼續以前的工作，做得積極活躍、完全徹底，他能回想起先前的絕大部分細節。常人則往往會忘掉自己生活裡的很多經歷，乃至任何一件往事都會使他們感到驚異，感到恐懼。還可能發生這樣的情況：幾個星期以前，我們曾經和某個人單獨共度過好幾個小時，但此人現在卻已經把那段時光忘得一乾二淨了。

你如果對此人提起當時的全部情況，他的確也會開始回憶它，而依靠足夠的幫助，他最終可能近乎完整地想起它來。這樣的實驗使我想到：可能有某種經驗性的證據，能證實「從來就不存在絕對的遺忘」這個假設；只要選對了適合不同個人的方法，就總是能夠引導出回想。

但是，我們往往也會看到：從一個人的自身經驗中，從一個人想過、說過、聽過、讀過、感覺過或者做過的事情中，另一個人卻極少能夠了解到以前所不知道的東西。一個人能理解另一個人的多少情況，可以作爲衡量此人天才的客觀尺度。這個尺度不必依賴於判斷此人在實際創造方面做出了多大努力。這個理論在多大程度上和目前的教育觀相對立？我雖然不打算討論這個問題，但還是要建議做父母的和教師們關注這個理論。一個人區分異同能力的大小，必定取決於他的記憶。有些人的「過去」始終浸透在他的「當前」之中，其生活中的所有瞬間都融爲一體，在這種人身上，分辨異同的機能最爲發達。這樣的人最有機會找出那些共同之處，從而發現可以用於對比的材料。他們總是能從「過去」當中抓住與「當前」經驗最相似的東西，因而這兩種經驗便會結合在一起，使一切異同之處都一清二楚，毫無遺漏。這樣一來，他們就可以維護「過去」，使它不受「當前」的影響。所以，從無法追溯的古代開始，充滿了恰切的對比和生動的畫面感，這個特點就一直被人們看作詩歌的特殊長處，這就不足爲怪了。同樣，我們閱讀荷馬、莎士比亞或者克羅卜史托克的時候，往往會耐心等待自己喜歡的形象出現，並一次次地被它們打動，這也毫不奇怪了。迄今，德國已經有一個半世紀沒出現過偉大詩人和偉大畫家，在德國的歷史上，這還是第一次。儘管如此，你卻連一個不自稱爲「作家」的人都找不到。進行清晰而恰切的對比，這種能力似乎已經消失了。對當前這個時期性質的最好描述，其詞句也全都顯得模棱兩可、令人難以捉摸。從多種意義上說，當今的哲學已經變成了關於無意識（unconsciousness）的哲學。因此，這個時期容納不了任何偉大的東西。意識（consciousness）標誌著偉大，無意識會在它面前煙消雲散，就像薄霧會在陽光下消散一樣。只要當今時代能夠出現意識，現在種種赫赫有名的聲音便會迅速地安靜下來。唯有在充分的意識當中，想像——這種進行一切哲學和藝術追求的必不可少的素質——才能獲得自己的位置。這是因爲，唯有在充分的意識當中，當前經驗才能與過去的全部經驗結合在一起，獲得更大的強度。所以說，認爲女人比男人更有想像力，這並不符合實際。男人的這種看法，其實完全來自他對女人性生活的想像。關於能從這一點得出的唯一推論，還不屬於本書這一部分內容的範圍。

音樂史上根本沒有女人的名字，這雖然必定還有更深刻的原因，但也證明了我的論點，即女人根本不具備想像力。音樂創作要求的想像力，比最有男性氣質的女人所具備的要多得多，也比其他藝術或科學追求所要求的想像力要多得多。在自然界中，在感官領域內，沒有任何東西和聲音的圖畫有直接聯繫。音樂與經驗世界沒有關係。自然界裡根本沒有「音樂」，沒有和弦，也沒有旋律，這些東西必須要從作曲家的想像中生發出來。其他各種藝術與經驗世界之間的明確聯繫更多一些。即使是建築（人們常把它比作音樂）也與物質之間存在著明確的關聯，儘管建築也像音樂一樣，根本無法預料人們對它產生的感覺。像音樂一樣，建築也是男性的行業；一想到女建築師，人們就會頓生憐憫。

創造型的音樂家和實踐型的音樂家（尤其是器樂演奏家）的出色表現之所以令常人驚異，是因爲在引導人們進入經驗世界方面，連嗅覺也比音樂作品的內容[1]更有效。音樂與視覺、味覺、嗅覺的世界毫無聯繫，正是這個特性，才使音樂特別不適於表現女人的天性。這不但能解釋音樂藝術的這個特性何以要求音樂家具備最高級的想像力，而且能解釋在常人眼裡，音樂作品的創造何以比在畫家和雕刻家眼裡更顯得不可思議。女人的所謂「想像力」必定與男人的想像力大不相同，因爲在音樂史上，連與女畫家考夫曼（Angelica Kaufmann）地位相當的女人都找不到。

一切明顯依賴於強大建構能力的事情，女人都做不出任何成就，無論是哲學還是音樂，無論是造型藝術還是建築，都是如此。不過，在任何只須一點努力就能表達微弱模糊的情緒的事情方面，例如繪畫、作詩或者僞神祕主義和通神論[2]，女人卻曾經尋求並獲得了適合她們的領域。女人在音樂、哲學等領域的一無所成，與女人心靈生活的模糊性完全一致。音樂是最可能接近一種感覺構成的方式。任何東西都不如一個旋律那樣明確、那樣典型、那樣富於表現力。任何東西都不能像旋律那樣強大得足以抗拒遺忘。對唱出來的東西，人們的記憶往往比對說出來的東西長久得多。同樣，人們對詠歎調的記憶也比對宣敘調長久得多。

這裡，我們尤其應當提到一點：女性的辯護士們常用的那些說法，其實並不符合女性的歷史。他們認爲，音樂是女人在近代才開始涉足的藝術之一，因此，現在盼望女人做出什麼成果還爲時過早。然而，從最遙遠的古代起，女人就已經開始唱歌和演奏樂器了，但是……

我們應當記住：即使在素描和繪畫方面，女人迄今也已經有過至少兩百年的機會了。衆所周知，很多女孩子都學過素描和速寫，因此不能說她們沒有時間去獲得成就，如果能獲得成就的話。在美術史上，哪怕是稍微堪稱重要的女畫家也都少而又少，可見，女人天性中一定有某種東西使她們在美術方面毫無建樹。女人的繪畫和雕刻，其實和某種精雅華麗的手工差不多。色彩撩人感官，包含著物質元素，比線條畫的智能工作更適於女人。事實上就是如此，在色彩繪畫方面，女人多少還算是有些成績，但在素描等線條畫方面，女人卻一無所獲。將形式賦予混沌，唯有一種人才具備這種能力，他們具備最高級的綜合記憶，能最廣

1　這裡指的是器樂作品的曲式、調式、調性、旋律、和聲、節奏、配器等要素的綜合，即純音樂，並不包括歌曲，因爲歌曲中包含著文學因素。

2　通神論（theosophy）：又稱「通靈學」、「接神論」，一種神秘主義的宗教學說。一八七五年起源於美國紐約城。

泛、最全面地領會事物。這種能力是男性天才的一種品質。

遺憾的是，我不得不反覆使用「天才」這個字，彷彿它應當僅僅用於一個種姓階層，而那個階層與其下面的其他階層判然有別，就像所得稅納稅人和非納稅人判然有別一樣。「天才」這個字很可能是男人發明的，只是男人並沒有意識到而已。越是偉大的人，就越是懂得究竟什麼是天才。他們可能已經知道：「天才」這個字可以被用於大多數人。歌德曾說：能理解天才的，可能只有天才。

不曾在一生中的某個時間具備某種天才的素質的人，世上大概很少。如果有人從未出現過這種情況，那麼，這些人也很可能從未有過巨大的憂愁或者巨大的痛苦。他們大概需要滿懷熱誠地充分生活一段時間，讓自己身上的一些素質自動地顯露出來。描寫初戀的詩就屬於這種充滿熱忱的充分生活的產物，這樣的愛情當然是一種充分的刺激。

我們不可忘記：在受到刺激的時刻，在對卑鄙行爲發怒的時候，不少普通人全都能說出一些自己從未說出過的話。藝術和語言當中的所謂「表達方式」，其中的一多半都來自一個事實：某些更有天分的個人，幾乎在一瞬間就澄清、組織並展示出了某個意念，而在天分不高者的腦子裡，那個意念卻還處在「涵擬」形式的階段。這樣一來，在後者當中，澄清的過程便被大大地縮短了。

流行的觀點曾試圖證實一點：天才與常人之間隔著一堵厚牆，任何聲音都無法穿透它。

如果情況果眞如此，那麼，常人試圖理解天才的一切努力就全都是徒勞的，天才者的作品也不會給常人留下任何印象，而想以天才者的作品爲基礎去獲得進步的希望，也全部不符合實際。這確實不符合實際，因爲天才者與常人的差別，是量的差別而不是質的差別，是程度的差別而不是種類的差別。

不僅如此，藉口年輕人不如年長者有經驗，阻止年輕人表達自己的思想，這種做法也幾乎沒有多少道理。很多人即便活一千年，也無緣得到任何有價値的經驗。因此，唯有在由天分完全相等的人構成的社會裡，這種做法才算有些意義。

即使在生命的最初時期，天才者的生活也比其他兒童的更緊張激烈，因此，他的記憶就能溯及更遠的過去。在極端的情況下，天才者的記憶能溯及自己三歲的時候，非常完整，栩栩如生；而大多數常人的回憶卻只能從他們比三歲晚得多的時候開始。我認識一些人，他們只記得自己八歲以後的事情。還有些人甚至到有意識的生活開始之後才有了記憶。我並不認爲積極記憶開始的日期可以作爲衡量相對天才的標誌，也不認爲從兩歲就有記憶的人比到了四、五歲才有記憶的人更具天才。但從總體上說，我卻相信：記憶能力與天才之間存在著某種對應關係。

就是最偉大的人物，其最早記憶與開始能記住一切的這兩個日期之間，也存在著一段或長或短的時間，而他們開始能記住一切的時間，其實就是其天才成熟的時間。不過，大多數人在一生的大部分時間裡卻是很健忘的。他們只能意識到自己在活著，只能意識到其他的生活和他們的不同。在他們的一生當中，他們只記得某些時刻，他們只有一些凌亂分散的回憶，它們起著類似於路標的作用。如果讓他們說說一生中的某些細節，他們能想起來的只有這樣的事情：例如某年某月他們有多大年歲，或者穿過什麼樣的衣服，住過什麼地方，以及他們當時的收入是多少。

如果你早年曾和這些人住在一起，你就必須克服重重困難，才能使他們回想起那段往事。在這種情況下，我們就完全有理由說這些人沒有什麼天分，或者至少有理由認爲他們不具備能引人注意的能力。

對大多數人來說，寫自傳是一件最令他們殫精竭慮的事情。如果問他們以前做過什麼事情，他們幾乎什麼都說不出。大多數人的記憶都是片斷性的和純聯想型的。在天才者那裡，獲得的每一個印象都能永久地保存下來。天才者總是受到自己那些印象的影響，因此，幾乎所有的天才者都經常會被各種混合的意念所困擾。人類思維的心靈狀況，可以被比作一套緊緊排列在一起的鈴鐺。在常人那裡，唯有一個鈴鐺響起之後，它旁邊的鈴鐺才會響起來，而鈴聲的振動也只能延續數秒。在天才者那裡，一個鈴鐺響起後會強烈地振動，使一整套鈴鐺都跟著響起來，並且終生都在振動。後一種運動常會造成不同常人的心靈狀態和各種違背常理的衝動。這種狀況可能持續好幾個星期，因而爲一種偏見提供了依據，它認爲：天才與瘋狂之間可能存在著密切的關係。

出於同樣的原因，感激之情（gratitude）顯然是人類最罕見的美德。人們往往非常注意自己借得了多少幫助，卻記不住（也不願記住）自己當初亟待幫助時的困境，也想不起那些幫助帶給他們的自由。即使這種不知感激的心理果眞是因爲健忘，也不足以說明一點，即記憶力非凡者何以會懷有同樣非凡的感激之情。這是因爲，產生感激之情還要求某種特殊的條件，但這裡不可能對它做出描述。

天才與感激之情的聯繫常被人們誤解和否認，因爲人們往往找不出兩者之間的聯繫。但是，根據這種聯繫，根據自我回憶的力量，我們卻可以推導出另外的事實。詩人產生了寫詩的衝動時，事先既不必經過思索和回憶，也不必刻意地考慮過節奏。音樂家產生作曲的熱望時，便會立即開始創作，無論他願不願意，甚至當他更想去睡覺和休息的時候，也是如此。在這樣的瞬間，這些人會把一生都存在於頭腦中的思想立即表達出來。一個作曲家如果不能牢記他創作的任何一首歌曲或者音樂主題，一個詩人如果回憶不起自己寫過的任何詩歌（兩者事前都不曾刻意地記住它們），這種人就根本談不上眞正的偉大。

用這些觀點去考察兩性的心理差別以前，我們必須先指出各種記憶之間的另一個差別：天才者生命中的一個個單獨瞬間，在他們的記憶裡並不表現爲一個個互不相連的點，也並不表現爲不同的時間點。每個瞬間與下一個瞬間之間都不是互相獨立的，不是彼此分割的，不像數字序列那樣可以分成第一、第二等等。

自我觀察的結果表明：睡眠（它是對意識的限制，是記憶中的空白）是一種更爲特殊的體驗，它神祕地呈現爲渾然一體。在睡眠[3]裡，一個個事件並不像手錶的滴答聲那樣次第相隨，而是如同一股不間斷的水流那樣經過。在常人身上，各個分散的瞬間片斷緊密地結爲一體，這種情況非常少見，其生活進程近似於一條小溪；而在天才者身上，生活的進程卻更像一條大河，所有的溪流都會從遠方匯入它，換句話說，凡是未將全部單獨瞬間滙聚並儲存爲一個整體的經驗，都不會使天才者的全面悟性隨之振動。

依靠這種特殊的連續性，一個人第一次意識到自己的存在，意識到自己，意識到自己生存於現實世界當中。對這種連續性，天才者能完全領會，常人能領會其中的一部分重要瞬間，但女人卻完全不能領會它。女人回顧自己的生活和以往的體驗時，它們不會表現爲連續不斷的水流，而僅僅會表現爲一些分散的點。那些點的性質是什麼？它們全都是那些與女人的天性直覺相一致的興趣點。對於女人這些興趣點僅僅包括哪些內容，本書第二部分的第二章已經做了初步描述。讀者如果還記得那一章的內容，便不會對以下的事實感到奇怪：所有女性都只具備一種同一個等級的回憶——那些回憶無不與性衝動和生殖活動有關。女人能記住自己的愛人和追求者，能記住自己的結婚日，能記住她的每個子女、把他們看作自己的玩偶。女人能記住她在每次舞會上得到的鮮花，能記住每支花束的數量、大小和價格。女人能記住爲她演奏的每一支小夜曲，能記住（她自認爲）爲她寫的每一首詩，能記住情人對她說的每一句情話。但最主要的是，女人能記住對她的所有恭維奉承，無一例外，並且記得異常準確，而這恰恰反映了她對自身感到的不安。

以上就是眞實的女人對自己生活的全部回憶。不過，那些都是人類永遠不會忘記的事情；而人們記不住的那些事情，才是我們了解人的生活和性格的線索。關於女人爲什麼只具備她們那種特定的記憶，我們將在本書後面的章節裡做更詳盡的討論。女人能回想起對她的所有恭維奉承，回想起男人獻給她的所有殷勤。她從童年起就一直能得到那些東西，她在這方面的記憶力好得令人難以置信。這一點能使我們得出幾個更重要的結論。

女性的記憶完全局限在性和婚姻生活的範圍內，無論造成這種局限的原因是什麼，在我看來都非常明顯。我準備討論一下有關女子學校的種種意見等問題。這些難題必須在本書後面的章節裡得到解決。但我必須重申一點：作爲用來判斷個人心理的一種手段，任何記憶都只能包括一個人已經學習到的記憶，而所謂「學習」，指的是切身的體驗。

參照對哲學和心理學最深層問題的研究，去探究心靈生活連續性的實質，唯有如此，才能解釋女人心靈生活的非連續性。（這裡之所以提到這種非連續性，完全由於它是和記憶問

---

3 根據下文，這裡的「睡眠」指的是夢境。

題有關的一種必不可少的心理學要素。我們並沒有提到它在唯靈論或唯心論方面的意義。）

對我即將引述的事實的最好證明，莫過於洛茲的那個說法了。那個說法常會使人驚訝不已，那就是：與男人相比，女人更善於屈從於各種新的關係，更容易適應新的境遇；女人更容易讓別人誤以為她們是新貴，而一般人很可能辨別不出她們當中誰是農女、誰是貴婦，誰出自寒門、誰是貴族之女。在以後的章節裡，我將更詳細地討論這個問題。

無論如何，我們現在畢竟弄清了兩個問題，其一，（如果既不是出於虛榮心，不是渴望引起別人的閒聊，也不是出於模仿別人的衝動）爲什麼只有天分較好的人才能寫出自己生活的回憶錄；其二，我從這個現象當中看到了一種有力的證據，它表明記憶力與天分之間存在著聯繫。看來，並非每個天才者都希望寫自傳：他們寫自傳的誘因來自一種特殊的、極爲深層的心理狀態。相反，完整的自傳如果是眞心所願的產物，則必定是天分較高者的標誌。這是因爲，眞正忠實的回憶是獲得尊重的根本。眞正的偉人都能拒絕一種誘惑，即用透露自己的往事去交換物質利益或精神健康。他們不會用自己的回憶去交換世上最巨大的珍寶，甚至不會用它去交換幸福本身。

暢飲一口「忘川」之水，這種渴望是智力中等者或低下者的特徵。眞正的偉人無論怎樣（像歌德所說的那樣）譴責和憎惡自己以往的失敗，並且儘管目睹別人對過去緊抓不放，也都不會微笑著面對自己過去的行爲、面對自己以往的失敗。他更不會用自己早年的生活方式和思想去取樂。

現在，人的高下之分已經表現得很明顯了。那些自稱已經「戰勝」了自己過去的人，其實最不配使用「戰勝」這個字。他們不過是閒來無事，說自己從前相信過這個或者那個，而現在已經「克服」了自己的種種信仰而已。其實，他們對現在幾乎毫無認眞態度，就像他們對待以往一樣。他們只知道機械論，卻看不見那些屬於心靈的事物。他們自以爲已經被他們戰勝的東西，無論在什麼時候都不會深深涉及他們的本性。

與這些人相反，我們會注意到：哪怕是對自傳裡（看上去）最微末的細節，偉大人物也會不辭辛苦、認眞地加以表述。在他們看來，過去和當前同樣重要；而在其他人眼裡，無論過去還是當前都是不眞實的。

著名人物[4]都懂得：每一件事情，即使是最微末、最不重要的因素，都在他生活裡起著重要作用，都促進了他的發展。正是因爲這一點，他才格外尊重自己的記憶。事實上，他的自傳絕不是他一次揮筆而就的結果，絕不會對每個事件都等量齊觀，絕不是不假思索的產物。寫自傳的念頭也絕不是一時的心血來潮。可以說，偉人的這種自傳作品，其材料總是現成的。

4 從本文語境看，這裡的「著名人物」（以及後面使用的「著名男子」）與「偉大人物」是同義詞，均指天才人物。

偉人的新經驗因爲他的過去而獲得了更深刻的意義，而他的過去總是能夠呈現在他心中。因此，偉人，唯有偉人，才會感到自己是眞正的「命運已被註定的人」。也正因爲如此，偉人總是比常人更「迷信」。總之，我們可以說：

一個人自身的重要性，恰恰相當於他對一切事物的重視程度。

在以後的考察過程中，這句格言將顯示出深刻的涵義。即使它和天才者表現出的全面性、理解力以及善於對比事物的智慧無關，也是如此。

對女人在這些事情上所處的地位，並不難做出解釋。眞正的女人從不會意識到註定的命運，從不會意識她自己的定數。她不具備英雄氣質，她的奮鬥大多是爲了她的財產。女人的奮鬥中不存在任何悲劇性的東西，因爲她自身的命運取決於她財產的命運。

由於女人不具備心靈生活的連續性，她也就不具備眞正的尊重之心。事實上，尊重之心完全是男性的一種美德。一個男人首先會尊重自己，而自尊則是尊重一切事物的第一階段。但對女人來說，與自己的過去決裂幾乎不用付出什麼代價。「女人往往用嘲諷（irony）的態度看待自己的過去」，如果這句話是正確的，那我們就可以說：男人從不會像女人那樣容易用嘲諷和居高臨下的態度看待自己的過去——男人唯有在結婚以後才會那麼做。

在本書後面的章節裡，我要說明女人何以與「尊重」這個字的涵義截然對立。至於寡婦是否具備尊重之心，我在這裡寧願保持沉默。

從心理上說，女人的迷信絕對不同於著名男子的迷信。

尊重自己的過去，這要依靠眞正的記憶連續性；而唯有藉助悟性（comprehension），這種連續性才能與更廣泛、更深刻的對象聯繫起來。

一個人是否與其過去之間存在著眞正的聯繫，要看他是否懷有使自己不朽的強烈欲望，或者要看他是否能以無所謂的態度對待「死」這個觀念。

當今，追求不朽的欲望通常都被看作很可恥，並且完全不同於它本來的意義。

這個問題不但被看作僅僅屬於哲學本體論的問題，而且它的心理學意義也被視同了兒戲。有人認爲，這個問題就像「靈魂輪迴」學說那樣，關係到我們全都體驗過的一種感情，那就是：我們滿懷信心地第一次做某件事情時，我們好像覺得自己以前有過同樣的經歷。另一種被普遍採取的觀點認爲：有關「不朽」的思想來自對靈魂的信仰。泰勒、斯賓塞和阿凡納留斯等人就持這種觀點，儘管除了我們這個實驗心理學的時代，任何時代都把這種觀點看作一種已被拋棄的先驗前提（a priori）。可以肯定地說，大多數有頭腦的人都不會認爲一種信仰對人類會如此重要，乃至要爲它爭論不休，還把它看作一個三段論的最後一段，而那個三段論的首要前提，卻不過是一個死人的午夜之夢而已。那類現象如何能解釋一種信仰，即相信人死後生命仍然具有連續性呢？歌德和巴哈就堅信這一點。那類現象如何能解釋追求不朽的熱望呢？貝多芬在他最後一批奏鳴曲作品中，正是表達了這種熱望。追求有意識自我的永恆不朽，這種欲望的來源，想必要比這些靠不住的推理猜測更強大有力。

這種信念的更深刻來源，建立在一個人與其過去之間的關係上。我們關於過去的意識和想像，就是我們「意識未來」這種願望的最強大基礎。珍視自己過去的人，對自己的精神生命的重視，會超過對肉體生命的重視。他們不願在死亡面前放棄自己的意識。因此，在天才者身上，在擁有最豐富的過去的人們身上，這種帶根本性的最高願望顯得最爲強烈。追求不朽的願望與記憶之間的聯繫，從那些由猝死中被救活的人的話裡，得到了確鑿的證明。即使他們以前沒有仔細思考過這種聯繫，他們被救活後也會立即想到自己的過去，並且回想的速度快得令人吃驚。瀕臨死亡的感覺，與當前意識的強度、與「意識即將永遠完結」的觀念形成的對比，也顯得格外鮮明。事實上，我們對臨死時的精神狀態知道得很少。一般人都說不清那種狀態，而出於和我一直在講述的問題相關的理由，天才者通常都會規避瀕死者的病榻。很多致命疾病的患者也可能會突然表現出虔誠的信仰，但把這歸因於他們渴望確切了解自己的未來，卻是個極大的錯誤。以爲瀕死的人平生第一次重視了有關地獄的信條、因而害怕「唇邊帶著謊言」告別世界，這是一種極端膚淺的看法。（這裡，我斗膽提醒讀者想到一點：那些以純科學研究爲職業的人臨死時，往往會轉向對宗教問題的思考，例如牛頓、高

斯、黎曼和韋伯就是如此。——作者原注）

重要的是，一生過著撒謊生活的人，臨終時爲什麼會突然渴望眞實呢？另一些人儘管並不相信陰間的懲罰，聽到一個人臨死時唇邊帶著謊言、對其行爲尙未悔過時，爲什麼還是會感到恐懼呢？這兩種人何以到最終都一直那麼心腸堅硬，而臨終的悔罪卻能夠強烈地喚起詩人們的想像呢？關於無神論者的「安樂死」的討論（它在十八世紀非常流行），並不像蘭格認爲的那樣僅僅是一種歷史上罕見的情況。

我提出這些見解，並不單單爲了指出一種近乎猜測的可能性。更多人身上的天才跡象，比眞正的天才者身上更多，這似乎是不可想像的事情。當天賦轉變得活躍的一刻，天賦之間在量上的差別會表現得最爲明顯。對大多數人來說，這個時刻就是死亡的一刻。我們往往會把天才者視爲與常人隔絕的單獨群體（就像所得稅納稅人不同於非納稅人一樣），如果不是如此，更容易使我們接受的，本來應當是這些新見解，而不是那些舊思想。一個人對自己童年的最早回憶，並不是因爲某種外界事件打破了其生活過去進程的連續性，而是因爲他內心的成長發展。同樣，每個人一生當中都會有那麼一天，其意識會得到極大的強化，將回憶保留下來，而從此之後，根據天賦的多寡，便形成了或多或少的回憶（這個因素本身就推翻了全部的現代心理學），因而在不同的人身上，激發意識的因素也多有不同，而其中最後一個刺激就是死亡的時刻。就天才的程度而言，我們可以根據能激起意識的事物的多寡，把人劃分成不同的種類。我想藉這個機會，再次指出現代心理學（它只把人看作性能或好或差的記錄儀，卻根本不去注意大腦內在的、個體性的發展）的一個見解的錯誤之處，那就是以爲：我們絕大部分的印象都是年輕時保留下來的。我們絕不可把眞正來自體驗的印象，與那些僅僅能激發記憶的材料混爲一談。兒童之所以最容易學會後一類材料，完全是由於它們並不像心理印象那麼重要。我們必須拋棄如此與實際經驗根本對立的心理學。我現在所嘗試的，其實只是不得不指出一點：個體發展心理學（ontogenetic psychology），或叫「理論傳記學」（theoretical biography），必將取代那種現在被誤認爲是思維科學的東西。每個學科都代表著某種明確的信念。只有明確認識了研究的目標，我們才會希望去達到它。「理論傳記學」這個名稱，從哲學和心理學當中劃分出了一個新的研究課題，並且，達爾文、斯賓塞等人採用的生物學研究法也將得到擴展，從而變爲一門科學，它能對一個人從生到死的全過程做出合理有序的闡釋。這門科學之所以被稱爲「傳記學」而非生物學，是因爲它考察的是支配個體心理發展的那些永恆規律，而生物學只研究個體本身。這個新學科力圖研究帶有普遍意義的觀點，研究不同心理類型的形成過程。心理學必須力求轉變爲理論傳記學。現有的心理學會在這門新學科的分支中獲得自己的位置，而且可以想見：唯有通過這種方式，馮特的那個願望才會得以實現，即爲一門思維科學奠定基礎。現有的思維科學毫無建樹，甚至連自己的研究對象都沒有抓住，僅僅因爲這一點就感到失望是沒有道理的。通過這種方式，我們或許能證明實驗心理學的正確性，儘管溫德班和黎科特的考察已經獲得了一些重要結果，他們考察的是自然科學與心靈科學之間的關係，或者說是物理科學與心理科學之間那種古老的分歧。

有一個事實可以證明記憶的連續性與渴望不朽之間的關係：女人根本沒有追求不朽的願望。値得注意的一點是：將渴望不朽歸因於懼怕死亡，這是一種十分錯誤的見解。女人雖然也像男人一樣懼怕死亡，但她們並不渴望不朽。

我試圖解釋追求不朽這種心理渴望的原因，這麼做是爲了表明人的願望與記憶之間存在著某種關聯，而不是想根據更高的自然規律得出一個推論。我們總是可以發現兩者之間存在這樣的關聯。一個人越多地生活在他的過去當中（而不是越多地生活在他的未來當中，像某些膚淺的讀者以爲的那樣），他追求不朽的渴望就越是強烈。女人不具備追求不朽的願望，這個現象與她們不尊重自己的個性有關。然而，女人既不具備尊重之心又沒有追求不朽的願望，這似乎是出於一條更普遍的原理；而在男人身上，更高形式的記憶與追求不朽的渴望共存，這個現象也可以根據一條更普遍的原理，找出某種更深刻的根源。至此，我僅僅是在試圖表明這兩種現象之間的同一性，即在同一個個體身上，何以能夠同時發現對過去的深深尊重與對未來的深切渴望。我現在的任務，可能就是找出思維中這兩種因素的共同來源。

我們不妨從一點入手，即說明偉大人物無不具備包容一切的記憶。對偉人來說，每件事物都同樣眞實，很久以前發生的事情和最新的經歷都同樣眞實。因此，一種體驗並不是在它產生時便結束了，並不會因爲時間的消逝而消失，而是通過記憶掙脫了時間的羈絆。記憶使經驗成了不受時間限制的東西。記憶的精華就是那些超越了時間的東西。人之所以能夠記住過去，完全是因爲記憶擺脫了時間的束縛，因爲在自然當中，各個事件無不與時間密切相關，而在人的精神當中，各個事件卻已經戰勝（超越）了時間。

不過，這裡卻出現了一個難題：如果從反面說，沒有記憶就意識不到時間，如果這個說法是正確的，那麼，記憶何以就是對時間的否定呢？依靠對過去的記憶，我們總是能夠意識到時間的流逝，這當然是眞實的情況。如果記憶和時間的關係果眞如此密切，前者爲什麼又會成爲對後者的否定呢？

這個難題其實很容易解決。這完全是由於：一種生物（並不僅限於人類）因爲被賦予了記憶，所以並不會僅僅關注當前的經驗，因而可以說，它能將經驗本身與時間對立起來，確認當前經驗，並且把它作爲自己的觀察對象。如果生物完全不能記住當前的經驗，如果沒有依靠記憶將當前經驗保留下來，那麼，當前經驗就會隨著時間而改變，成爲衆多事件流當中轉瞬即逝的泡沫，而生物也就永遠意識不到時間，因爲意識本身就意味著二元性[5]。要意識到時間，思維就必須超越時間；要對時間做出反映，思維也必須站在時間之外。這個原理並不僅僅適用於時間的某些特殊瞬間（例如我們直到悲哀結束之後才能意識到它），而是時間概念的一個組成部分。我們如果不能把自己從時間中解放出來，就根本不可能對時間有所認識。

要理解擺脫了時間限制的狀態，我們不妨回想一下記憶從時間中拯救出來的東西。那些超越了時間的東西，都是使個體感到興趣的東西，都是對個體有意義的東西。事實上，它們就是一切有價值的東西。我們只能記住對我們具有某種價值的東西，即使我們並未意識到它們的價值，也是如此。正是那些價值才創造出了無時限性（timelessness）。我們會忘掉一切對我們沒有價值的東西，即使我們並未意識到它們的無價值性，也會如此。

可見，凡是有價值的東西都不受時間的限制。或者換句話說，一種事物包含的價值越多，它就越不容易隨著時間而改變。世上的價值會隨時間而變化，而唯有那些超越了時間限制的事物，才具有絕對的價值。我雖然並不認爲這條原理說明了價值的最深刻、最充分的意義，但它至少是價值理論的第一條特殊規律。

大致地瀏覽一些普通的事實，就完全能夠證實價值與持久性之間的這種關聯。我們往往不大重視自己剛知道不久的觀點；同樣，我們通常也很少認眞看待思想易變者得出的那些草率判斷。相反地，不容妥協的固定性卻會受到我們的重視，即使它會使我們自食惡果或者使

5　這裡所說的「二元性」，指的是人既作爲意識的主體，同時又作爲意識的對象。

我們變得固執，我們還是會如此重視它。古羅馬詩人們的不朽[6]詩篇和持續了四十個世紀的埃及金字塔，就是我們所推崇的形象。一個人的身後美名如果受到了懷疑，它很快就會貶值並迅速消失，而不會流傳好幾個世紀。人很不願意自己被說成是變化無常，但我們還是可以說：那些變化只不過顯示了其性格的新側面，但人卻會爲個性中那些經久不變的東西感到自豪。厭倦了生活的人對生活已經沒有興趣，對任何人也都失去了興趣。對一個名字或者一個家族徹底消失的恐懼，是衆所周知的現象。

同樣，各種成文法和習俗，其有效性如果明顯受到時間的約束，也都會失去價值。兩個人從事一項交易的時候，如果那項交易是短期的，他們往往更不容易彼此信任。事實上，我們賦予事物的價值，在很大程度上都取決於我們對其持久性的判斷。

這條關於價值的規律，就是人關心自己的死亡和未來的主要理由。對價值的熱望，其本身就表明了將事物從時間中解放出來的努力，而這種壓力甚至可以作用到那些遲早必定發生變化的事物上，例如財富、地位以及一切被我們稱爲「塵世幸福」的東西。人們立下遺囑、將財產贈與他人，這些行爲都來自一種心理動機。這個動機並不是對親屬的關心，因爲沒有親屬的人常常也渴望處理自己的財富（而不是感情），而那個渴望可能與一個家族首領的毫無二致。人們渴望的是：在一切事件上，自己的存在都將具有某種永恆性，並且死後仍會留下自己的遺跡。

偉大的政治家和統治者，尤其是專制的暴君，其統治都會隨著他們的死亡而告終。他們會通過使自身價值擺脫時間的限制，去增加自身的價值。他們會通過頒布一部法典，或者通過撰寫一部傳記（像凱撒那樣），或者通過從事某種偉大的哲學研究，通過建立紀念館或文物館，或通過修改歷史（這是他們最喜歡採用的辦法），以提高自己的價值。他們在世的時候，會將自己的權力擴大到極致，竭力捍衛自己的權力，並且通過各種契約和外交聯姻使其權力保持穩固。最主要的是，他們會向一切威脅其永久王權的事物發動進攻，並且消除它們。因此，政治家才變成了征服者。

從心理學的和哲學的角度去考察這個價值理論，已經否定了時間這個因素。這或許是由於這些考察都受到政治經濟學很大的影響。但我認爲，我提出的這個原則對政治經濟學的重視將具有重要的價值。只要稍微回想一下，就可以明白一點：在與商業有關的事務中，判斷價值的最重要因素是時間。價值與被估價事物滿足我們需求的力量成正比，這是對價值的普遍定義。但是，如果不考慮時間因素，這個定義就不完整。空氣和水之類的事物只要尚未被

6　拉丁原文：aere perennius，比黃銅還永久的。原句爲：exegi monumentum aere perennius（我建立了一座比黃銅還永久的紀念碑），語出古羅馬詩人賀拉斯（Horace）《頌歌》第三卷第三十首第一行，原是賀拉斯對自己詩歌的預言式評價，此處用來形容古羅馬詩歌的不朽。

具體定位並加以個體化，就毫無價值可言；而一旦被具體定位並得到了個體化，它們立即就獲得了形式，人們可以獲得一定數量的此類東西（可能並不持久），而隨著價值觀念的產生，持久性的觀念也產生了。形式與無時限性，或者說個體性與持久性，就是構成價值的兩個要素。

這樣一來，我們便可以證明：價值理論的基本規律既適用於個體心理學，也適用於社會心理學。現在我可以回過頭來，去解決本章要完成的具體任務了。

我要得出的第一條總體結論是：對無時限性的渴望是一種對價值的熱切渴望，它遍及人類活動的一切領域。這種對眞正價值的渴望與對權力的渴望緊密地聯繫在一起。在女人身上，根本不存在這種渴望。上年紀的女人費盡心思，留下嚴格的遺囑，以處置自己的身後財產，這種情況依然比較罕見。這個事實與女人根本不渴望不朽之間存在著明顯的關聯。

男人的天然氣質中有一種對嚴肅的重大事物的尊重感，而正是那些事物使他受到了別人的尊重。

追求不朽這種欲望本身，不過是一條普遍規律的具體例證，那條規律就是：唯有超越了時間限制的事物才具有絕對的價值。在這個基礎上，可以發現價值與記憶之間的聯繫。經驗的持久性與其對人的意義成正比。如果用悖論的形式表述這個道理，我可以說：價值是由過去創造出來的。能受到記憶的保護、能被記憶從時間的巨顎中拯救出來的，唯有那些具備了絕對價值的東西。因此，這些具備了絕對價值的東西才會作為一個整體，存在於個體的心靈生命中。凡是具備了絕對價值的東西，都必定不會隨著時間而改變，而在肉體死亡之後，那些東西也必定會以其永恆的存在去征服時間。這就讓我們空前地接近了渴望不朽的最深層動機。一個豐富的、具有個性的、充分的生命，如果必定會因為死亡而告結束，或者像歌德一八二九年二月十四日對艾克曼所說，死後對一切都喪失了感覺，正是這一點才促使人去追求不朽。天才者追求不朽的欲望最為強烈，這可以從我們討論的、其他與天才者性格有關的事實中得到解釋。

記憶唯有以整體的形式呈現出來（像在博學者身上那樣），才能徹底征服時間。

因此，唯有天才者才可以不受時間的限制——至少，這是天才者本人的唯一理想。天才者熱切地追求不朽，這種渴望本身就證明：他對無時限性的要求最為強烈，他對價值的渴望也最高。〔有一種情況常會使人感到無法理解：有些人儘管天性十分平凡，甚至可以說是相當低劣，卻絲毫不懼怕死亡。對這種情況，我們可以做出一個解釋：不是對死亡的恐懼造成了追求不朽的渴望；恰恰相反，正是追求不朽的渴望造成了對死亡的恐懼。——作者原注〕

現在，我們面對著一個巧合，它幾乎可說是令人驚詫的。天才者的無時限性，不但體現在它與天才者生命的每個瞬間的關係上，而且體現在它與所謂「天才時世」的關係上，或者用涵義較窄的話說，體現在它與「天才者的時代」的關係上。事實上，天才者與時代沒有任何關係。時代不會創造出它需要的天才。天才不是其時代的產物，天才不能用其時代去解釋。把天才的產生歸因於其時代，不會給天才增添任何榮耀。

卡萊爾就正確地指出過：歷史上有許多個時代都曾呼喚過偉人，那些時代是那麼迫切地急需偉人，卻都沒能夠得到偉人。

天才的出現一直是個謎，而人們卻不得不懷著敬仰之情，放棄解釋天才來由的種種努力。天才問世的原因並不單獨來自哪一個時代；同樣，天才造成的影響也不會受到時間的限制。天才者的成就是永恆的，時間無法改變它。天才通過其作品確定了自己在地球上的不朽，因而三重地超越了時間[7]。他融會一切的悟性和記憶，完全防止了其經驗化爲烏有，而他的經驗中逝去的每個瞬間都能夠永遠存留。天才者的誕生不依賴時代，天才者的作品永遠不會死亡。

現在是我們思考一個問題的最佳時機，很奇怪，那個問題似乎根本沒有被注意過。它就是：在動物界和植物界裡，是否存在極爲近似天才的事物呢？我們雖然不得不承認動植物當中也存在著例外的形式，但這些例外並不屬於我們所界定的天才。動植物中也可能存在著低於天才標準的「才能」，像在人類中一樣。但我們一定要明確地說：動物身上絕不存在特殊的天分，絕不存在莫洛（Moreau）、隆布羅索等人所說的「神性的火花」。這個說法既不是出於嫉妒，也不是想憂心忡忡地護衛人的特權，而是基於確鑿的事實。

天才最早出現在人類身上，這個假設能夠說明什麼問題呢？首先，正是由於這一點，人類才具備了客觀思維；換句話說，人是唯一擁有歷史的有機體。

人類的歷史（當然，這裡指的是人類的思想史，而並不單指人類的戰爭史）完全能夠解釋天才問世的理論，完全能夠解釋「衆多更接近猿猴的個體模仿天才者的行爲」的理論。毫無疑問，在人類歷史上，人們建造房舍、從事農耕，而最重要的是說話，這些活動佔據了一些最主要的時期。即便是單個的詞，也都是某一個人的發明，而這就像我們現在仍然可以看到的那樣：某個人發明了某個純技術性的術語。如果不是這樣，語言又何以發生呢？最早出現的單詞是些擬聲詞：一種由近似刺激源的聲音構成的詞自然而然地產生了，幾乎不依賴說話者意願地產生了，其用途就是對感官刺激直接做出反應。其他所有詞彙最初都是隱喻性的或者對比性的，屬於一種原始的詩歌，因爲全部散文都源自於詩歌。很多天才，可能是絕大多數的天才，始終都默默無聞。想想那些古老的格言吧（現在它們幾乎成了老生常談），例如「善有善報」，它們最初都是由某位偉人說出來的。已經有那麼多古代經典語錄和基督語錄已經融入了日常語言，因而我們不得不仔細思索，才能想起它們的原作者。語言也像我們

7 這裡所謂「三重地超越了時間」，指的是本段所說的(1)天才不是某一單獨時代的產物；(2)天才的影響不受時間限制；(3)天才的成就是永恆的。

的歌謠那樣，幾乎不能說是大衆的作品。每一種話語形式都受惠於某些並不懂得這種語言、而使用另一種語言的個體。天才者融會一切的智慧，使他發明的單詞和短語並不僅僅讓使用他書面語言的人們受益。一個民族會朝著自己的天才者們所引導的方向前進，會從自己的天才者那裡得到有關民族理想的觀念，但那些指路明星還發揮著指引衆多其他民族的作用。話語是由少數偉人們創造出來的，同樣，話語中隱藏的那些非凡的智慧，也唯有在少數熱忱的探索者面前才會自動呈現出來，而愚蠢的職業哲學家們卻往往看不到它們。

天才者並不是語言的批評家，而是語言的創造者，正如他也是一切精神業績的創造者一樣，那些成就是文化的材料，構成了客觀思維，是各個民族的精華。所謂「不受時間限制」的人就是創造歷史的人，因爲只有那些不會隨著時間漂流的人才能創造歷史。唯有那些不受時間限制的人才具備眞正的價值，唯有他們的產品才具備不朽的力量。有些事件之所以能夠成爲構成文化的力量，完全是因爲它們具備了永恆的價值。

如果將這種三重的「無時限性」當作判斷天才的一個標準，我們便有了一個尺度，並且很容易用它去衡量一切自稱天才的人。隆布羅索和圖爾克已經詳細闡述了一種流行的觀點，它認爲：凡是智力或實踐成就高於平均水準的人都是天才。康德和謝林則堅持一種標準更嚴的信條，即唯有偉大的創造性藝術家才是天才。我認爲，眞正的天才很可能介於這兩種標準之間。我提出自己的一種看法：唯有偉大的藝術家和偉大的哲學家（我首先要把偉大的宗教導師包括在後者當中）才堪稱天才。而「實踐家」和「科學家」都不屬於天才。

實踐家（例如著名的政治家和軍事家）也可能具備少許類似天才的特徵（他們尤其可能具備對人的深刻知識，具備記住別人的非凡能力）。我們以後再對這些特徵做心理學的解釋。唯有被偉大的外表耀花了眼睛的人，才會把這些特徵與天才混爲一談。天才者幾乎會無一例外地棄絕這種外表上的偉大，因爲他心中有眞正偉大的東西。眞正的偉人具有最強烈的價值感；而名聲顯赫的將領則僅僅渴望滿足自己的權欲。前者力圖將權力與眞實價值聯繫起來；而後者渴望的卻是權力本身受到尊重。偉大的將領和偉大的政治家，都是從烈焰熊熊的混亂中誕生的，像鳳凰一樣。他們也像鳳凰那樣，會再度消失於混亂中。偉大的帝王或者偉大的政治鼓動家，都是唯一完全生活在當前的人；他們並不去夢想更美好的未來；他們的思想不會滯留在自己的往昔，因爲往昔已經成了過去；所以說，在人可能選擇的兩種方式當中，這些人並沒有超越時間，而是僅僅生活在當前的瞬間裡。偉大的天才不允許自己的作品受到周圍有限環境的具體限制，而政治家卻正是根據有限環境的具體限制，確定自己的行動方向，決定自己在何處止步。因此可以說：偉大的帝王不過等於一種自然現象，而天才則處在自然之外，是自然與思維的結合物。實踐家的作品在其作者死亡的時候即使不是已經衰敗，也會七零八落，或者也許會存留很短一段時間，最後蹤跡全無，只能在編年史上留下它自成到毀的記載。帝王們根本沒有創造出可以超越時間的不朽作品；這樣的作品來自天才。

在現實當中，正是天才而不是其他人，才是歷史的創造者，因爲唯有天才者才能夠處在歷史之外，才不會受到歷史的局限。偉人擁有歷史，而帝王則只不過是歷史的一部分。偉人能超越時間；而時間卻創造了、也毀滅了帝王。

科學上的偉人，只要他同時又是位哲學家（這類偉人讓我想到了一些名字：牛頓和高斯、林奈和達爾文、哥白尼和伽利略），就可以被稱爲天才，但其天才成分不多，像那些實踐者身上的天才成分一樣。科學家不是全知的人，他們只研究知識的一個或幾個分支。與某些人的說法不同，並非僅僅由於現代知識的極度專門化，才使他們不能掌握一切知識。即使在十九世紀和二十世紀，學識淵博者當中也仍然有很多人具備多方面的知識，像亞里士多德和萊布尼茲那樣。說起這樣的學者，我馬上想到了洪堡和馮特的名字。缺少天才，這種現象的原因是科學家內心某種更爲深刻的東西，是科學本身，我將在本部分的第八章裡解釋這個原因。或許某位讀者會指出：如果說，連最傑出的科學家都不具備哲學家那樣全面的知識，那麼，世界上還是有一些人站在了哲學最邊緣的地方，而人們很難說他們不是天才。我想，這類哲學家指的是費希特、施萊爾馬赫、卡萊爾和尼采這樣的人。在純粹的科學家當中，有誰感到自己具有對一切人和一切事物的全面理解呢？甚至可以說，有誰具備依靠自己的思維去驗證頭腦想到的任何一種事物的能力呢？與此相反，一千年以來的全部科學史，難道不是始終在否定這種做法嗎？這就是科學家必定只掌握單一知識的理由。只要不同時是位哲學家，任何科學家無論取得了何等傑出的成就，都不具備將不斷被遺忘的生活保留下來的能力（天才者展示的正是那種能力），而這恰恰是因爲科學家不具備全面的知識。

最後，我還要提到一點：科學考察總是針對與當時知識存在著明確關聯的對象。科學家佔有一定數量的、明確的實驗性知識或得自觀察的知識，並且增加或修正它們，再將它們傳遞給後人。那些知識中的一部分會與科學家的成就分離，還有一大部分悄然消失。科學家的論文會在圖書館裡輝煌一時，但實際上已經失去了活力和生命。另一方面，我們卻可以說，偉大哲學家的著作（像偉大藝術家的作品一樣）則是對世界的表現，它們永遠不會消失，永遠不會改變，也不會隨著時間而泯滅；因爲它們表達了某種偉大的思想，所以總是會有後人堅守著它們。當今，世上仍然存在著柏拉圖和亞里士多德的信徒，仍然存在著斯賓諾莎、貝克萊和布魯諾的信徒，而自稱伽利略或赫爾姆霍茨、托勒密或哥白尼的追隨者的人，卻連一個都見不到。所謂科學「經典」（classics）或者教育學「經典」之說，其實只是源於術語的誤用，因爲它們根本不同於我們所說的哲學經典和藝術經典。

偉大的哲學家理應享有天才的美名，這是他們的榮耀。如果說，哲學家的最大痛苦是不能同時成爲藝術家，那麼，藝術家也會嫉妒哲學家，因爲藝術家不具備哲學家那種系統性思想的力量，它既頑強執著，又受到有效的控制。無怪畫家們十分樂於描繪普羅米修斯、浮士德、普洛斯彼羅、塞浦里安、使徒保羅和沉思者的形象。哲學家與藝術家是互爲補充的兩個側面。

但是，我們卻不可做得太過分、將「天才」之名濫加在僅僅是哲學家的人頭上，否則，我們就無法避免一種譴責，即被說成完全是在偏袒哲學而反對科學。我希望本書的意圖絕不是要偏袒哪一方。討論阿那克薩哥拉斯、格林內克斯、巴德爾或者愛默生這樣的人究竟是不是天才，這是十分荒唐的事情。我既不承認沒有獨創性卻很深刻的作家是天才，例如西勒蘇斯、菲洛和雅各比；我也不承認雖有獨創性卻見解膚淺的作家是天才，例如費爾巴哈、休謨、赫爾巴特、洛克以及卡耳尼得斯。藝術史裡也會同樣充滿著荒謬的評價；另一方面，科學史也可能沒有絲毫的虛假評價。科學史極少會忙於考慮其參與者們的傳記，科學史的目的在於建立一個客觀的、集體的知識體系，而其中的個體會被清除乾淨。科學這種職業要求人做出最大的犧牲，因爲在科學當中，作爲個體的人放棄了成爲不朽的一切要求。

第六章
記憶、邏輯與倫理

心理學與「心理主義」——記憶的價值——記憶理論——實踐與聯想學說——認識的混淆——唯有男人才有記憶——道德意義——謊言——向邏輯學的轉移——記憶與同一律原則——記憶與三段論——女人的非邏輯性和非倫理性——智力知識與道德知識——「知性的自我」

本章的這個標題很容易引起誤解。它似乎表明作者支持這樣一種觀點：唯有經驗性的心理和心靈現象（例如知覺和感覺）才具備邏輯價值和倫理價值，因此，邏輯學和倫理學都是心理學的分支，都建立在心理學的基礎上。

因此，我首先要指出：這種觀點（即所謂心理主義）既是錯誤的又是有害的。說它是錯誤的，因爲它得不出任何結果；說它是有害的，因爲它雖然幾乎無損於邏輯學和倫理學，卻顚覆了心理學本身。把邏輯學和倫理學排除在心理學的基礎之外，再把它們歸爲心理學的附屬品，這是經驗性知覺學說氾濫的後果之一，是所謂經驗心理學（empirical psychology）這具全無肉身的屍骨極度高燒的後果之一。經驗心理學已經把一切眞正的經驗排除在外了。我和經驗學派毫無瓜葛，在這個問題上，我贊同康德的超驗主義。

然而，本書旨在揭示人類成員之間的差異，而不是討論適用於天堂天使的那些範疇，因此，我不會緊隨康德的理論，而要更直接地沿著心理學的道路前進。

要論證本章的題目，就必須沿著其他的思路進行。本書前一章的冗長論述（因爲其內容是全新的）已經表明：人的記憶和迄今一直被看作與記憶無關的事物之間，存在著非常密切的關係——這些事物包括時間、價值、天才和不朽。我已經力圖證明：記憶與所有這一切都有關。以前之所以根本沒有人提到過這一點，必定存在著非常有力的理由。我認爲，其理由不是別的，而正是思想的匱乏與懶惰，而它已經損害了關於記憶的種種理論。

這裡，我必須請讀者注意一個理論，它是由邦奈最先在十八世紀中期提出來的；十九世紀末期，海林和馬赫依然在堅持這個理論。這個理論把人的記憶僅僅看作一種共同特性的特例，一切有機物質都具有那種特性，只要新刺激和以前某個時候受到過的刺激相似，它就很容易使新刺激通過。事實上，這個理論將人的記憶當作了拉馬克所說的適應現象，即刺激反覆作用於生物機體的結果。人的記憶與記憶敏感性的增長（這種增長是刺激的反覆運用造成的），兩者之間的確存在著一個共同點，而那個同一的元素存在於初次刺激的永久性影響當中。但是，肌肉因反覆使用而增長，砒霜或者嗎啡食用者因適應它們而增加服用劑量，這些現象的性質根本不同於人對以往經驗的回憶。在前兩種情況下，在新刺激中僅僅能覺察到舊刺激的痕跡；在後一種情況下，依靠意識的作用，舊刺激實際上被全部複製了出來，並且帶著它們的全部個性。這兩者之間的相似只是表面現象，所以不值得浪費時間去過多地討論它。

把作爲記憶理論的聯想論（association doctrine）與以前的心理學理論聯繫起來，像哈特萊所做的那樣，這不但是歷史，而且是現實。這是因爲，這兩種理論都和人們對「習慣」的認識有關。聯想論認爲，記憶就是將各種表像（presentation）聯繫在一起的機械運作，它遵循著四條規律。聯想論忽略了一個事實：記憶（人的連續性記憶）是一種意志活動。我眞正願意記住某件事情的時候，我才會記住它。在催眠狀態下，被催眠者經過引導、回想起被遺忘的一切的時候，外部的意志就會取代他的意志。正是意志啓動了一系列聯想，因此，我們必須用某種機械原理之外的、更深刻的理由，去解釋記憶。

聯想心理學首先分裂了人的心靈生活，然後又自負地以爲能把那些經過重新分類的片斷重新熔合在一起。這種理論中還存在著另一個混淆，即把記憶與回憶混爲一談。儘管阿凡納留斯和霍夫丁曾用充分的論據反駁過這個錯誤，它還是一直被聯想心理學保留了下來。對環境的認知，並不一定涉及以前印象的具體再現，儘管認知過程中的新印象似乎存在這樣的傾向（因爲新印象的產生，要部分地依靠對舊印象的回憶）。但是，還有另一類認知（它可能非常普遍），其中的新印象似乎並不直接關係到某個聯想，而是帶著（用詹姆斯的話說，是「沾染了」）某種特徵的色彩，霍夫丁將那種特徵稱爲「熟悉性」。對一個回到自己故鄉的人來說，那裡的道路和大街都顯得十分熟悉，即使他已經忘了它們的名字，即使他不得不向別人問路，即使他已經想不起自己以前什麼時候沿著它們走過，也是如此。我可能「熟悉」某一支旋律，卻說不出以前在哪里聽到過它。感官印象上縈繞著「熟悉」的「特性」（這裡指阿凡納留斯所使用的意義），即「親密」（intimacy）的「特性」；而對感官印象的分析則表明：其中根本不存在聯想，根本沒有新舊兩種印象的融合（而按照一種武斷的僞心理學的見解，新舊印象的融合能產生感覺）。這些情況顯然不同於另一些情況，因爲那些情況中包含著對舊經驗的聯想，雖然朦朦朧朧，但確實存在，表現爲「涵擬」的形式。

這個區別在個體心理學裡具有重大的意義。在天分最高的一類人中，對連續性過去的意識表現得非常活躍。他們在大街上一見到某個熟人，馬上就會想起上次見到此人時的全部具體情景。而對天分不太高的人們來說，則只有回憶起與過去相關的全部細節，才能產生那種使認知成爲可能的熟悉感。

作為結論，我們現在若問：除了人類以外，其他動物是否具備類似的記憶機能？是否能夠復活（再現）它們以前的全部生活？那麼，答案就極可能是否定的。事實上，如果動物能想到未來或者回憶過去，它們就不可能在一個時間內一動不動、安安靜靜地停留在一個地點上。動物具有熟悉感，也具有期待感（例如，一隻與主人分別了二十年的狗會認出它的主人）；但是，動物卻根本沒有記憶，也不會懷有希望。動物雖然能藉助熟悉感認知事物，卻不具備記憶。

我們已經表明：記憶是一種特殊的「特性」，與低層次的心靈生活之間沒有聯繫；它是人類獨有的特徵，因此，毫不奇怪，記憶密切聯繫著一些更高級的東西，它們包括：關於價值和時間的觀念以及追求不朽的渴望。動物身上沒有這些東西，而就人類而言，或許只有具備天才素質的人才具有它們。如果說，記憶從本質上說是只屬於人類的事物，是人性最深層的組成部分，是人類那些最獨特品質的一種表現，那麼，記憶若是也和邏輯現象及倫理現象有關，也就不足為怪了。下面，我想對這種關聯做一些探討。

我想從一條古老的格言說起：「撒謊者的記性都很糟糕。」當然，病理學意義上的撒謊者尤其缺乏記憶。關於男性的撒謊者，我本該多說幾句，儘管這種人並不常見。但是，我們如果還記得關於女人沒有記憶的那番討論，就不會對世上存在著那麼多有關女人不忠的格言和俗諺感到驚訝了。很顯然，記憶力很差的人，只能零零散散地回憶起自己說過做過的事情，或者經歷過的苦難。這種人如果能言善道，想必就很容易撒謊。如果一個人亟欲達到某個目的，如果他對過去的充分意識不能影響現在，他就很難抵禦不誠實的衝動了。女人的撒謊衝動比男人更強，這是因爲女人的記憶是非連續性的，不同於男人的記憶。同時，女人的生活也是片斷的、支離的、非連續性的，會隨著瞬間的感覺和知覺而不斷變化，卻不能主宰她們的感覺和知覺。與男人不同，女人對過去的體驗是飄浮不定的，可以說，女人對過去的體驗根本沒有明確的、永久的中心。女人感覺不到自己；終其一生，女人的過去和現在都是同一的。幾乎每個男人都有過這樣的感受：有時候他「不能理解自己」。的確，在很多男人身上都出現過一種情況（這裡暫不考慮心理週期問題）：他們回顧自己的過去時，會發現很難按照某種單一的、有意識的個性去解釋以往的全部事件。他們無法理解的是：過去某個時候他們本以爲自己是一種人，但其想法和做法卻何以表明他們竟是另一種人。儘管遇到了這個難題，他們畢竟知道自己有過這些經歷。眞正的女人十分缺乏這種「同一感」（即感到生活裡的全部境遇都是同一的），這是因爲她的記憶（即使格外出色）不具有連續性。男性對這種「同一感」的意識，會表現爲渴望理解自己的過去，儘管他也許做不到這一點。女人回顧自己早年生活的時候，總是無法理解她們自己，甚至不願去理解自己。這種意向往往通過一種現象暴露出來，那就是：對男人爲理解女人所做的種種嘗試，女人很少會感興趣。女人對自己不感興趣，所以世上就不存在女心理學家，不存在女人寫的女性心理學，而女人也無法理解男人何以那麼迫切地想去理解自己生活的開端、中期和結尾，何以要把其生命的各個階段聯繫起來，以及何以要把全部生活解釋爲一個連續的、符合邏輯的必然過程。

至此，我們可以把討論自然而然地轉到邏輯學上了。女人這樣的生靈，即絕對意義上的女人，意識不到自己在生命不同階段中的同一性。在不同的生命階段中，女人也不具備能印證自己的同一性的證據，不具備能印證她在不同時期內作爲思維主體的同一性的證據。在女人的頭腦裡，變化前後的兩個階段無法依靠記憶被同時呈現出來；她不能對它們做出對比，也覺察不到前後的變化。女人的記憶永遠都不足以使這種生靈透過時間的流逝、從心理上把握她的同一性，因而也就不能使她，比如說，通過一長串數學計算去分析量的變化。在極端的情況下，女人這種生靈甚至不能支配自己的記憶，不能在應當說「此刻的A在下一刻仍將是A」的時候說出這樣的話，不能宣布「A＝A」這種同一性判斷[1]，或者不能宣布相反的命題，即「A不是非A」，因爲後一個命題同樣需要依靠對A的連續性記憶，才能做出比較。

以上這些話絕不是純粹的玩笑，不是滑稽的詭辯，也不是悖論式的命題。我所強調的

1　此指形式邏輯中的同一律規則，其公式爲：A是A；其涵義爲：在同一個思維過程中，每一概念、判斷本身都具有同一性。

是，對同一性的判斷是建立在概念上的，而不是建立在單純知覺以及複合知覺上的；各種概念也像邏輯概念一樣，獨立於時間之外，具有恆常性，無論我（作爲一個心理實體）是否認爲它們是恆常的。但是，人從來都不會形成純邏輯形式的概念，因爲人是一種具備心理的動物，要受感覺條件的影響。從個人的自身經驗中，人只能形成一般概念（即類型化的、內涵式的、代表性的概念），其途徑是通過一種雙向的過程，即除去差別和強化相似之處。因此，這種一般概念就非常近似於抽象概念，並且以最令人驚異的方式被當作抽象概念來使用。要想清晰地思考，就必須把握對這兩種概念的區分，儘管在現實裡這兩種概念常被混淆，而只有記憶才會造成這種混淆。沒有記憶，就不可能區分這兩種概念。沒有記憶者不可能進行邏輯思考，因爲邏輯思考的可能性只有通過某種心理媒介才能表現出來。

可見，記憶是邏輯思維機能的必要組成部分。邏輯命題不會因爲記憶的存在而發生變化，而只是啓動邏輯思維的力量。「A＝A」這個命題與時間之間必定存在著心理關聯，否則就會出現這樣的命題「At1＝At2」。當然，純邏輯學裡不會出現這種命題，但人卻並不具備純邏輯思維的特殊機能，而是必須按照有心理動物的方式去行動。

我已經表明，連續性的記憶可以征服時間，甚至是形成時間觀念的必要條件。因此，連續性的記憶就是同一性這個邏輯命題在心理學上的表現。絕對意義上的女人沒有記憶，因而就不能把同一性這個命題及其反命題（即排除律[2]）理解為不證自明的公理。

邏輯思維除了以上所說的三種前提以外，還有第四種前提——即大前提中包含著結論——而只有依靠記憶才能獲得這種前提。這種前提是三段論的基礎。從心理學的角度說，這種前提先於結論而存在，思考者必須把它保留在心中，同時，小前提則必須遵守同一律或排除律的規則。結論的基礎必定存在於過去當中。由於這一點，支配心理過程的連續性才和因果關係緊密相連。從心理學的角度去觀察結論與前提之間的關係時，我們都會發現其中包含著記憶的連續性，它確保了命題之間的同一性。女人沒有連續性的記憶，因此也就不能理解「充分理由原理」[3]。

可見，女人似乎不具備邏輯思考的能力。

齊美爾認為這種常見的說法是錯誤的，因為人們都知道女人能夠最固執地針對某個問題

2 這裡的排除律，指的是邏輯規則裡的矛盾律，其公式為：A不是非A（非A表示對A的否定），其涵義是：在同一個思維過程中，A（肯定）與非A（否定）不可能同真。

3 拉丁原文：principium rationis sufficientis。這是德國哲學家萊布尼茲自然神學認識論的兩條原理之一（另一原理是同一性原理）。此後，德國哲學家叔本華又據此提出了人類認識現象世界本質的四種基本知識形式原理，充分理由原理即其中之一。在形式邏輯中，對充分理由原理（即充足理由律）的表述是：「在論證過程中，一個判斷被確定為真，總是有充足理由的」，其公式為：A真，因為B真並且B能推出A。

下結論。在一定條件下，女人在受到某個對象的刺激後，能始終如一地按照某種既定的思路去思考，但這並不能證明她懂得三段論。同樣，女人總是會反駁能證明同一律是她必須遵守的公理的證據，這個習慣也不能證明她懂得三段論。爭論的關鍵在於：女人是否承認邏輯公理是檢驗她思維正確性的準則，是否承認邏輯公理是她思維過程的指導，是否把這些思維規則看作行爲守則和判斷原則。女人不懂得人必須依照原則行事，而由於她的思維沒有連續性，她也就無法懂得其心理過程必須得到邏輯的支持。正因爲這一點，女人往往很容易毫無根據地提出一些見解。如果某個女人提出了一個觀點或者意見，而某個男人卻愚蠢得竟然信以爲眞，要求她用證據說明她的觀點，那個女人就會認爲這個要求太過苛刻，是對她的冒犯，是在懷疑她的人格。相反，男人如果不能證明某個思想就會自感羞恥，自覺愧疚，無論那個思想是不是他自己說出的。他會認爲自己必須遵循他爲自己確立的邏輯標準。女人厭惡要求女人的思想必須符合邏輯的一切嘗試。不妨說，女人可以被看作「邏輯上的精神錯亂」。

如果眞的用邏輯的標準去衡量女人的談話（男人往往會習慣性地避免這種做法，因而顯示出對女人邏輯能力的蔑視），那就會發現：女人談話中一個最普遍的缺陷就是「四項的錯誤」[4]，它是一語多義這種邏輯謬誤的一種形式，是不能保持明確陳述之間的一致性的結果；換句話說，它是違反邏輯同一律的結果。女人意識不到這個錯誤。她不理解同一律，更不會把同一律看作一條思維規則。男人認爲自己必須遵守邏輯規則；女人卻沒有這種感覺。男人竭力遵照邏輯規則去思考，不這樣做，男人便會產生一種負罪感。笛卡兒說：「一切謬誤皆爲罪惡。」這或許是他說過的一句最深刻的話，也是一句被廣泛誤解的話。

記憶失效是生活中一切謬誤之源。因此，邏輯學和倫理學都建立在記憶的基礎上，這兩個學科都研究如何促進眞理，並且都服務於探求眞理。柏拉圖把認識能力與記憶能力聯繫在一起，這個概念迄今依然是正確的。的確，記憶雖然不是一種邏輯行爲，也不是一種倫理行爲，但它卻是一種邏輯現象和倫理現象。如果一個男人已經獲得了某種生動而深刻的認識，而僅僅半小時之後他就否定了原先的想法，他就會把這看作自己的失敗；即使其間有外界影響的介入，也會如此。一個男人如果發覺，自己很久都沒有想到自己以往生活中的某個特定時期，他就會覺得自己缺乏良知，理應自責。不僅如此，記憶還與道德有關，因爲只有依靠記憶，人才能產生悔過之心。一切遺忘本身都是不道德的。所以說，尊重是一種道德實踐。不忘記一切是一種責任，正出於這一點，我們才會去尊重那些已故的人。出於邏輯的和倫理

4 拉丁原文：quaternio terminorum。包含四個項的直言三段論。這是形式邏輯裡的一種謬誤。在很多情況下，它是一語多義（equivocation）的邏輯謬誤的一種特殊形式，即雖然形式上只有三個項，但因其中的一項包含著歧義，故也被視爲包含四個項。在中國的形式邏輯教科書中，這種違反三段論規則的邏輯謬誤被稱爲「四名詞的錯誤」或「四項的錯誤」。

的動機，男人盡力把邏輯引入自己的過去，如此才有可能使過去與當前融爲一體。

至此，我們已經涉及了邏輯學與倫理學之間的一種深刻聯繫。知道了這一點，我們大概會感到幾分震驚。很久以前，蘇格拉底和柏拉圖就指出過這種聯繫；後來，康德和費希特重新發現了這種聯繫，但是，現在活著的哲學家們卻看不到這種聯繫。

一種生靈，如果不理解A與非A之間的相互排斥性，便可以毫不困難地撒謊。不僅如此，這樣的生靈甚至意識不到自己在撒謊，因爲不懂得眞實的標準。這樣的生靈如果能說會道，那就會不自覺地撒謊，而且意識不到自己在撒謊。「你撒謊乃出於你的天性。」。一個男人發現了某個女人在扯謊，於是問她：「你爲什麼要撒那個謊？」，但她卻根本聽不懂這個問題，而只是望著那男人，微笑著極力讓他平靜下來，要麼就突然大哭起來。最令男人惱火的，莫過於這種情景了。

撒謊現象不僅僅與記憶的作用有關。男人當中的撒謊也相當普遍。有些人雖然能記住別人出於某種目的而希望知道的一切眞情，卻還是要撒謊。的確，我們幾乎可以說：唯有能曲解事實的人才能撒謊，儘管這些人也可能具備高級的知識和意識。

首先應當將眞實看作邏輯學和倫理學的眞正價值，然後我們才有理由說：從道德的角度看，撒謊就是出於某種特定的動機而背離眞實。不具備這種高級概念的人應當被看作錯在表達模糊和誇大其辭，而不該被判爲撒謊。這種人並非不道德（immoral），而是與道德無關

（non-moral）。從這個意義上說，女人是與道德無關的。

對眞實的這種誤解，其根源一定是很深刻的。連續性的記憶（即使在它的背景上，一個人也可能撒謊）並不是努力追求眞實的眞正根源，並不是渴望眞實的眞正根源，也不是倫理—邏輯現象的基礎，而只是與這種現象之間存在著密切的關係而已。

能使人與眞實之間保持眞正聯繫的東西，能使人抗拒撒謊的誘惑的東西，必定是某種獨立於一切時間之外的東西，必定是某種絕對無法改變的東西。它既能夠忠實地再現過去，又能忠實地反映新經驗，因爲它本身是永恆不變的。唯有在這個根源當中，一切片斷的經驗才能融爲一體，並從一開始就創造出一種連續性的實體。這個根源造就了責任感，無論青年人還是老年人，人人都必須服從這種責任感，都必須用它來約束自己的行爲。這種責任感使人們懂得自己是負有責任的人，使人們產生悔過之心並能意識到罪惡，要求人們在永恆的、總是呈現於當前的自我面前，去詰問那些已經過去很久的事情。這種詰問所作出的判斷，其精確與全面超過了所有法庭或社會的任何法律。自覺履行這種責任的是個人自己，與一切社會法典幾乎毫無關係（因此它也反駁了道德心理學，因爲那種心理學認爲道德起源於人的社會生活）。社會雖然可以接受非法（illegality）這個概念，卻不能接受罪（sin）的概念。社會迫切要求懲辦罪惡，卻並不寄望於人們的悔過之心。法律懲罰撒謊，但那僅僅是懲罰僞證罪，因爲作僞證是撒謊的一種最明顯的形式。但是，撒謊這種過失卻從未被寫入法律的禁令中。社會倫理要求人們履行對鄰人和社會的責任，而即使能用法律去限制實踐中那些毫不顧及地球上其餘十五億人的做法，法律也無法延伸到道德領域。

這個超越了時間與變化的「知覺中心」究竟是什麼呢？

它不可能是別的，而只能是一種東西，它能把人提高到人自身（即作爲感覺世界的一部分）以上，它能使人與萬物的秩序（唯有理性才能理解這種秩序）結合起來，它能將整個感覺世界置於人的腳下。它不是別的，而正是人的個性。

《實踐理性批判》這部卓越的著作認爲道德起源於知性的自我（intelligent ego），從而使道德明顯地區別於一切經驗性意識。我必須把我的論述主題轉到這個方面。

第七章
邏輯、倫理與自我

對「自我」概念的批評——休謨、李希滕伯格和馬赫——馬赫的自我與生物學——個體分離與個體性——邏輯和倫理作為自我存在的見證——邏輯學——同一律規則及其相反規則——它們的用途和意義——邏輯公理作為本質的法則——康德與費希特——思想自由和意志自由——倫理學——倫理與邏輯的關係——康德倫理觀的心理學意義——康德與尼采

很多人都知道，休謨認爲自我（ego）這個概念，完全是由各種不斷起伏流動的知覺構成的，因而他也就徹底破壞了這個概念。無論休謨認爲他把自我概念破壞得多麼徹底，他對自己見解的解釋至少還算是比較溫和的。他並沒有打算去議論某些形而上學論者，後者似乎

十分熱衷於他們的另一種自我。至於休謨本人，他完全知道自己絕無那樣的自我，並且大膽地假設：絕大多數的人（那幾個與衆不同的形而上學論者除外）也像他一樣，其自我當中只有一股股的知覺流。這位自謙者就是如此表達自己的。在本書的下一章，我將要說明他這種嘲諷是如何傷及了他自己。休謨的這種觀點非常出名，其部分原因是他對這個觀點評價過高，但這也與康德有很大的關係。休謨是一位最著名的經驗派心理學家，但他還是不能被看作天才，儘管很多人都把他看作天才。作爲英國一流的哲學家，這雖然不算什麼，但休謨卻連這個地位都沒達到。我認爲，如果康德讀過休謨的全部著作，而不是僅僅讀過他的《人類知性研究》，就不會那樣去讚揚休謨了，因爲康德顯然反對斯賓諾莎的觀點，他認爲人不是「實體」（substance）而僅僅是「偶然」（accident）。

在休謨之後，李希滕伯格加入了否定自我的戰鬥。他甚至走得更遠。他是一位冷靜客觀的哲學家，他十分平靜地把「我想」（I think）這個說法糾正成了「它想」（it thinks）。他把自我看作語法學家發明出來的東西。在這個問題上，休謨是李希滕伯格的預示，因爲休謨在分析自我時曾做出結論說：有關性格同一性的一切爭論，其實只不過是用詞之爭而已。

馬赫最近把宇宙表述爲一個渾然的整體，還把自我表述爲一個個的點，只是渾然的整體在其中更加堅固而已。知覺是唯一的眞實（realities），它們緊密地結合成了一個個體（即宇宙），但在另一種層次極爲不同的個體上（即自我），它們的結合卻比較鬆散。

知覺的內容就是眞實，而眞實獨立地存在於毫無價値的個體回憶之外。自我不是眞實，而只是一種實用性的實體（entity），不能孤立出來，所以就必須否定「個體不朽」的思想。儘管如此，存在一個自我的觀念依然沒有被徹底否定，它時常會顯得還有幾分道理，例如在達爾文的生存競爭學說當中，就是如此。

一個考察者如果不但能作爲其特定學科的歷史家，不但能作爲其學科思想的批評者，而且能全面地掌握生物學知識，卻居然根本沒有注意到一個事實，那實在是一個非同尋常的疏忽。那個事實就是：每個有機體從一開始就都是不可分割的，而並不由什麼諸如原子、單子[1]之類的東西組成。有生命物質與無機物的區別，其首要標誌就是前者總是分化爲一個個相異的、互相依存的部分，而不是像結晶體那樣表現爲同質的（homogeneous）東西。因此我們就應當記住一點：至少可能存在著個體分離（individuation）的現象，即有機體並未連成一體（像暹羅雙胞胎那樣），而事實將證明這一點在心靈領域中具有重要的意義。所以說，自我就不僅僅像馬赫所說的那樣，只是各種知覺的排列廳。

1 單子（monad）：德國哲學家萊布尼茲的哲學概念，指構成物質世界存在的最基本的、不可再分的單位。物質是單子的外部表現。單子是無限的、能動的精神實體，是一個封閉的自爲世界，不受外界影響，能夠觀照外物。靈魂是人體中最高的單子。

即使動物當中也可能存在著一種心靈的相關性。對不同的動物個體來說，感覺和知覺到的每一種事物都具有不同的「音符」或者「色彩」。這種個體差異不但是動物的綱、屬、種、系和族的典型特徵，而且，同一族的個體之間也互不相同。如果說，感覺和知覺的這種特定的個體性對應著生物學上的種質（idioplasm，又稱異胞質），我們就有理由從這種關於種質的假設裡引出另一個假設，即動物當中也存在個體特徵的差異。不得不和狗打交道的運動員、馴馬師以及看管動物的人，都會願意承認一點：這種個體性不但存在，而且是一種恆常現象。很顯然，我們這裡要討論的，並不僅僅是知覺的匯合。

但是，即使能證明動物界眞的存在著這種「心靈個體特性與種質相對應」的現象，它也不能被看作一種可理知（intelligible）的特徵。我們不能認爲：除了人以外，其他生物都具備這種特徵。人的這種可理知的特徵（即人的個體性）與經驗性特徵之間的關係，和記憶與簡單的回憶能力之間的關係相同。最後，我們還要提到同一性，因爲正是通過同一性，結構、形式、規律乃至宇宙才永久存在，儘管其內容不斷地在變化。有個證據可以證明人身上存在著這樣一種本體的、超越了經驗的主體。我現在必須簡要地陳述一下這個證據的一些要點。這些要點來自邏輯學和倫理學。

邏輯學研究同一性原理（也研究與其相對的原理[2]和兩個原理間的確切關係；但對其種種不同的表述形式目前尚有爭論，因此不在本書討論的範圍內）的眞正意義。「A＝A」這個命題是一條不證自明的公理。它是衡量其他命題眞實性的簡單標準。無論我們怎樣仔細地思考它，我們都必定要回到這個基本命題上。它是區別正確與謬誤的原則。把它看作是毫無意義的同義反覆的人，例如黑格爾以及其後的許多經驗論者（這是這兩派看似截然不同的學者之間的一個共同點，但並不是唯一令人感到奇怪的共同點），雖然可以勉強算是正確的；但這種看法卻誤解了這個命題的本質。「A＝A」是一切眞理的基本原則，其本身不可能是一條具體的眞理。認爲這個同一性命題（或者非同一性命題）毫無意義的人，其錯誤來自他自身。他一定是希望在這些命題中找到某些特殊的思想，即絕對知識（positive knowledge）的源頭。但是，這些原理本身並不是知識，並不是使行動與思想分離的知識，而是衡量一切受思想支配的行動的共同標準。思維過程的規則必須外在於思想。同一性命題不能增加我們的知識，它不能擴大知識王國，我們毋寧說，它可以幫助我們找到知識王國。同一性命題要麼毫無意義，要麼就意味著一切。同一性命題和非同一性命題的基礎是什麼呢？普遍的觀點認爲它們是判斷。例如，西格瓦特最近談到這個問題的時候，對這些命題做了這樣的表述：「A是B」和「A不是B」這兩個命題不可能同時是眞的，例如「沒文化的人有文化」這個判斷是自相矛盾的，因爲「有文化」這個判斷確定了一個對象，而該對象已經被隱含地確定

2 此指非同一性原理（排除律）。

爲沒有文化了；所以在現實裡只能存在兩種判斷，即「X有文化」和「X沒有文化」。這種論證方法的心理主義色彩非常明顯。它源於一個即時判斷，而那個判斷先於「沒文化者」概念的形成。然而，「A不是B」這個命題的眞實性，卻在很大程度上不會影響其他命題在過去、現在或未來的存在。它的基礎是「沒文化的人」這個概念。它排斥了各種與之相反的情況，因而使這個概念更加確實了。

因此，這就使我們看到了同一性原理和非同一性原理的眞正功能。它們都是用以構成概念的材料。

這種功能僅僅涉及邏輯概念，卻不涉及所謂心理概念。從心理的角度說，概念總是通過概括（generalization）表述出來的；從某種意義上看，這樣的表述被包含在概念裡。概括雖然從心理的角度表述了概念，卻並不完全等於概念。可以說，概括或許會比概念豐富（例如我想到一個三角形的時候），或許會比概念貧乏（例如，「獅子」這個概念所包含的內容比我對獅子的概括更多）。邏輯概念是一條垂線，人的注意力試圖沿著它前行；它是心理概括的目標和指南。

人不可能進行純邏輯的思考；純邏輯思考應當是神的一種特徵。人類總是多少要從心理的角度進行思考，因爲人不但有理性，而且有感覺，人不可能讓自己脫離即時經驗，而必須和種種即時經驗緊密地連在一起。不過，邏輯卻是最高的標準，人可以用邏輯去檢驗自己的和他人的心理意念。兩個人討論任何事情的時候，其目的是得到概念，而不是概念的各種個別表述。因此，概念是衡量個人表述的價值的標準。使心理概括得以存在的模式，在很大程度上都不依賴概念，也根本不必與概念相適應。邏輯特性能賦予概念尊嚴和力量，而邏輯特性並不來自經驗，因爲經驗只能使人得出朦朧而搖擺不定的概括。絕對的恆定性和絕對的一致性不可能來自經驗。它們是一種力量概念的要素，那種力量深藏在人的頭腦裡，而我們雖然竭力去弄清其運作的本質，卻從未成功過。各種概念是唯一的眞實，而自然裡並不存在概念；概念是本質要素的規則，而不是實際存在的規則。

我說出「A＝A」這個命題的時候，它的意義並不是說某一特定的個體A（經驗的A或者觀念的A）就是它本身。對同一性的判斷並不依賴於一個A的存在。它僅僅意味著：如果存在一個A（甚至如果不存在一個A），那麼「A＝A」。我們假定了某種東西，即「A＝A」，無論A本身存在與否。這個結論不可能來自經驗，像彌爾所設想的那樣，因爲這個結論並不取決於A的存在。但我們也假定了一種存在，它不是對象的存在，而必定是主體的存在。這種存在的眞實性並不在於存在著第一個A或者第二個A，而在於這兩者的「共時的同一性」（simultaneous identity）。因此，「A＝A」這個命題不是別的，而就是「我在」（I am）這個命題。

從心理學的觀點看，同一性命題的眞正意義並不難解釋。很顯然，既然能說出「A＝A」，以此透過經驗的變化去證實這個概念的永恆性，那就必定存在著某種不可改變的東西，而它只能是主體。如果我是變化流中的一部分，我就無法去證實A始終未變、始終保持著它原初的樣子。如果我是變化的一部分，我就無法覺察到變化。費希特說：只要自我是認識存在的前提條件，人們就會發現，自我的存在被隱藏在了純粹邏輯之中。這個說法是正確的。

邏輯公理是一切真實的原則。這些公理都假定了一個存在，而一切認知都服務於這個存在。邏輯是一種必須服從的法則，人只有通過邏輯思考才能理解自己。人在認知當中發現了自己。

一切錯誤都必定帶著有罪的感覺。因此，人絕不可以犯錯誤。人必須找到眞理；人也能夠找到眞理。認識的責任涉及認識的可能性、思想的自由以及確證眞理的希望。邏輯就是一種思維條件，這個事實本身就可以證明：思想是自由的，並且能夠實現它的目的。

我可以用另一種方式簡要地闡述一下倫理學，因爲我不得不說的那些話，其基礎就是康德的道德哲學。人的本性中最深層的、可理知的部分，就是不受因果性（causality）的庇護、而能做出自由選擇（無論其結果好壞）的那個部分。這一點體現爲人的罪孽意識和悔過意識。沒有人曾試圖從其他的角度去解釋這些事實，也沒有人願意讓自己相信他必須做出這樣或那樣的行動。在「應當」（shall）裡面，包含著「能夠」（can）的可能性。人雖然也能意識到一些偶然的決定性因素（即促使人去行動的低層次動機），但還是始終能意識到一個可理知的自我，它以一種不同於其他自我的方式，存在於行動之外。

眞實、純粹、忠實以及正直，這些性質全都與自我有關。它們是唯一可想像的倫理。唯有人對自我的責任，即「經驗性的自我」（empirical ego）對「可理知的自我」（intelligible ego）的責任。這些責任表現爲兩種強制性的形式，它們總是使各種心理主義無法對它們做出解釋。它們就是邏輯法則和道德法則。這種內心的指向，這種邏輯與道德的絕對命令（categorical imperative），決定了社會功利主義的全部規範，是任何經驗主義哲學都無法解釋的要素。一切經驗論、懷疑論、絕對論和相對論，都本能地意識到了一點，即它們的重大難題都屬於邏輯學和倫理學的難題，因此它們才會頻頻做出毫無成果的新努力，試圖另闢蹊徑，從經驗的和心理的角度去解釋這種內心的約束。

邏輯和倫理在本質上是相同的。它們不是別的，而正是對自我的責任。它們都在最高層次上服務於眞理（而眞理有時會被謬誤遮蔽，有時會被虛假遮蔽），並高興地看到兩者已經在這個基礎上聯合了起來。唯有遵守邏輯的法則，一切倫理才可能存在；而邏輯也恰恰是法則的倫理方面。不僅美德，而且包括見識，不僅操守，而且包括智慧，全都是人類的責任和必須實現的任務。唯有將這些結合在一起，才能達到完美。

然而，倫理的法則都是假定性的，因此，倫理就不能作爲存在的邏輯證據。倫理是非邏輯的；同樣，邏輯也是非倫理的。邏輯可以證明自我的絕對實際存在；倫理則支配著假定的實際形式。倫理主宰著邏輯，使邏輯成爲它們的組成部分。

思考《實踐理性批判》中那段著名的論述時（康德在該段中提出：人是智思界的一部分），我們或許要問：康德是怎樣使自己確信，道德法則是人性中固有的呢？康德的回答是，不可能找到道德法則之外的更高貴的來源。他僅僅說到了「絕對命令」是本體的法則，它屬於本體，並且從一開始就是本體固有的。不過，它也是倫理的本質。倫理使可理知的自我得以擺脫經驗論的桎梏；因此，通過倫理（邏輯使我們確信了倫理存在的可能性），自我才會變得切實和純粹。

現在還剩下最重要的一點，它常常錯誤地理解康德的哲學。在各種錯誤行爲當中，這一點都會清晰地自動顯現出來。

責任是完全針對自己而言的；康德早年第一次感到自己產生了撒謊的衝動時，想必已經理解了這一點。除了尼采、斯蒂爾納和其他少數人曾略微提到過以外，似乎唯有易卜生領悟了康德倫理觀的這個原理（尤其是在他的《布朗德》和《彼爾．金特》當中）。以下兩段詩歌也都概括地說明了康德的觀點。第一段選自赫倍爾（Friedrich Hebbel）的諷刺短詩〈謊言與眞實〉：

謊言與眞實，你更珍視哪一個？

前者使你付出自己；後者至多使你付出幸福快樂。

第二段很著名，選自歌德的《東方詩集》（*West-tlicher Diwan*）中蘇萊卡（Suleika）的話：

各樣的人們同去造一個世界，
有懦夫，有流氓，也有英雄；
但地球之子們的最大財富
卻總是寄寓在他們的人格中。
人如何生活無關緊要，
只要他忠實於他自己；
人失去什麼不足爲道，
只要他始終是眞正的自己。

大多數人都需要某種上帝，這種情況當然是現實。少數人（即天才者）則不接受異己的法則。其餘的人都想對他人證實他們的行爲或惡行、思想和存在（至少是它鄙俗的一面）是有道理的，無論那個他人是猶太人特定的神，還是一位受到愛戴、尊重和崇敬的凡人。唯有通過這種方式，他們才能把自己的生活置於社會的法則之下。

康德非常堅信自己的一個信念，乃至即使在他選定的生活及工作方式的最微末細節上，也都顯著地反映出了這種信念。這個信念就是：人只對自己負責。康德對此堅信不疑，乃至把他理論的這個方面視為不證自明，並且是最不可能引起爭論的方面。康德在這個問題上的沉默，已經引起了人們對他的倫理學的誤解——從內省心理的角度看，康德的倫理學是唯一合理的倫理學；唯有通過他的倫理體系，一個人內心持續不斷的聲音才能穿過多數人的噪音而被聽到。

我從康德的《人類學》裡摘錄了一段話，而即使康德本人，他平凡的實際生活裡的某個事件也出現於「他性格形成」以前。康德倫理學說的誕生是世界歷史上最重大的事件。就在它誕生的那一刻，康德生平第一次產生了一個令他暈眩的可怕念頭：「我只該對我自己負責；我絕不該去追隨別人；即使在工作中，我也絕不該忘記我自己；我是孤獨的；我是自由的；我是我自己的上帝」。

有兩種事物充滿了我的頭腦，我越是經常地思索它們，越是深刻地品味它們，它們就越是經常地使我產生新的驚異和敬畏。它們就是我頭上繁星密布的天穹和我心中的道德法則。我絕不會把它們看作蒙在神祕中的事物，也絕不會認爲它們的莊嚴宏偉使我無法企及。我目睹它們就在面前，它們是我的存在意識的組成部分。第一種事物高懸在我在外部感覺界的位置之上，將我與不可度量的空間聯繫起來，在這個空間裡，無數的行星、無數的星系都各有其興衰演變，都各有其起始和終結，儘管它們都處在不可度量的時間裡。第二種事物高懸在我無形的自我和我的人格之上，將我放在了一個具有眞正無限性的世界裡，但這個世界唯有對於理性才眞正存在；通過這個世界，我認識到了我與一個普遍而必然的整體緊緊聯繫在一起，而不是偶然地聯繫在一起。從一方面說，意識到無數行星的無窮系列，這摧毀了我對自身重要性的認識，使我認識到自己不過是動物當中的一員，而動物通過某種我們不知道的方式被賦予了一段短暫的生命以後，都必定要重新回到地球（當然，地球也是空間的一個點）的土壤裡，它們就來自土壤。第二個視點增加了我的重要性，使我成爲一種無限的、無條件的智能存在；而我人格中的道德法則也將我從動物中分離了出來，將我從感覺界中分離了出來，使我脫離了時空的限制，將我與無限聯繫在一起。

實踐理性批判的奧祕就是：人在世界上是孤獨的，處於無窮而永恆的隔絕當中。人在自身以外沒有目的；他不爲其他什麼活著；他遠遠地脫離了一種處境，即成爲自己願望、能力及必然需要的奴隸；他高高地站在社會倫理之上；他是孤獨的。

這樣一來，他就變成了整體本身（one and all）；他心中存在著法則，所以他自己就是法則，而絕不僅僅是變化不定的隨想曲。他心中的欲望就是成爲唯一的法則，成爲他自己的法則，而不必前思後想。這是一個可怕的結論，他已經不再感到自己還擔負著責任。任何事物都無法高於他自己，都無法高於他這個被隔絕的絕對實體。但他別無選擇；他必須無條件地、不折不扣地履行自己的絕對義務。他呼喚著：「我要自由，我要安寧，我要與敵人講和；我不要無盡無休的奮力鬥爭」（例如，華格納和叔本華就這樣做過）；他心裡充滿了恐懼。就是在這種對自由的渴望當中也存在著怯懦，就是在可恥的哀嘆當中也存在著逃脫之念，彷彿他過於弱小而不能戰鬥。他也曾對著宇宙發問：那一切都有什麼用？但他立刻就感到了羞恥，因爲他這是在強求幸福，是在想把自己的重擔壓到別人肩上。康德描述的這個孤獨者既不去跳舞也不去歡笑，既不去怒罵也不去作樂；他根本不覺得自己需要製造出什麼噪音，因爲他周圍的宇宙是那樣寂靜。在孤獨中默認孤獨，這就是康德哲學的輝煌頂點。

第八章

「我」的問題與天才

性格學與「我」的信念——自我的覺醒——讓·保羅，諾瓦里斯，謝林——自我的覺醒與世界觀——自我意識與自負——天才者的見解比其他人的更有價值——天才的最終定義——天才者的人格是具有完整意識的微觀世界——天才者自發的綜合活動——意義與象徵——天才與常人的關係——普遍性即自由——天才是道德的還是不道德的？——對自己和對他人的責任——何為對他人的責任——對道德同情和社會倫理的批判——理解他人是道德和知識的要求——我和「你」——個人主義與普遍主義——最偉大的天才最有道德——意識與道德——重大的罪惡——天才就是責任和服從——天才與犯罪——天才與瘋狂——人是自己的創造者太初時，世間除大我[1]外，一切皆無。大我以人爲其形，環視四維，見無一與其相異者，遂大呼：「此即我。」此爲「我」字之所來。而迄今若問某君何人，彼即先答曰「此即我」，方告其名，此亦其所以然也。

——《奧義書》

有關心理學原理的許多爭論，都來自參與爭論者在性格學上的個性差異。因此，性格學便通過我提到的那種方式發揮著重要的作用。如果藉助內省，這個人認爲自己發現了這種性格，而另一個人卻認爲那是另一種性格，那麼，性格學就必須說明前者得到的結果何以與後者得到的不同，或者至少應當指出這兩個人在其他哪些方面有所不同。除此之外，我不知道還有什麼辦法能消除這些有爭議的心理學觀點。心理學是一門經驗科學，因此，它必須從個別事實走向普遍事實，而不應當像邏輯學和倫理學的超個體法則那樣，從普遍事實走向個別事實。根本就沒有所謂「經驗性的普通心理學」（empirical general psychology）這種東西，不認眞研究差異心理學就去研究普通心理學，那將是個錯誤。

非常遺憾的是，心理學已經被放在了哲學和知覺分析之間的位置上。無論心理學家們從哪個方面入手研究他們的課題，他們總是深信其研究結果全都是正確的。如果不考慮性格學上的差異，我們或許連一個最基本的問題都解決不了，那就是：知覺本身是否能暗示出意識的一種眞實的自發活動。

本書的目的是用性格學去解決這些存疑問題中的一小部分，尤其要探討男女兩性之間的差異問題。然而，對「我」的問題的不同認識，卻不像天分的差異問題那樣取決於兩性的差別。對休謨與康德之間的爭論，也能從性格學角度做出解釋；而這就像我如果要辨別兩個人的差異，其中一個最推崇瑪卡特和古諾的作品，另一個最推崇林布蘭和貝多芬的作品，我只要找出兩個人的天分之別就可以了。同樣，天分不同的人對「我」的判斷也必定不同。眞正的偉人都會相信「我」的存在。否定「我」的存在，就不可能是個偉人。

在以下的幾頁當中，我將把這個命題作爲一條絕對的準則，並且將它用作實際衡量天才的一種手段。

凡是著名人物，其一生當中至少都會在某些時候（通常是人越偉大，這種時候就出現得越早）出現這樣一個瞬間：他絕對堅信自己具有一個最高意義上的自我（ego）。

我們不妨比較一下三位非常偉大的天才所說的話。

讓．保羅在其自傳式隨筆《得自我自己生活中的眞理》中寫道：

1 大我（Atman）：印度教的哲學概念，指生命的本源、宇宙的本質、靈魂、自我。此字又譯作「梵天」。

我永遠都不會忘記那個情景，我至今還不曾對任何人說起過它——那就是我的自我意識的誕生。我還記得它誕生的時間和地點。我很小的時候，有一天早晨，我正站在屋子的前門旁，朝堆放柴薪的木棚那邊望著，突然一下就見到了我內心的肖像。我腦子裡閃過了「我」就是「我」這個念頭，彷彿天上的一道閃電穿過我，並從此永遠留在了我身上。當時，我平生頭一次看到了自己，也永遠看到了自己。這個現象不能解釋成記憶的混亂，因爲任何與這不同的描述都無法說清這個神聖的事件。它被永遠地保存在了我的記憶裡，時時栩栩如生，新穎無比。

諾瓦里斯在他的《雜憶片斷》裡講述了一次偶然的體驗：

每個人都一定親自體驗過這個要素。它屬於更高的層次，只有在更高層次的人身上，它才會自動顯現出來。但是，人卻應當努力在自己身上將它引導出來。哲學就是這個要素的實際演練。它是一種眞正的自我揭示，是理念自我對眞正自我的激發。它是其他一切心靈啓示的基礎。對它做出哲學的解釋，讓它意識到它自己、不斷成長、最終變作眞正的靈魂，這是對實際自我的一個挑戰。

謝林在他的《關於獨斷主義和批判主義的哲學通信》裡討論了同樣的現象。這本書是他的早期作品，知者不多，其中有以下這些美好的詞句：

我們大家心中全都隱藏著一種祕密的神奇力量，它能把我們從時間的變化中解放出來，能使我們從外界事物中退回我們隱密的自我，還能爲我們揭示心中永恆的東西，那種東西是不可改變的。自我在我們自己面前的這種呈現（presentation），是一種最眞實的個人體驗，超感覺界裡我們所知道的一切事物，全都建立在它的基礎上。這種呈現第一次向我們表明了什麼是眞正的存在，而其他的呈現，卻僅僅是在表面上顯示了存在。它不同於其他各種感覺呈現，因爲它是徹底自由的，而其他所有呈現全都要受到限制，因爲它們都過分地負載著對象的重負。心中沒有感覺到這種徹底自由的人，仍然可以通過某種辦法去獲得它，仍然能夠獲得某些體驗，它們能讓這些人朦朧地體會到那種自由……當我們不再是自己的對象時，當我們從外部退回自己的內心、使知覺的自我消失在對自我的知覺中以後，便會出現這種知性的呈現。在那一刻，我們消滅了時間和時間的綿延。我們不再處於時間當中，而是相反，時間（或更確切地說是永恆）處於我們心中。外部世界不再是我們的對象，而已經消失在我們心中了。

實證主義哲學家或許會嘲笑以上的說法，認爲聲稱自己有過如此體驗的哲學家在騙人。不錯，我們很難證實這種體驗。我們也不必去證實它。但我卻不贊成一個觀點，即認爲在一切天才者身上，這種「屬於更高的層次」的要素都能發揮同樣的作用，都會像謝林描述的那樣，使主體與對象神祕地融爲一體。

這裡並沒有表明，是否存在著一種克服了實際生活二元性的完整經驗[2]，像普羅提諾和印度聖哲們所指出的那樣。這裡也沒有表明，這個「要素」是否僅僅是極度強化的經驗，而其原理也與其他一切經驗相同。主體與對象、時間與永恆的融合，通過有生命的人去表現上帝，這些既不會被確證爲可能，也不會被否定爲不可能。一個人對自己的「我」的體驗並非始於理論知識，而迄今都不曾有任何人試圖把這樣的體驗放在系統哲學的位置上。因此，我並不認爲這個要素屬於「更高的層次」，因爲它在某些人身上會以一種方式呈現出來，而在另一個人身上又會以其他方式呈現出來。它的確是眞實自我的一種本質表現，但僅僅是這種表現的一個方面。

每一位偉人都知道其「自我」的這個方面。他首先會通過對某個女人的愛而逐步意識到這個方面，因爲偉人的愛情比常人更強烈。這種自我意識也可能來自與其負罪感和失敗感的對照，而偉人的這兩種感覺也比目光短淺者的更強烈。這種自我意識會使他感到自己與萬物合成了一體，使他能在上帝身上看到萬物，或者會使他領悟到宇宙中自然與精神之間那種極端的二元性（這種可能性更大），因而使他心中產生一種需要，一種強烈的渴望，即找出將兩者統一起來的方法，以及去追求那種內心的隱密奇跡。然而，自我意識卻總是使偉人自己去描述那個爲他而存在、並由他主宰的世界，而無須藉助其他人的思想。

對世界的這種直覺幻想（intuitive vision），並不是偉人在書齋的寫字檯旁、從一切現有的書籍裡精心彙集起來的巨大綜合體，而是他的親身體驗。從整體上看，這種幻想是清晰的、可被理解的，儘管它的細節可能依然模糊不清、互相矛盾。從總體上看，對藝術家和哲學家來說，自我的激發是對世界的直覺幻想的唯一來源。無論這種幻想如何各不相同，只要它們眞是宇宙的直覺幻想，它們就有一個共同之處，即它們只能來源於自我的激發，來源於偉人全都具有的一種信念，即確信自己具有一個「我」（或者說是靈魂），而「我」在宇宙中是孤獨的，它面對著宇宙，它能領悟宇宙。

從自我第一次被激發開始，偉人會一直生活在靈魂中並依靠它生活，儘管他們也會因爲那種最可怕的情感（即道德感）而犯下錯誤。

正是出於這個原因，也是出於對自身創造力的感覺，偉人才具有了極爲強烈的自我意識。說偉人是謙遜的，說偉人不能認識自己的內心，沒有比這些說法更不可理解的了。任何

2　實際生活二元性指的是主體與對象的對立，而完整經驗則是指兩者的諧和統一。

一位偉人都知道自己與其他人之間的差別是何等巨大（除了在偉人的週期性情緒低落期間，在本書以前的章節裡，我已經提到過這種情況了）。每一位偉人創造出某種東西以後，馬上都會感覺到自己的偉大。事實上，偉人的虛榮心和雄心一向都極強，這往往使他們自視過高。叔本華相信自己比康德更偉大。尼采也曾說他的《查拉圖斯特拉如是說》是世界上最偉大的著作。

但是，「偉人是謙遜的」這個論斷也有其正確的一面。偉人從不自高自大。自高自大與自我理解是互相對立的，因此我們不應當把兩者混爲一談，儘管它們常常被混爲一談。人的自負程度，恰恰等於自我理解的缺失程度。人往往會以自負之心去增強自己的自我意識，並且有意地低估別人。當然，只有當自負可以解釋爲生理性的、無意識的自高自大時，以上的說法才是正確的。對可鄙之輩，偉人必定常會表現得粗魯無禮。

一切偉人都有一種堅定的信念，它其實並不需要外在的證據，那就是他們都堅信自己有靈魂。以爲靈魂是一種超驗的眞實，以爲相信靈魂會把我們引向神學家的立場，這種恐懼是荒謬的。相信靈魂絕不是迷信，也絕不會成爲宗教思想的婢女。藝術家也談到過自己的靈魂，儘管他們沒有研究過哲學和神學。雪萊那樣的無神論者也使用「靈魂」這個表達方式，並且深知它的涵義。

還有些人認爲：「靈魂」只是一個美麗空洞的辭藻，人們常常用它去描述別人，卻從未覺得自己需要它。這就如同在說，大藝術家用種種象徵去表現眞實的最高存在形式，而心裡卻不清楚那種眞實是否眞的存在。毫無疑問，純粹的經驗論者和純心理學家都會認爲這些全是無稽之談，而盧克萊修才是唯一的偉大詩人。毫無疑問，的確存在著很多濫用靈魂這個字的現象，但偉大的藝術家談到他們的靈魂時，卻完全知道自己在說什麼。像哲學家一樣，藝術家在努力接近眞實的時候，也都深刻地理解靈魂的涵義。唯有休謨對此毫無感覺。

我已經說過、並且現在還要證明：科學家位於藝術家和哲學家之下。藝術家和哲學家有可能獲得天才的稱號，而科學家卻不能。我們常常能見到，對任何一個難題，人們總是先要聽聽天才者的聲音，而後才會去考慮科學的意見。我們往往無法用有力的理由去解釋這種現象。這種對天才的偏愛有道理嗎？科學家解釋事物時往往什麼都說不出，天才者能像科學家那樣解釋事物嗎？天才者能窺見事物的深處（科學家看不見它）嗎？

「天才」這個概念包含著廣博性（universality）。如果存在一位絕對的天才（這是爲了便於論述而作的假設），他就能與一切事物建立一種積極、密切和全面的聯繫。正如我已經表明的那樣，天才具有包容一切的悟性，並依靠其完美的記憶而獨立於時間之外。要領悟任何事物，人就必須處在某種與該事物相似的事物中。人只能注意、理解和領悟那些與他有某種密切關係的事物。天才就是具備了最強烈、最積極、最有意識、最具連續性和最個人化的自我的人。自我是核心點，是全部理解的整合，是一切多樣性的綜合。

由此可見，天才者的自我本身就是全面的悟性，就是無限空間的中心。偉人把整個宇宙納入心中；天才就是有生命的微觀世界（microcosm）。天才不是一幅錯綜複雜的拼圖，不是無數元素的化合物。本書第二部分第四章〈才能與天才〉提出的觀點，絕不能說明天才者與其他人、與事物之間的關係，因為天才者就是一切事物。在天才心中並通過天才，一切心靈表現全都結合在了一起。它們全都是眞正的體驗，而不是衆多局部精心拼裝出來的東西，不是由衆多零件按照科學方式組合成的整體。天才的自我就是整體，天才的生活是整一的。天才能把自然和一切存在看作一個整體，他能直覺地把握事物之間的關聯，而他並沒有在事物之間建起石橋。所以說，天才不可能是一位經驗心理學家，不可能慢吞吞地收集細節，再通過聯想把它們聯繫起來；天才也不可能是一位物理學家，不可能把世界想像成原子與分子的混合物。

天才者總是生活在整體的幻想裡，而正是從這種幻想當中，天才者才理解了構成整體的各個部分。他用這種幻想去評價自身內外的一切。對天才來說，這種幻想絕不會隨著時間而發生變化，而是永恆的一個組成部分。因此，天才者都是思想深刻的人，其深刻程度與其天才成正比。正因為這一點，天才者的見解才比其他所有人的更有價值。天才者能用一切事物構成他的自我，而那個自我能夠把握宇宙；而其他人則永遠不能充分意識到這種內在的自我。因此，在天才者眼裡，萬事萬物都有意義，都包含著象徵意味。對天才者來說，呼吸絕不僅僅是氣息在毛細管壁上的進進出出，天空的藍色絕不僅僅是散射和反射光線的部分偏振現象，而蛇類也絕不僅僅是失去了四肢的爬蟲。即使一個人可能做出以往所有的科學發現，即使一個人能在短短的一生中完成以下這些人做過的一切，他還是沒有資格進入天才的領地，因爲這些人都沒有洞察到事物的深處。這些人包括：阿基米德和拉格朗日，繆勒和馮．貝爾，牛頓和拉普拉斯，斯普倫蓋爾和居維葉，修昔底德和尼布耳，沃爾夫和鮑珀，以及其他許多更著名的科學家。科學家只把現象看作它們表現出來的東西，而偉人和天才則能看到現象中蘊涵的意義。在天才者眼裡，大海和高山，光明和黑暗，春天和秋日，柏樹和棕櫚，鴿子和天鵝全都是象徵。天才者不但能想到實際存在的事物，而且能從中辨別出某種更深刻的東西。瓦爾基里的御風馳飛，並不是大氣的壓力造成的，而魔法的火焰也不是氧化過程的結果。

對天才者來說，這一切都是可能的，因爲外部世界全面而牢固地聯繫著他的內心世界。外部世界其實只是他內心生活的一個特殊側面；而宇宙和自我在他心中已經合成了一體。他不必按照什麼規則把自己的經驗逐一地集中起來。相反，最偉大的綜合歷史學家雖然除了給歷史學添上一個又一個分支以外，什麼都沒有做，更沒有創造出任何完整的結構。這也是大科學家的位置低於大藝術家和大哲學家的另一原因。天才者對宇宙無限性的反應，表現爲他胸中的一種眞正的無限感。他能在自己心中把握全部的混沌和宇宙，把握一切細節和整體，把握所有的普遍狀態和個別狀態。儘管這些話更適合於描述天才，而不是其作品的性質，儘管藝術的狂喜、哲學的概念以及宗教的狂熱，現在仍像以前一樣令人迷惑不解，但即使這種狀態只是取得眞正偉大成就的條件，而不是實際過程，它也仍然是對「天才」的最終定義。

一個人在生活中將自我和宇宙有意識地聯繫在一起時，他就可以被稱爲天才。唯有到了那個時候，天才者才能成爲人類中眞正的「神性的火花」[3]。

把人的靈魂看作微觀世界，這個偉大思想是文藝復興時期最重要的哲學發現，儘管在柏拉圖和亞里士多德的著作裡也能找到它的蹤跡。自萊布尼茲去世以後，現代思想家們似乎都忽視了這個思想。迄今，這個思想一直被看作只適用於天才，被看作人類佼佼者們的特權。

但是，這種不適合現象卻僅僅是表面上的。人人都具備一定程度的天才，而任何人都不具備完全徹底的天才。天才是一種狀態，有些人離它近一些，有些人離它遠一些。有些人的天才是年幼時獲得的，而另一些人的天才則是在生命的末期才獲得的。

被我們一致看作具備天才的人，只不過是開始睁開自己雙眼的人。他們能用自己的眼睛去看世界，這恰恰證明了他們正站在天才的門口。

即使是常人，即使是平凡的人，也能夠與萬事萬物建立直接的關係：他關於「整體」（whole）的觀念僅僅是一閃而過，他沒能使自己與整體合而爲一。不過，他也並非沒有可能在另一次閃念時做到這種統一，從而獲得與整體合一的意象。通過一些關於世界的幻想，他就能把自己和宇宙緊密地聯繫起來；而依靠勤奮的培養，他也能把宇宙的每個細節變爲自己的一部分。對他來說，沒有完全陌生的東西。在他與世界萬物之間，存在著一條共鳴的紐帶。至於植物和動物，情況就不是如此了。植物和動物是有局限的，它們不懂得整體，只知道其中的一個論在哪裡，人類都會把同樣的任務指派給它們。它們可能與太陽和月亮之間存在著某種關聯，但它們當然既不會意識到「繁星密布的天穹」，也不會意識到「道德法則」。這是因爲，道德法則來源於人的靈魂，而人的靈魂中包含著徹底的整體性，它能看到萬事萬物，因爲它本身就具有普遍性：從本質上說，繁星密布的天穹和道德法則其實是同一種事物。絕對命令的普遍主義（universalism）就是宇宙的普遍主義。

宇宙的無限性只是道德意志的無限性的「思想圖像」。

人心中的這個微觀世界，就是恩培多克勒所教導的思想：

我要報告一個二重的眞理：

有時從「多」中會生出「一」，

3　這是義大利刑事犯罪學家隆布羅索（Cesar Lombroso）等人的說法，參見第二部分第四章的有關內容。

有時從「一」中會分離出「多」。

普羅提諾說：

眼睛若不先與太陽相類，便不能看到太陽，
靈魂自身若不美，便不能想像至美。

歌德在他的著名詩篇裡摹寫了這句話：

眼睛若未被造就得能看到陽光，
它便不能望見太陽；
我們心中若無上帝的眞正力量，
又怎會爲神所陶醉？

人是唯一的生靈，是自然界裡唯一的生靈，是內心能聯繫萬物的唯一生靈。一個人若是能建立這種聯繫（它造就了理解力和最完整的意識，而這不是對衆多事物或者很少事物的意識，而是對全部事物的意識），並且能出於自己的個性發現了一切，他便可以被稱爲「天才」。如果一個人雖然也可能建立這種聯繫，也能被激起對一切事物的興趣，卻出於自願而只關心很少的事物，我們就僅僅把他稱爲「人」。

低等的單子雖然是世界的一面鏡子，卻意識不到自己的這種能力，萊布尼茲的這個理論（它很少能被正確地理解）也表達了同樣的思想。天才者生活在徹底領悟的狀態中，即他能理解世界整體。世界整體也存在於常人心中，卻不具有創造力。天才者在生活中能意識到自己與整體之間存在著積極的聯繫；常人則意識不到這樣的聯繫。天才者是眞正存在的微觀世界；普通人則是潛在的微觀世界。天才者是完全的人，潛藏在一切男人身上的男子氣質在天才者身上得到了充分的發展。

人本身就是整體（All），所以不同於局部，而局部要依靠其他局部才能存在。在自然法則的體系中，人並沒有被指定一個明確位置，不過，人自己就是法則的意義，所以人是自由的，這正像世界本身就是一個整體一樣。整體不以它自身爲條件，而是無條件的。天才者能不忘一切，這既是因爲他能不忘自己，也是因爲遺忘是不自由的（它機能性地受到時間的制約），也與倫理無關。天才者不是歷史運動浪潮的孩子，他不受歷史浪潮的支配，不會被下一次浪潮呑沒，因爲過去和現在的一切全都包含在他內心的幻想裡。天才者對不朽的意識最強烈，因爲死的恐懼根本不會讓他感到害怕。象徵和價值最能引起天才者的共鳴，因爲他用這些東西去衡量和解釋自己內心的和外界的一切。天才者是最自由、最有智慧、最有道德的人。出於這些理由，對自己內心一切尚屬於無意識的、混亂的和可能造成災禍的東西，天才者感到的痛苦也最強烈。

在與他人的關係中，偉大人物的道德是如何體現出來的呢？按照普遍流行的觀點，除了刑法的法典以外，與他人的關係是體現道德的唯一形式。在這方面，偉人表現出來的品質當然已經招致了許多非議。人們不是常常譴責他們，說他們卑鄙地忘恩負義、極度地冷酷無情，還有更多更惡劣的過錯嗎？

一位藝術家或哲學家越是偉大，他就會越是無情，因爲他要忠實於自己，這種情況當然是眞的；而這樣一來，他就往往會使他在日常生活裡接觸到的人們失望，那些人無法企及他的高翔，所以就想把雄鷹束縛在地面上（歌德和拉瓦特爾的關係，就是一例）；正因爲如此，許多偉大人物才被加上了「不道德」的惡名。

歌德對自己保持了沉默，以至現代人以爲他們徹底地理解了他，把他看作超凡脫俗的奧林匹亞山神，對他的瑕疵卻知之甚少，而那都是從他的《浮士德》中那些驚人的描寫中得來的。對歌德來說，這是一件幸事。儘管如此，我們還是可以確定一點，歌德對自己的評判是非常嚴厲的，他在自己內心發現的罪惡使他感到了巨大的痛苦。一個名叫諾格勒（Nögler）的人，雖然根本不懂叔本華關於分離（detachment）和涅槃（Nirwana）的學說，卻對叔本華發出了責難，並說自己從中找到的最終的價值。對這種卑劣的狂吠，根本不必去理睬。

偉大人物對自己最講道德，這個說法很有道理。他不允許將異己的觀點強加給自己，因爲它們會大大地模糊他對自我的判斷。他不會被動地接受其他人的解釋，即與他的自我迥然相異的另一個自我的解釋。讓自己受到什麼影響，這個念頭總是使他痛苦萬分。故意撒謊，這會使他終生苦惱。他更不會用狄俄尼索斯的方式去擺脫自己的記憶。但是，天才者若是在事後意識到自己在對他人的言行裡無意中幫助散布了謊言，卻會最感痛苦。其他人不具備這種對眞實的機能性渴望，總是深深地捲入謊言和錯誤，所以不會理解偉人對「人生謊言」的那種強烈反感。

偉大人物是自己的主宰。他站在高處，心存自我（它不受時間的制約）。他力圖依靠他智能的和道德的良心，去維護自己的價值。他的驕傲是針對自己的；他懷著一種強烈的願望，即在自身貫徹自己的思想。唯有天才者才懷有這種驕傲。他有自己的價值標準，它不受他人判斷的影響，因爲那個標準本身就有一個更高的裁判庭。性情溫和的禁欲主義者（帕斯卡就是一例）有時會因爲這種自傲而苦惱，所以去徒勞地擺脫它。這種自傲總是與在他人面前的驕傲聯繫在一起，但從本質上說，這兩種驕傲永遠都是互相對立的。

是否可以說，這種對自己的強烈責任感損害了對鄰人的責任感呢？這兩者是互相排斥的，一貫忠實於自己的人必然定會不忠實於他人，難道不是嗎？絕非如此，因爲只有一種眞實，所以也只有一種對眞實的渴望——那就是卡萊爾所說的眞誠（sincerity）——那就是一個人是否能既考慮到自己又考慮到世人。它絕不是非此即彼的選擇，絕不是一種不同於自我觀的世界觀，絕不是一種不研究世界的自我研究。世上只有一種責任，一種道德。人或者依照道德去行事，或者違背道德去行事。對自己講道德的人，也一定會對他人講道德。

然而，在如何認識對鄰人的責任以及怎樣履行這種責任方面，卻還有一些思想領域充斥著錯誤的觀念。我們暫且不去討論一些道德理論體系的觀點，它們都以維護人類社會為基點，都更重視道德總體系的效果，而認為人們行動時的具體感情和動機並不那麼重要。我們現在要討論一種普遍流行的觀點，它把人類道德定義為「善」（goodness），即人的同情性向的發展程度。從哲學的角度，哈欽森、休謨和史密斯在同情心裡看到了一切道德行為的本質和來源。這種見解得到了叔本華的道德同情論的有力支持。叔本華的《論道德的基礎》裡的一條格言就表達了這種見解：「提倡道德易，為道德找到一個根基難。」道德同情論的一個根本錯誤，在於它始終沒有認識到：倫理學並不僅僅是對行為的闡釋和描述，它還要探索對行為的指導。無論是誰，只要是為了證實自己應當去做什麼而不斷努力聆聽內心的聲音，一定都會拒絕各種倫理體系，因為那些體系的目的，都是要說明人為自己和他人發明的種種要求，而不是去闡明人為了增進或排除這些要求，實際上都做了什麼。拒絕一切道德學說，這個做法雖然並非現在正發生的事情，卻是應當發生的事情。

用心理學解釋倫理的一切嘗試，都忽略了一個事實：人的所有心靈事件都是由人自己去評價的，而心靈事件的評價者本身不可能是一個心靈事件。評價的標準只能是一種永遠無法完全實現的觀念或者價值，任何經驗都無法改變它，因爲即使一切經驗都與它對立，它也永遠不會改變。道德行爲只能是由觀念支配的行爲。所以，我們只能從道德學說當中選擇一種，它能建立某種用以規範行爲的觀念或準則。只有兩種道德學說可供選擇，一種是倫理的社會主義（ethical socialism，或叫社會倫理學說，social ethics），它先由邊沁和穆勒提出，後來被引進歐洲大陸，在德國和挪威得到了大力傳揚。另外一種學說是倫理的個人主義（ethical individualism），例如基督教和德國唯心主義的學說。

一切以同情（sympathy）爲基礎的道德學說的第二個失誤是：它們都試圖爲道德找到一個基礎，都試圖去解釋道德。但是，道德這個概念本身就應當是人類行爲的最高標準，因此它是不可解釋的和非派生的，它必定就是自己的目的，而不能用任何外在於它的東西去把它納入因果關係。這種尋找道德來源的嘗試，完全是純描述性理論的另一種表現，因而也必然是一種相對的倫理，不可能得到事實的支持，所以無論怎樣竭力地尋找，都不可能在因果領域中發現一個高高在上的目標，它能被用來指導每一種道德行爲。激發一個行爲的動機，不可能來自任何因果關係：它更多地存在於事物的本質當中，它能用激勵性的道德目的，將原因和結果聯繫起來。在第一因（first causes）的領域之外，還有一個道德目的領域，而後者是人類固有的。研究存在的完整科學，就是要把種種主要原因聯繫起來，以理清全部主要原因；而研究「應然」（ought）的完整科學，則要將一切主要原因綜合成為一個偉大目標，即最高的道德義務。

將同情看作一種積極的道德因素，其實是把道德當成了某種情感而不是行為。同情可以是一種倫理現象，可以是某種倫理的表現，但它完全是一種倫理行為，就像羞恥和驕傲的情感那樣。我們必須明確區分倫理行為和倫理現象。任何不符合倫理理想的行為，都不能被看作倫理行為。倫理現象是追求道德理想這種永恆性向的一個標誌，它未經事先思索，是自發的。正是在各種動機的鬥爭當中，道德理想才會介入並且做出決斷，而倫理情操與非倫理情操、同情與惡意、自信與自負在經驗層次上的混合，則根本無助於得出結論。同情可能是一種天生稟賦的最確實的標誌，但它不是激勵行為的道德目的。道德必定包含著對道德目的和價值的有意識認識（它也對無價值做出判斷）。在這個問題上，蘇格拉底是正確的，而康德則是唯一贊同蘇格拉底道德觀的現代哲學家。同情是一種與邏輯無關的情感，它不應當受到尊重。

我們現在要考察的問題是：在與他人的關係中，一個人能在多大程度上遵循道德原則行事。

遵循道德原則行事，這當然不是主動提供干預他人獨立性的幫助，不是打破為自己確立的行爲限度。與其說它是同情，不如說它是尊重。我們認爲，唯有人才會這樣去做，康德已經說明了這一點，因爲人是宇宙間唯一以自己爲目的的生靈。

但是，我如何向他人表示我的不敬，如何向他人證明我的尊重呢？對一個人表示不敬，其做法是不理睬他；而向一個人表示尊重，其做法就是和他友好相處。

我怎樣才能把他人作爲達到目的的手段呢？我怎樣才能通過將他人看作目的，以表示對他人的尊重呢？在第一種情況下，我可以把他人看作環境鏈條的一個環節，是我必須應付的環節。在第二種情況下，我應當盡力去理解他人。唯有通過對鄰人產生興趣，而不必真的告訴他，唯有通過思考這個人，理解他的工作，與他的命運產生共鳴，以及設法去理解他，才能眞正地做到尊重鄰人。唯有克服自身的苦惱、成爲無私的人，唯有忘記與他人之間的那些小口角，唯有能夠克制自己的不耐煩、努力去理解他人，才說得上是眞正地與鄰人毫無利害計較。一個人能夠遵循道德原則行事，是因爲他已經戰勝了那個阻礙他去理解鄰人的最強大敵人——自私。

在這個方面，著名人物的表現如何呢？他理解的人最多，因爲他具有最全面的稟賦，他的生活離整體的宇宙最近，他最熱切地渴望理解宇宙的目的。因此，他最有可能做到善待鄰人。

事實上，誰都不曾像天才者那樣頻繁地（或那麼有意識地）考慮自己與其他人的關係

（哪怕僅僅考慮片刻），而如果沒有感到自己心中已經完全理解了他人的意義，誰都不曾像天才者那樣努力地理解他人。天才者擁有連續的過去和完整的自我，所以能夠設想出他人的過去（而那些人自己卻做不到這一點）。思考他人的時候，天才者會遵從其內在自我的最強大趨向，因爲通過理解他人來了解人們的眞實情況，就是他的唯一目的。他懂得，每個人都是一個可被認知的世界的成員。他心中不存在狹隘的利己主義和利他主義。這是對偉人如何處理重大的、知性的人際關係的唯一解釋。這種關係不但涉及他周圍的人，而且涉及歷史上所有先於他的個人。偉大的藝術家能比歷史學家更深刻清晰地把握歷史人物的性格，其唯一的原因也在這裡。凡是偉人都能理解拿破崙、柏拉圖和穆罕默德的人品。他們正是以這種方式表明了對前人眞正的尊重和崇敬。當許多與藝術家們關係親近的人，後來在其作品中承認自己當時覺得很受委屈，當作家們遭到責難說，他們將一切事情都看作寫作的材料，我們很容易理解這種感覺。但是，無須注意人類渺小之處的藝術家或者作家根本沒有過錯，他們不過是將其理解力的創造性活動運用在了這些人身上，其方式就是忠實地再現和複製周圍的世界，而人與人之間，再沒有比這更高級的關係了。帕斯卡的一段話（我們已經提到過它了）在這裡十分適用：「隨著一個人具備了更多的心智，他會發現更多新奇的人。常人無法發現人與人之間的區別。」由此，我們還可以說：一個人越是偉大，他就會越努力去理解最讓他感到新奇的事物；而常人卻很容易以爲自己理解了一個事物，儘管他可能根本沒有理解，所以他就無法覺察到那個新奇的精靈，它正從藝術或哲學的某個對象那裡召喚他；他至多只能與對象建立一種膚淺的關係，卻不能上升到領悟其創造者的靈感的高度。達到了最高意識層次的偉人，絕不會輕易讓他和他的觀點與他讀到的任何東西相一致；而頭腦不那麼清晰的人，則會輕信書上的東西，並以爲現實裡的事物彼此都很不相同。天才者是自我已經獲得了意識的人，這使他看清了一個事實，即其他人全都與他不同，使他能夠洞察到其他人的「自我」，即使（最客氣地說）當那些人並未意識到自己的「自我」時，也是如此。不過，唯有天才者，才能感到其他每個人也都有一個自我，一個單子，一個宇宙的個體中心，也都有特定的感覺和思維方式以及與眾不同的過去。唯有天才者，才能做到不把鄰人當作達到某種目的的工具。按照康德倫理學的觀點，天才者能夠追溯以往、預見未來，因而能夠尊重其他人的人格（即將它看作可理知的宇宙的一部分），所以人們不會對他心懷反感。因此，利他主義的一切眞實心理狀態，就是理論上的個人主義。

在對自己的道德行爲與對鄰人的道德行爲之間，存在著一座橋樑。康德哲學中似乎缺少這樣一座橋樑，而叔本華不公正地把這看作一個失誤，並且斷定它一定與康德的第一原理[37]有關。

提出證據是很容易的事情。唯有獸性化了的罪犯和精神失常的瘋子，才會對自己的同胞絕對不感興趣。他們的生活方式就像世界上只有他們自己，陌生人的出現對他們毫無影響。

但在具備自我的人看來，鄰人也有自我，而唯有已經喪失了自身的存在邏輯和倫理中心的人，在對待別人時，其行爲才會如同後者不是一個人、更沒有人格。「我」和「你」是一對互爲補充的術語。一個人在與他人相處時，會最迅速地獲得自我意識。因此，人才會在他人面前表現得比獨處時更驕傲；人在獨處時，這種自信就會減退。最後，毀滅了自己的人同時也毀滅了整個宇宙；殺人者罪大惡極，因爲他在被害者身上也殺死了自己。在實踐當中，絕對的自私是一種恐怖，它應當被叫做虛無主義。沒有「你」，當然也就不存在「我」，而這就意味著一切都不存在。

出於其心理特性，天才者不可能把別人當作達到某種目的的工具，其原因是：能感覺到自己人格的人，也能感覺到別人的人格。對他來說，tat-tvam-asi（梵語：「我是那個」）[4]絕不是一個美好的假設，而是現實。最高的個人主義也是最高的普遍主義（universalism）。馬赫否定主體，認爲只有在放棄了個人的「我」之後，才有希望造就一種倫理關係，它既不忽視這個奇異的「我」，也不過高估計個人的「我」。這種見解是大錯特錯了。我們已經知道，在與鄰人的關係上，一個人自我的缺失會把他引向哪裡。「我」是一切社會道德的基礎。作爲一種具有心理活動的眞實生命，我永遠都不能把自己置於一種與僅僅是一團元素之間的倫理關係當中。雖然有可能想像出這樣的關係，但它與實際行爲卻截然對立，因爲它排除了心理條件，而要讓道德理想變爲現實，心理條件是必不可少的。

當我們使其他人意識到，他們每個人都擁有一個更高的自我，一個靈魂，而他們也必須理解別人的靈魂時，我們才可能與其他人建立一種眞正的倫理關係。

不過，在天才者身上，這種關係卻會以最奇特的方式表現出來。任何人都不會像天才者那樣爲了處理與他人的關係而痛苦，爲了和他一起生活的人們而痛苦。這是因爲，從某種意義上說，一個人唯有經歷了痛苦才能獲得知識。如果說，同情本身既不是一種清晰的、能被抽象地想像出來的知識，也不是一種明顯的象徵性知識，那麼無論如何，它畢竟是一種獲取知識的最強烈衝動。唯有經歷痛苦，天才者才能理解他人。天才者最痛苦，因爲他能感受到每一個人的痛苦；不過，他最痛苦卻正是由於他理解了他人。

在前一章裡，我想表明的是：天才是使人類高於動物的主要因素；與這個事實相聯繫，唯有人才有歷史（因爲每個人都具有天才的素質，或多或少）。儘管如此，我還是必須回到我更早提出的一個見解上。天才與可被認知的主體的有生命存在相關。歷史僅僅表現爲一種社會事物，表現爲「客觀精神」。事實上，個人是無關歷史的（non-historical），所以在歷史中毫無作用。我們由此便形成了一種觀點。無時間性的人類個性，是造就我們與他人之間

4　梵語「我是那個」的音譯。這個古代印度哲學術語的意思是：確實存在著「我」這個實體，通過觀察外部世界即可發現「我」，因此「我」是一個發現（在客體中發現主體）。

眞正的倫理關係的必要條件；個體性是集體精神的必要前提，因此，所謂「形而上學的動物」、「政治的動物」、天才的擁有者以及歷史的創造者，這些顯然都指的是同一種事物，那就是人類。如果事實果眞如此，我也並不認爲我的看法是錯的。由此便解決了一個古老的爭論，那就是：個人和群體，兩者究竟哪個先出現？這兩者必定是相等的，必定是同時出現的。

我想，我已經從各個方面證明了一點：天才就是更高的道德。偉人不但對自己最眞實，不但最有記憶，不但最痛恨、最不容忍謬誤和謊言，而且也最具社會性（同時最具獨立性），心胸最開闊。天才是一種更高的形式，不僅僅是一種智能的更高形式，而且是一種道德的更高形式。在自己的性格中，天才者揭示了人的觀念。他代表了人是什麼；他是這樣一種主體，其對象是整個宇宙，他使這個對象永存。

請讀者不要誤解我的意思。意識，唯有意識，其本身就是道德。一切無意識都是不道德的；一切不道德也都是無意識的。所以說，所謂「不道德的天才」、「偉大的惡人」，其實是一目的（它大大地違背了造物主的意志）就是：把它作爲一種妖怪，去嚇唬那些神經質的和膽小的人，那些人用這種妖怪嚇唬自己和他們的孩子。任何對自己的行爲感到驕傲的罪犯都會像《諸神黃昏》裡的哈根那樣，對著齊格飛的屍體說：「哈，哈，我把他殺了。我，哈根，給了他致命的一擊」。

拿破崙和培根（他們被作爲相反的例子）在智力上被大大地過高估計了或被錯誤地表述了。當尼采開始討論博吉亞類型的時候，他在這些問題上的見解是最不可靠的。惡魔、反基督、惡神以及所謂「人性中的重大罪惡」，這些概念雖然都格外有力，但如果說它們與天才有聯繫，那也完全是指它們與天才相對立。

全面的悟性、充分的意識以及完美的無時間性，這是一種理想的狀態；即使對有天分的人來說，也是如此。天才是一種內心的絕對命令（inner imperative），在人類身上，它永遠不會被完整地實現。因此，天才者最不可能說「我是天才」。從本質上看，天才不是別的，而正是「人」這個理念的全面體現，因此，每個人都應當具備某些天才素質。此外，我們還應當把天才看作每個人都有可能去追求的一個標準。

天才是最高的道德，因此，它也是每個人的義務。人可以通過一種最高的意志行爲獲得天才；通過那種行爲，可以在個體身上確證整個宇宙。天才是「天才者」肩負在自己身上的東西，它是一個人最大的施展和最大的驕傲、最大苦難和最大的狂喜。只要希望成爲天才，一個人就有可能成爲天才。

可是，人們當然馬上就會說：「很多很多人都願意成爲『富於獨創性的天才』」，而他們的心願卻並未實現。但是，如果這些人更具體地認識到了這個心願意味著什麼，如果他們明白天才等於全面的責任（不理解這一點，那個心願就只能是個願望，而不是決心），其中的絕大多數人就很可能放棄成為天才的心願了。

許多天才者常常會瘋狂，蠢人以為這是由於維納斯的影響，或者是神經衰弱的脊髓退化所致，但其眞正原因卻是：對許多天才者來說，天才的負擔太沉重了。像阿特拉斯那樣將整個世界壓在肩上，對心胸狹隘者來說，這個任務是無法承受的，而對意志堅強者來說卻絕不會如此。然而，一個人登得越高，跌落得就越沉重。一切天才都是對混亂、神祕和黑暗的征服。如果天才退化了，變成了碎片，其毀滅將與其成功成正比。發了瘋的天才已經不再是天才了，因為他選擇了快樂而不是道德。一切瘋狂都是無法忍受的痛苦造成的，那種痛苦與一切意識相連。索福克勒斯認為，人有可能因痛苦而發瘋，於是讓發了瘋的埃阿斯說出了下面的話：

> 我知道，馬上就死，這對我來說最是仁慈。

我要用一段莊嚴的話來結束本章。這段話的風格近於康德最好的文體。它是米蘭多拉的演說〈論人的尊貴〉中最高的存在[5]對人說的話：

> 啊，亞當，我既沒有給你固定的容貌，也沒有賦予你固定的自我，這是為了無論你

想在哪裡，無論你想有什麼形式，無論你想有什麼才能，無論你有什麼設想和選擇，你都可以通過自己的判斷和決定去擁有這一切。其他一切生靈的天性全都被確定了，全都被限定在我們所確定的法則之內了。與此相反，你卻不受這樣的限制，所以，你能依靠你自己的自由意志（我已經爲它指定了監督），爲自己描繪你天性的輪廓。我已經將你放在了世界的中央，這樣，從那個有利位置上，你便能更容易地觀察到周圍世界的一切。我創造了你這種生靈，既不屬於天堂，也不屬於塵世，既不是必定死亡的，也不是永生不朽的，而這是爲了讓你，作爲你自己的自由而驕傲的塑造者，把自己造就成你自己喜歡的模樣。你也可以讓自己淪落爲低等的、野獸般的生命形式。而通過你自己的決定，你還可以再度上升，將自己提到更高的層次上，那裡是神的生活。

啊，無比慷慨的上帝！啊，人的奇跡般的無上福分！人得到了恩准，能得到他所選擇的東西，能做他願意做的人！野獸從它們降生的時候開始，就像盧西琉斯說的那樣，「從娘胎裡」便帶著它們將永遠擁有的一切。最高的精神實體，從其被創造出來的一刻起，或者從其誕生後不久，便具有了其存在的樣式，那將是它們自己的樣式，萬世永存。但是，上帝從創造人的那一刻開始，便將孕育著一切可能性的種子賦予了人，那是

5　此指上帝。

一切生命形式的萌芽。一個人無論培養其中的什麼，它都能在他身上成熟並結出果實。若有了生長活力，他便會變作植物；若沉迷肉欲感覺，他便會變成野獸；若崇尚理性，他便會證明自己是神聖的造物；若富於心智，他便會成爲天使和上帝之子。但若不滿於一切生靈的運數，他便應當回到他自我實體的中心，在那裡，他將變成與上帝相通的精神，獨處在其創造者的黑暗中，而其創造者凌駕於萬物之上，他本身超越了一切生靈。

第九章　兩性的心理

女人沒有靈魂——這種說法的歷史——女人不具備天才——不存在真正意義上的男性化女人——沒有自我造成了女人天性的非連貫性——對「涵擬」理論的修正——女性的「思維」——理念與對象——對象的自由——理念與判斷——判斷的本質——女人和將「真實」作為思維標準——女人與邏輯——女人無關道德，而非不道德——女人與孤獨——女人的同情心和謹慎——女人的自我——女性的虛榮心——不具備真正的自我欣賞力——女人只記得對她的恭維——內省與悔罪——正義與嫉妒——姓名與個性——男女精神生活的迥異——有靈魂的和無靈魂的心理學——心理學是科學嗎？——靈魂與心理學——男性或女性心靈性別特徵的影響問題現在，我們要回到本書所考察的特定主題上，看看前面的冗長討論（想必讀者常常會認爲它們離題太遠）如何有助於說明我們的主題。

從我們提出的基本原理所得出的結論，對兩性心理學來說太激進極端了，乃至即使人們贊同以前的那些推論，也絕不會接受現在提出的這些結論。這裡，我並不打算分析人們是否可能接受這些結論，但爲了使我即將提出的理論不致遭到各種非議，我要用令人信服的論據，對這個理論進行最充分的論證。

這個理論可以簡要地表述如下：我已經表明，邏輯現象和倫理現象匯聚在了一個概念裡，即「眞實就是最高的善」，並將一個具有可被認知的我（或稱靈魂）的實體放在了其中，作爲最高的超經驗現實的一種存在形式。在絕對的女性這種生靈身上，不存在邏輯的現象和倫理的現象，因此也就沒有任何理由設想她擁有靈魂。絕對的女性既不懂得邏輯義務，也不懂得道德義務，而有關法律與責任、對自己的責任等等說法，乃是她最不熟悉的東西。她根本不具備肉體感覺以外的個性，這個說法能得到充分的確證。絕對的女性沒有自我。

從某種意義上說，這個說法就是本書考察的結果，就是對女性的全部分析所得到的最終結論。簡要地說，這個結論似乎過分苛刻，叫人無法忍受，其標新立異之處更顯得荒謬和過於武斷。儘管如此，我們還是應當記住一點：本書的作者並不是這種見解的始作俑者。更確切地說，作者只是揭示了一個長久存在的觀點的哲學基礎。

從無法追憶的古代開始，中國人就一直認爲女人沒有靈魂。若問一個中國人有多少個孩子，他會只計算男孩子的數目。如果他只有女兒，他便會回答說自己沒有孩子。出於同樣的理由，穆罕默德也把女人排除在了天堂樂園之外。東方國家女人的地位低下，還是出於這種觀念。

在哲學家當中，我們首先必須提到亞里士多德的觀點。他認爲，在生殖方面，男性原理是具有構形能力的積極要素，是「邏各斯」；而女性則是被動的材料。亞里士多德用「靈魂」這個字去表述積極的、具有構形能力的、作爲起因的要素。一想到這個說法，我們便能清楚地看到：他這個思想與我的見解非常相近，儘管在具體的表述上它只涉及了生殖活動。不僅如此，還有一點也十分清楚：古希臘的所有哲學家（除了尤里庇得斯）都不看重女性，除了認爲女性參與了生殖活動以外，都不曾從其他任何角度去考慮女人的性質。

在早期教會的神父中，德爾圖良和奧利金對女人的評價自然是很低的，而聖奧古斯丁似乎也和這兩人的見解一致（除了對他母親的看法）。文藝復興時期，亞里士多德的觀點獲得了許多新的信奉者，其中的韋爾（Jean Weir）或許尤其值得一提。在那個時期，人們普遍都能直覺地理解「女人沒有靈魂」這個問題，並且更富於見地，但如今的人們卻僅僅把它們看作奇談怪論，因爲當代科學已經不再跪拜亞里士多德的那些神，而去跪拜其他的神了。

近些年來，易卜生（在他塑造的人物阿尼特拉、麗塔和伊萊妮身上）和史特林堡也表達了這種觀點。不過，「女人沒有靈魂」這個思想的普及，大多還是由於富蓋寫的那些精彩的童話故事，它們取材於帕拉塞爾蘇斯的作品，並經過了他的深入研究，後來還被霍夫曼、基施納（Girschner）和洛京寫成了音樂。

沒有靈魂的水仙女安蒂是個柏拉圖式的女人理型。儘管她是雌雄同體，但她的確最接近現實。「女人沒有性格」這句著名諺語也包含著同樣的意義。（可理知的）人格與個性，自我和靈魂，意志和（可理知的）性格，所有這一切都是同一種實在性（actuality）的不同表述，它是男性所（後天）獲得的，卻是女性所缺少的。

但是，由於男人的靈魂是個微觀世界，偉人就完全生活在他們的靈魂中並通過他們的靈魂而生存。因此，整個宇宙便在偉人的靈魂中誕生，而女性則必然被描述爲絕對不具備天才的素質。男性心中蘊藏著一切，並且，正如米蘭多拉所說的那樣，能得到特化（specialize）的，只有他身上的某一部分。他既可能達到最崇高的巔峰，也可能落入最低賤的深淵。他既可能變得如同動物，也可能變得如同植物，甚至可能變得如同女人，因此才會存在那種像女人一樣的男人。

另一方面，女人卻永遠不能變成男人。這個說法包含著對本書第一部分那些主張的最重要的限定。在現實生活中，我認識很多在心理上完全屬於女性（而不是一半屬於女性）的男人，也見到過相當多具有雄性特徵的女人；儘管如此，我卻從未見過一個本質上不屬於女性的女人，即使這種女性素質被她本人的次要品質所掩蓋，也是如此，更不用說表現爲其他的形式了。一個人要麼必須是個男人，要麼必須是個女人（參見本書第一部分第一章），無論此人具有多少兩性共有的特徵，而這種「存在」（being），即本書從一開始就討論的那個難題，則取決於一個人與倫理和邏輯之間的關係。不過，如果說，的確存在著一種生理學意義上的男人兼心理學意義上的女人，那麼，現實中卻不存在身體上的女性兼心靈上的男性這種東西，儘管存在著極端的男人，他們具有男性的外表，其表情也最不像女性。

對於男女兩性的天分問題，我們現在可以有把握地做出最後的回答了：一些女人無疑具有天才的特徵，但世上卻沒有女性天才。不但從未出現過女性天才（連本書第一部分提到的女人歷史上那些男性化的女人，也都不是天才），而且永遠不可能出現女性天才。贊成在這些問題上有所鬆動的人，往往都急於擴大「天才」這個概念的內涵，以圖把女人納入其中，但這種做法卻毀掉了「天才」這個概念。如果有可能給「天才」下個徹底而全面的定義，我相信我對「天才」的界定就做到了這一點。一種沒有靈魂的生物怎麼竟會具備天才呢？擁有天才與具備深刻性是一致的；無論哪個人，如果想把女人與深刻性結合在一起，讓前者作爲主項（主語），讓後者作爲謂項（謂語判斷），他就會遇到各個方面的矛盾。所謂「女性天才」，這個術語本身就是自相矛盾的，因爲天才完全是經過強化的、獲得完美發展的、具有全面意識的男性素質。

像具備其他一切素質一樣，天才者也具備完整的女性素質；但是，女人本身卻僅僅是宇宙的一個組成部分，永遠不可能成爲整個宇宙；女性素質永遠無法容納天才。女人不具備天才，這是不可避免的，因爲女人不是單子（monad），所以不能反映宇宙。〔要證實這個觀點，我可以輕而易舉地列出一大串最著名女人的作品，並用幾個實例表明她們如何不配得到「天才」這個稱號。但那將是一項令人感到乏味的工作。任何想利用這樣一份作品目錄的人，都可以自己將它列出來，因此我在這裡就不去做這件事了。——作者原注〕

能夠表明女人沒有靈魂的證據，大都和本書前面各章闡述的內容密切相關。本書第二部分能夠表明女人沒有靈魂的證據，大都和本書前面各章闡述的內容密切相關。本書第二部分第三章〈男女的意識〉闡釋了女人的經驗以「涵擬」爲表現形式，而男人的經驗則以有組織的形式呈現出來，所以女性的意識層次便低於男性的意識層次。然而，從心理學的角度說，意識卻是知識理論的基礎部分。而從知識理論的角度看，意識與擁有一個連續性的自我、擁有一個先驗的主體靈魂，則完全是同一的概念。唯有每個自我都是一種自我意識，即能意識到其自身思想的內容，它才會存在。一切眞正的存在都是有意識的存在。我現在可以對「涵擬」理論做個重要的修正。男性有組織的思想內容，既不僅僅是那些被他明確表達和構成的東西，也不僅僅是那些潛藏於女性心中的意念的確切表達。男女的思維從一開始就存在著性質上的差異。男人思維的心靈內容（即使它們尙處在「涵擬」階段，它們總是力圖擺脫這個階段）已經部分地形成為概念，甚至男性的知覺也很可能具有直接指向概念的傾向。相反，在女性的頭腦中卻找不到概念的任何蹤跡，無論是認知概念還是思維概念，都找不到。

邏輯公理是形成全部心理概念的基礎，而女人則不能理解邏輯公理。在女人看來，同一性原理不是一條必然的思維準則；她們也不能根據矛盾律從自己的概念裡排除其他一切可能性。女人的思維缺乏確定性，這使她們很容易產生不著邊際的模糊聯想，使她們能把性質完全不同的事物拼湊在一起。即使記憶最好、記憶最少受到限制的女人，也從不會讓自己擺脫這種藉助感覺的聯想。例如，如果某個單詞使她們「覺得自己想起了」某種明確的顏色，或者某個人使她們想到了某種具體的吃食——這是女人普遍具有的聯想方式——她們就會滿足於自己的主觀聯想，既不想找出這種對比的來源，也不想知道這種聯想是否符合確切的事實。女人的自得和自滿，來自我們所說的「女人智能上的狂妄」，並且依然關係到一個事實，即女人沒有構成概念的能力。屈從於各種感情起落的支配，根本無視概念，孤芳自賞地拒絕一切避免膚淺的嘗試，許多現代畫家和小說家的作品，大都帶有這些本質上屬於女性的不確定風格。男性的思維從本質上就不同於女性的思維，因為男性的思維追求明確的形式，而凡是由各種情緒構成的藝術，在本質上都屬於沒有形式的藝術。

因此，男人思維的心靈內容，便不單單是清晰地表達了女人的「涵擬」式的思考內容。女人的思維是從對象上滑過，是對事物表面的淺嘗（而男人則會深入地研究事物），因而她幾乎不會眞正地關注對象；她對事物的思考是一種瀏覽，既漫無目的又過分挑剔，根本不能準確地認識事物。女人的思想是膚淺皮相的，而觸覺是女性最發達的感覺，是女人最典型的特徵。女人無須任何幫助，便能使其觸覺的發展達到很高的程度。觸覺必然把女人的興趣局限在事物的表面上。觸覺是一種模糊的整體感受，它並不依賴於明確的細節。女人「理解」男人的時候（至於她是否可能眞正地理解男人，我將在後面討論），可以說，她完全是在品味男人對她的想法（無論她的比較是如何乏味）。女人身上不具備鮮明的感覺分化，因此，她顯然常常會以爲自己已經理解了對象，而事實上，除了模糊地感到了知覺上的相似之外，她並沒有眞切地了解對象。從特定的意義上說，男女之間的這種不一致性來自一個事實：男人思維的內容並不僅僅是女人思維分化後的更高階段。針對同一個對象，男人和女人的思考會產生截然不同的結果，男人產生的是概念性思維，而女人產生的是模糊感覺。如果比較男人和女人的所謂「理解」，那將不會是兩種思想之間的比較（即前者是具有充分組織的整一思想，後者是處於同一種思維過程的較低階段的思想），而是另一種比較：男人的理解中存在著概念性的思維，而女人的理解中則存在著非概念性的「感覺」，即「涵擬」。

女人思維的非概念性，完全是由於她沒有完整的意識，沒有自我。把複合知覺整合成一個對象的，正是概念；而完成這個過程無須依靠實際知覺的存在。複合知覺的存在要依賴於意志。意志可以讓人閉上眼睛、堵住耳朵，於是人便看不見、也聽不到什麼，但他卻有可能去醉酒、去睡覺、去遺忘。正是概念，解除了實際知覺那種永恆的主觀性、永恆的心理相對性，從而創造出了事物本體。依靠其構成概念的力量，智能會自動地使自身與對象分離。與此相反，唯有當智能中包含著一種領悟功能時，主體與對象才能被分開，進而有所區別。而在其他一切情況下，頭腦中卻只存在著相似的或不相似的意象，它們混合在一起，雜亂無章，毫無秩序。概念從流動不定的意象中創造出了明確的實體（reality），從知覺中創造出了對象，而對象與主體互相對立，彼此像敵人一樣，從而使主體能在對象上度量自己的力量。可見，概念就是實體的創造者；概念就是康德的《純粹理性批判》中所說的「先驗對象」，不過，它總是要關係到一個先驗的「主體」。

我們不能說「單純的複合知覺就是現存實體本身」，因爲在我做出「這兩者是同一的」這個判斷的那一刻，複合知覺已經變成概念了。因此，概念把價值賦予了確認和推論現存實體的全過程；概念將思維內容結合在一起，從而解放了思維內容。概念既把自由給了主體，也把自由給了對象，因爲這兩種自由是互相牽連的。事實上，一切自由都是自相約束的，既是邏輯上的自相約束，又是倫理上的自相約束。人只有在自身就是規則的時候才是自由的。因此，製造概念的功能是人的一種力量，人通過這種力量給自己尊嚴。通過給予客觀世界自由，通過將客觀世界變爲知識的對象（當兩個人的意見不一致時，他們便會求助於這種知識），人使自己感到榮耀。女人不能以這種方式將自己放在與現存實體對立的位置上；她和那些實體一同任意地搖擺；她不能把自由賦予自己的對象，因爲她本身就不自由。

知覺在概念中獲得獨立的那種模式，就是它擺脫主體性的手段。概念是我所想、所寫、所說的東西；由此我便產生了一個信念：我能對概念做出判斷。休謨、赫胥黎以及其他一些「內在的」（immanent）心理學家，試圖將概念等同於純粹的概括，因而根本沒有認識到邏輯思維與心理思維的區別。他們的做法忽視了人做出判斷的能力。每一個判斷中都存在著確認或對比的活動，都存在著贊同或否定；而這些判斷的標準（即眞實的理念）則必定存在於被判斷對象之外。如果除了知覺以外沒有任何東西，那麼，一切知覺便具有了同等的眞實性，因而也不會存在任何用以構成眞實世界的標準。經驗主義（empiricism）就是以這樣的方式摧毀了經驗的眞實性，而所謂實證主義（positivism）其實也等於是虛無主義。「眞實的標準」、「眞實」，這兩個理念都不可能存在於經驗之中。「確實存在著眞實」，這個理念隱含在每一個判斷當中。所謂「掌握眞正的知識」就依靠這種判斷能力，並且與眞實存在於判斷中的可能性有關。

所謂「能夠獲取知識」，其實就等於說：主體能判斷對象並能說對象是眞實的。我們的判斷對象都是概念，概念是我們所知道的東西。概念使主體和對象互相對立，然後，判斷便創造出了兩者之間的關係。所謂「把握眞實」，其實就是說主體能夠正確地判斷對象，因此，做出判斷的功能就是將自我置於與一切可能性的聯繫中。這樣一來，我們便可以來回答

「概念在先還是判斷在先」這個老問題了。答案是：兩者是互爲必要的。製造概念的功能先將主體與對象分開，再將它們重新結合起來。

女性這種生靈不具備製造概念的能力，因而也不具備下判斷的能力。在女人的「頭腦」裡，主體與對象是混在一起的，她不可能進行判斷，不可能去把握（也不渴望去把握）眞實。沒有一個女人眞正地對科學感興趣。她或許可以欺騙自己和不少聰明男人（但拙劣的心理學家卻不在智者之列），使自己或別人以爲她喜歡科學。我們完全可以肯定地說，一個女人無論何時在科學領域做了某件稍稍重要一點的事情（例如潔曼（Sophie Germain）、索莫維爾（Mary Somerville）等），那都一定是因爲她身後有某個男人，他渴望以這種方式取悅這個女人。我們可以證實，更經常出現的情況是：這種女人的目的，其實是在尋找男人，而這種情況下的男人卻往往不是在尋找女人。

但是，科學領域裡卻從未有過女人做出的重大發現，因爲追求眞實的機能只能來自對眞實的渴望，前者總是與後者成正比。女人對現實的感覺比男人差得多，儘管不少人都反覆重申與此相反的觀點。對女人來說，追求知識總是從屬於其他某種事情。如果「求知」這種異己的衝動足夠強烈，女人雖然也會敏銳無誤地感覺到它，但她們永遠不能理解眞實本身的價值，永遠看不到眞實與她們的自我之間的關係。如果問一個女人的希望是什麼（或許是無意識的希望），她總是會變得毫無辨別力，說出完全脫離眞實的心願。正因如此，女人往往會相信自己是性勾引的犧牲品。也正因如此，女人的觸覺才會極頻繁地使她產生幻覺，再將強烈的幻覺當作現實；而男人的觸覺卻幾乎不可能使他產生什麼意念。同樣，這也解釋了女人的想像爲什麼由謊言和舛錯構成，而哲學家的想像爲什麼是最高形式的眞實。

「眞實」這個理念是一切堪稱「判斷」的事物的基礎。知識其實就是做判斷，而「思維」本身其實就是「判斷」的另一名稱。推理是做出判斷的必要過程，它涉及同一律和矛盾律的命題，而女人並不將這些命題看作公理，像我已經表明的那樣。

判斷能力是男性的一個特徵，這個說法的心理學證據來自一個事實：女人自己就是這麼認爲的，女人把判斷能力看作男人的第三性徵。女人總是期望男人充滿自信，並且去適應這種男人。女人根本不能理解男人的猶豫不決。她總是希望男人說話；在她看來，男人的話語就是男子氣的標誌。女人確實具備說話的天分，卻不懂得說話的藝術。女人雖然多話（調情）、喜歡閒聊，卻言之無物。不過，女人不說話的時候卻最爲危險，因爲男人往往誤以爲女人的沉默是她無話可說。

因此，絕對意義上的女性不僅不知道邏輯規則，而且不具備製造概念和（依據概念）做出判斷的能力。從根本上說，運用概念的機能就是在主體和對象之間進行對比：主體對其對象做出判斷，並且從這種能力當中認識自身最深刻、最充分的意義。因此很顯然，我們甚至無法承認女人具備主體性。

女性天生與邏輯無關（non-logical），對這個表述，我還必須補充一些有關意見。女人非常虛僞，因爲她心中缺少與眞實觀念或價值觀念的永恆聯繫。女人的虛僞性，使我不得不用另一種方式對它進行詳盡的討論。現在有許多僞倫理學的東西，有許多令人迷惑的道德學說，它們往往說女人處在高於男人的道德層次上。我已經指出必須區分「不道德」和「無關道德」，現在我還要重複：對於女人，我們只能說她「無關道德」，說她毫不具備道德感。有個衆所周知的事實：日常生活的犯罪統計表明女性罪犯的數量很少。女性道德的辯護士們總是會指出這個事實。

但是，要回答有關女人道德的問題，我們必須考慮的，卻不是某一具體個人是否在客觀上犯了罪、從而違背了道德觀念，而應當考慮此人是否具有自身存在的主體中心，它能與道德觀念相聯繫；而當人犯罪的時候，這種聯繫就會被削弱。毫無疑問，男性罪犯具有犯罪的本能，但他依然能意識到（儘管有些理論認爲犯罪是出於「道德上的錯亂」）：他的行爲降低了他生命的應有價值。一切罪犯在這個問題上都表現得膽小怯懦，其中沒有一個人認爲犯罪提高了他自身的價值和自我意識，也沒有一個試圖爲犯罪辯解。

像其他人一樣，男性罪犯從降生起就與價值觀念建立了聯繫，但是，當犯罪衝動主宰了他們的時候，這種聯繫卻幾乎被徹底破壞了。與此相反，女人做出最卑鄙的行爲時，卻往往認爲自己的行爲是天經地義的。面對譴責時，眞正的罪犯會啞口無言，而女人卻會立即表示憤慨和驚詫，對居然有人質疑她選擇自己行爲方式的正當權利感到憤怒。女人深信自己是誠實的，從不坐下來判斷一下自己是否誠實。的確，罪犯不會反思自己，但也不會強烈地要求自己誠實；罪犯根本不願追問自己是否誠實（一個男人即使並沒做錯什麼事情，他也會產生負罪感。如果別人說他欺騙、盜竊等等，他也總是能夠接受，即使他從未犯過這些罪行，他還是會如此，因爲他知道自己也能犯這些罪。所以，見到任何人被捕時，他也會覺得自己「被捉住了」。——作者原注），因爲這麼做很可能使他想到自己的罪行。從這個意義上說，他與眞實觀念之間已經存在著聯繫，他不願意想到他對自己良知的不誠實。任何男性罪犯都不會認爲對他的懲罰是不公正的。相反，女人卻堅信指控她的人是出於仇恨。只要女人不想認錯，誰都無法使她相信她做錯了。

若有人向女人指出了她的錯誤，她通常都會放聲大哭，請求原諒，並且「承認自己的錯誤」，並且也可能眞心地認爲自己有罪。不過，唯有女人渴望這樣做、而嚎啕又能使她感到某種滿足的時候，她才會如此。男性罪犯是漠然的，他不會馬上反駁指控；而在同樣情況下，只要控訴人懂得如何熟練地支配女人心理，女人便會立即回嘴，反駁指控。

任何女人都不會感到內疚的折磨（內疚的聲音很強大，因爲過失給她自己染上了污點，因而會使她痛苦萬分），但其中一個明顯的例外（即悔罪者，因爲悔罪者已經變成了熱衷自我羞辱的人）卻顯然可以證明：女人只能感覺到他人的內疚。

我並不想說女人是邪惡的和反道德的；我說的是：女人不可能是眞正邪惡的，她只是與道德無關而已。

女人的同情心和女性的謙遜，這是女性美德的捍衛者們通常指出的另外兩種現象。對女人靈魂的美好描述得到了很多人的贊同，尤其是對她們的仁慈和同情心的讚美。而一切認爲女人道德出衆的信念，其最起碼的論據都來自一種觀念，即認爲女人可以在醫院做護士，做病人的溫柔姐妹。提到這一點，我深感遺憾。我本不該提到它，但我不得不這麼做，因爲一定會有人大聲地反駁我，這是很容易預見到的。

將護士作爲說明女人同情心的證據，無論誰這麼看都是一種淺見，因爲它包含的意義其實恰恰相反。這是因爲，男人從來不能站在病人面前，目睹病人遭受痛苦。他的痛苦會非常劇烈，甚至會心煩意亂，所以他無法長時間地與病人守在一起。凡是見過護士照顧病人的人都會對她們感到吃驚，因爲即使面對可怕的瀕死陣痛，護士也顯得非常鎭定和「溫和」。這種情況沒有什麼不好，因爲男人忍受不了痛苦和死亡，所以只能是極不合格的護士。男人往往想減輕病人的痛苦，想阻止死亡；總之，男人想去幫助病人而不肯袖手旁觀；如果無法給病人幫助，他寧可走開。病人正是在這時才最需要照顧，而女人卻能提供這種照顧。不過，將女人的這種能力看作一種倫理美德，卻是十分錯誤的。

可以說：對女人來說，「孤獨與社交」的難題根本就不存在。女人非常善於適應各種社會關係（例如當陪同或者看護病人），這完全是因爲在女人眼裡，從孤獨到社交之間不存在過渡。對男人來說，如果不得不在孤獨與社交當中做出選擇，那是一件很嚴肅的事情。照顧病人的女人根本談不上孤獨，因爲她若想讓自己這個行爲獲得道德榮譽，她就必須如此。女人從不會處於孤獨狀態，她既不懂得熱愛孤獨，也不懂得害怕孤獨。女人總是生活在與所有她認識的人相混的環境中。女人不是單子（monad），因爲一切單子與其他實體之間都有鮮明的界限標誌。女人不具備明確的個體界限。天才者是無界限的，因爲他就是整個世界；從這個意義上說，女人不是無界限的。女人不具備區別於人類其他普通成員的標誌，唯有從這個意義上說，女人才是無界限的。

與人類其他成員相連，這種感覺是女性的一種性徵，它會從一種現象裡自動地展現出來：女人常常渴望觸摸和接觸她憐憫的對象。女人表達溫柔的方式，其本身就是動物的一種要求接觸的感覺。它表明女人缺少那條將個體與個體分開的鮮明界線。對鄰人的悲哀，女人不會用沉默來表示尊重，而往往想用話語使鄰人擺脫悲痛，因爲她覺得自己必須與鄰人保持實實在在的接觸，而不是精神上的接觸。

這種擴散式的生命是女人天性的最基本品性之一，也是所有女人都易受感動的原因，它往往會使女人在最普通的場合裡毫無節制、不顧羞恥地隨時拋灑眼淚。人們一說到嚎啕，便會聯想到女人，並且看不起當衆哭泣的男人，這並非沒有道理。一個女人會跟著別人哭、跟著別人笑（除非她自己就是笑的起因），由此可見，女性同情心中的很大一部分都是現成的。

唯有女人才要求別人的憐憫。她在別人面前哭泣，博取別人的同情。這是最有力的證據之一，說明女人在精神上沒有羞恥心。女人能挑起陌生人的同情感，讓人們跟她一起哭，並且對她產生比以前更多的憐憫。一個女人即使在獨自哭泣的時候，也會想像她是在和她所認識、會可憐她的那些人一起哭，而想到那些人的同情，她的自我憐憫就更強烈了。這個說法並不算太過分。自我憐憫是女性一種顯著的性格特點。一個女人會從自己聯想到其他人，使自己成爲他人的憐憫對象，然後馬上深受感動，和人們一起爲她這個可憐的人兒哭泣。對男人來說，或許沒有任何東西比一種情況更能激起他的羞恥感了，那就是他覺察到心中產生了自我憐憫這種衝動的時候。在自我憐憫這種心境裡，主體已經變成了對象。叔本華說，女性的同情就是一遇到哪怕最輕微的刺激就抽泣、嚎啕，又絲毫不打算控制情緒；另一方面，像眞正的同情一樣，一切眞正的悲哀也必定都是有節制的，因爲它是眞正的悲哀。事實上，任何悲哀都不會像同情與愛那樣節制有度，因爲同情與愛使我們最充分地意識到了自己的局限。我將在以後的章節裡去考察愛和愛的羞怯。我們現在只要確認一點就可以了：在同情當中，在眞正男性的同情當中，總是存在著一種強烈的節制感，一種幾近於愧疚的感覺，這是因爲我感到我朋友的境況比我更差，因爲我不是他，外界環境把我和他分開了。男人的同情是對個體自身感到羞愧的個體原理，因此，男人的同情節制有度，而女人的同情則咄咄逼人。

對女人的端莊（modesty）這個問題，人們已經進行過不少討論了。我想結合它與歇斯底里症之間的關係，再多說幾句。但是，如果想到一個事實，我便很難理解端莊何以會被看作女人的一種美德，那就是：只要符合時尚，女人隨時都願意接受低領口服裝的穿著習慣。一個人要麼一貫是端莊謹慎的，要麼一貫是輕佻放縱的；端莊的品質不可能時有時無。

有一個事實可以證明女人不具備端莊的美德：女人往往會當著別人的面隨意地穿衣脫衣，而男人則會儘量避免這種情況。不僅如此，女人們單獨在一起時，還隨時都會討論起她們的身體和相貌，尤其是她們對男人的吸引力；而男人則會無一例外地避免提到彼此的性特徵。

我要再次回到主題上，同時還要提到本書第二部分第二章的有關見解。一個人必須首先充分意識到某個事物，然後才會對它產生羞恥感，因此，無論對於羞恥感還是對於意識，分化（differentiation）都是不可或缺的。女性的生活原則只有性欲，而她之所以能表現得無性欲（asexual），是因爲她就是性欲本身，所以，女人的性欲並不與她的其他存在分開而獨立存在，無論在時間上還是空間上，都是如此；它不同於男人的性欲。女人也會給人一種謹慎端莊的印象，因爲她身上不存在任何能與她的性欲構成對比的東西。所以，女人要麼總是赤裸的，要麼從不是赤裸的。我們還可以換一種表述方式：說女人從不是赤裸的，是因爲女人永遠不可能具有眞正的赤裸感；說女人總是赤裸的，是因爲女人心中不具備能激發出相對感（the sense of relativity）的材料，而若具備這種相對感，她便可以通過它意識到自己的赤裸，從而可能產生遮掩赤裸的欲望。

我所討論的問題，基於「自我」（ego）一字對女人的確切意義。若問一個女人她的「自我」對她意味著什麼，她一定會想到她的身體。女人的外表，這就是女人的自我。在《反形而上學的評論》一文中，馬赫對女性自我的描述是相當正確的。

女人的自我造成了她的虛榮。在女人身上，虛榮心的表現十分明顯。男人那種類似虛榮的東西，其實是他的意志向他對善（good）的認識發散的一種精神力量，其客觀表現是一種敏感性，一種欲望，即任何人都不應懷疑自己能夠達到最高的善。能賦予男人價値、能使男人擺脫時間的控制的，正是男人的個性。這種最高的善是無價的，因爲，用康德的話說，世上找不到與之相等的東西。這種至善是男人的尊嚴。女人沒有尊嚴（儘管席勒的說法與此相反），而發明「女士」（lady）這個字，就是爲了彌補這個不足。在那些被女人視爲至善的事情上，換句話說，在女人對其身體美的維護、改善和展示當中，可以看到女人自傲心理的最充分表現。女人的自傲是專門指向她自身的，連最英俊的男人都不具備那種自傲。它是女人對自己身體的迷戀，是女人的一種快樂，當女人對著鏡子自我讚美時，當女人輕撫自己、玩弄自己的頭髮時，這種快樂會自動地流露出來，即使最不好看的女人也會如此。不過，唯有當女人感到了自己的身體對男人的影響時，這種快樂才表現得最充分。一個女人不可能擁有眞正的孤獨，因爲她只能在與別人相關聯的時候才會意識到自己。女人虛榮心的另一個方面，就是渴望她的身體得到讚美，或者更準確地說，就是渴望她的身體被男人覬覦。

這個渴望異常強烈，乃至對很多女人來說，只要知道自己被男人垂涎就足夠了。可見，女人的虛榮總是與別人有關。一個女人僅僅生活在別人對她的看法裡。女人的敏感性也指向別人對她的看法。一個女人永遠都忘不了某個認爲她醜陋的人。一個女人永遠不會認爲自己醜陋；別人的成功，至多只會使她認爲自己或許不那麼有魅力。女人照鏡子的時候，沒有一個會相信自己不美，沒有一個會相信自己對男人沒有魅力。她從不會承認自己的醜陋是再清楚不過的現實；她從不會放棄一種努力，即說服別人、使別人相信她是美麗的。

這種形式的虛榮，女人獨具的這種虛榮，其來源是什麼呢？它來自一種不具備知解力的自我，它是恆久而活躍的虛榮心的唯一製造者。事實上，它是女人個人價值感的匱乏造成的結果。由於女人既不會靠自己去體現自身價值，也不重視這種價值，她便竭力通過激起別人的欲望和讚美，來獲取自己在別人眼中的價值。世界上唯一絕對的、最高的價值，就是靈魂。「你們比許多麻雀還貴重。」這是基督對人說的話。一個女人不會根據其個性是否恆久和自由來估量她的價值，但這卻是每個有自我的生靈衡量自身價值的唯一方法。不過，一個眞正的女人如果只能根據有多少男人選擇了她，去衡量自己的價值（事實上就是如此），如果她只能通過丈夫或情人，才能獲得她在社交或婚姻生活以及天性最深處的價值，她便不具備個人的價值，她便缺少男人那種針對自身個性的價值感。因此，女人總是從她自身以外的某種事物上獲取她們的價值感。那些事物包括金錢、不動產、服裝的數量和種類、歌劇院包廂的座位以及她們的子女等等，而最重要的是她們的丈夫或情人。兩個女人爭吵的時候，她們最後的武器，也是讓她們覺得最有效、最能挫敗對方的武器，就是聲稱自己的社會地位、財富或者頭銜高於對方，最重要的是她正值青春、丈夫或情人對她一心一意。與此相反，男人之間發生口角的時候，誰若用自身個性以外的任何東西去壓倒對方，誰就會給自己招來蔑視。

女人沒有靈魂，這一點還能從以下的事實推斷出來：一個男人若是對某個女人根本不理不睬（歌德認爲這是引起女人注意的一種有效辦法），單單這個事實就會使那個女人受到刺激，從而竭力使這個男人把她記在心頭。事實上，女人的一生都在表現她天性的這個側面。而如果一個女人對一個男人蠻橫無禮或無動於衷，這個男人便會覺得那個女人很討厭他。沒有什麼比一位姑娘的愛情更能使一個男人感到快樂的了，即使他最初並沒有對那姑娘的愛情做出回應，他心裡也極有可能被喚起愛意。一個男人若對某個女人表示了愛情，而她卻並不喜歡這個男人，這只會滿足那女人的虛榮心，或者會喚醒和激發她心中一些沉睡的欲望。一個女人可以向地球上的任何男人索取愛情。

女人的無恥和無情，往往會反映在她們談到自己被愛時的說話方式上。一個男人感到自己被愛時會覺得羞恥，因爲他總是處在作爲主動的、自由的一方的位置上，因爲他知道，他永遠不會完全徹底地陷於愛情，而他寧可保持沉默，也不願意用說話去傷害一位女士，即使沒有什麼特殊的理由能讓他產生這種擔心。一個女人往往會炫耀自己的戀愛經過，把它展示在其他女人面前，以使那些女人羨慕她。女人不會把男人對她的好感歸於她自身的眞正價值，也不會歸於男人對她天性的深刻洞察。女人不會懂得，男人對她的好感，其實是賦予了她一種價值，而在其他情況下她根本不具備那種價值。女人也不會懂得，男人對她的好感，其實是送給她的一種能表明她的存在和本質的禮物，她可以用它在別人面前證明自己的價值。

還有一些事實能進一步解釋本書前一章的那個見解，那就是：女人永遠都能記住她童年以後得到的全部恭維。首先，女人正是從恭維當中認識到了她自身的價值，而這就是女人期望男人「彬彬有禮」的原因所在。要取悅女人，彬彬有禮是最簡單易行的方式。無論講究禮節的代價對男人來說是多麼微不足道，禮節在女人眼裡都非常昂貴。女人永遠不會忘記別人對她的注意，並且能靠著最單調乏味的奉承話生活，即使是在她年邁的時候。女人只能記住她在別人眼裡的價值。可以肯定地說：在記住別人對自己的恭維方面，女人的記憶最爲發達。唯有依靠這些外部幫助，女人才能認識自己的價值，因爲她心中沒有衡量價值的內在標準，而這個標準能將她身外的一切變得渺小。殷勤禮貌和騎士精神，這些現象進一步證明了女人沒有靈魂。一個男人對一個女人「彬彬有禮」的時候，其實就是在認爲那個女人沒有多少個人價值感，而「彬彬有禮」只是順從女人心意的一種形式而已，其重要意義恰恰在於女人對它的誤解。

女人無關道德，這種天性可以通過一種形式表現出來：女人非常容易忘記自己做出過的某個不道德的行爲。女人無法相信自己做錯過什麼事情，因而可以去欺騙她自己和她丈夫，這幾乎可以說是女人的一個典型特徵。與此相反，男人卻對自己生活中使他愧疚的情節記憶最深。在這方面，記憶本身就呈現爲一種不同尋常的道德現象，其中的寬恕和遺忘、寬恕和理解是相應的。男人想起自己以前的一個謊言時，便會因此而再次譴責自己。女人則會忘記自己以前的謊言，因爲她不會因爲自己的卑鄙行爲而自責，因爲她沒有道德理念，所以不能理解自己的那個行爲。因此，女人隨時都可能撒謊，這就不足爲怪了。女人之所以被看作有道德，是因爲道德難題從未自動地出現在她們面前。人們甚至認爲女人比男人更有道德，這是因爲人們不理解什麼是不道德。一個孩子的清白無辜並不值得誇獎；而如果一位族長能做到清白無辜，卻可能爲此而得到讚揚。

如果不把某些女人歇斯底里式的自我譴責算作內省（introspection），我們便可以說：內省是男性獨具的特徵，而愧疚和悔過的意識同樣僅僅屬於男性。女人的自我懲罰與負疚感格外相似，對此，我將在闡述女性對內省的看法時再做討論。內省的「主體」是道德的代理，它與心靈現象之間的關係，恰恰在於它位於主體之中、並對主體的各種心靈現象做出判斷。孔德否認內省的可能性，對內省大加嘲笑，這是他的實證主義哲學的性質所決定的。這是因爲，如果接受了實證主義者的解釋，心靈事件與對心靈事件的判斷就是完全一致的，這當然是荒謬的。存在一種不受時間制約的「自我」，它可以本能地做出道德判斷，它還被賦予了記憶，並具有對事物做出對比的能力，這是一種假設。但唯有在這個假設的基礎上，我們才有理由相信內省的可能性。

如果一個女人具備自我價值感，並具備保護它不受外界一切攻擊的意志，她便不可能產生嫉妒心。很顯然，所有的女人都有嫉妒心，而嫉妒的根源是不承認他人的權利。一位母親見到另一母親的女兒出嫁、而她自己的女兒還未出嫁，她便可能由此而心生嫉妒，即使這種嫉妒也完全是由於她缺乏公正感。

沒有公正便沒有社會，因此，嫉妒乃是一種絕對背離社會的品質。各種現實社會的構成，全都要首先假定眞正個體的存在。女人不具備理解國家和政治事務的機能，因爲她根本不具備社會性的性向。女人的社交圈子（男人被排除在外）是某種過不了多久就會解體的東西。家庭本身並不是眞正的社會結構，從本質上看，家庭是非社會性的，而婚後放棄了俱樂部和社交圈子的男人，很快就會重新返回那裡去。在舒茲那本很有價值的人類學著作問世以前，我就已經寫到了這一點了。舒茲在那本書裡證明：形成最初社會的，是男人的各種聯盟，而不是家庭。

帕斯卡有一個很出色的見解：人類之所以尋求社會，僅僅是因爲人們忍受不了孤獨以及希望忘掉他們自己。這些話所表明的事實，恰好和我前面的那個說法一致，即：女人不具備孤獨的機能；而我現在的表述是：在本質上說，女人是不合群的。

一個女人如果具有「自我」，她就能意識到自己財產和他人的財產。然而，男人的盜竊本能要比女人的發達得多。而所謂「盜竊癖」（kleptomania），即毫無必要的盜竊，卻幾乎是女人所獨有的。女人懂得權力和財富，卻不懂得個人財產。有盜竊癖的女賊被發現以後，那些女人往往會爲其行爲辯解，說她們盜竊的東西吸引了她們，彷彿所有的東西全都屬於她們。使用流通圖書館的主要是女性，尤其是那些完全有能力購買大量書籍的女人。但她們買到的東西，其實並不比她們借到的東西更能吸引她們。在所有這些事情上，都可以見到個體與社會的關係。一個人若想認識別人的個性，自己就必須首先具備個性；同樣，一個人唯有具備了對自己個人財產權的意識，才會去尊重別人的私人財產權。

人的姓名以及人對自己姓名的熱愛，則更多地建立在個性意識而不是財產觀念的基礎上。我們面前與此有關的事實都非常顯著，但人們卻很少注意它們，這實在是非常奇怪。女人不受她們姓名的嚴格約束。女人結婚時，她們便放棄自己的姓而使用丈夫的姓，但這不會使她們產生任何損失感。她們允許自己的丈夫或情人叫她們的名字，並且很高興如此；甚至當一個女人嫁給了一個她並不愛的丈夫時，她改姓的時候也不會使她產生任何心靈震動。姓名是個體性的象徵；唯有在地球上最低等的人種當中，例如南非的布什曼人（Bushmen），個人才會沒有姓名，因爲在這樣的人群裡，人人都不會產生將自己的個體與整個族群區別開來的願望。女人的這種本質上無姓名的現象，其實是她們未分化個性的標誌。

在這裡，我還要提到一個來自觀察的重要事實，每個人都可以印證這個事實。每當一個男人進入一個有女人的地方，那女人若是見到了他，或是聽見了他的腳步聲，甚至僅僅是猜到了她附近有男人，她就會變成另一個人。她會立即改變自己的表情和姿勢，其速度快得難以置信。她會「整理自己的額髮」，整理她的緊身胸衣，然後站起身子，或者假裝正專注於手頭的工作。她心中充滿了期盼，其中半是無恥，半是緊張。在很多情況下你都無法知道：她究竟是在爲她無恥的笑而臉紅，還是在爲她無恥的臉紅而笑。

靈魂，個性，性格——叔本華已經用慧目將它辨識出來了——與自由意志是同一的。由於女人沒有自我，她也就沒有自由意志。唯有一種沒有自己的意志、沒有最高意義上的性格的生靈，才會像女人這樣如此容易受到與男人接近的影響，而女人始終需要機能性地依靠男人，而不能與男人建立自由的關係。女人是最好的媒介[1]，她的男人則是她最好的催眠師。僅僅由於這個原因，我們就很難想像人們何以會認爲女人適合做醫生，因爲很多醫生都承認：他們迄今爲止的主要工作（也是他們今後一貫的工作）就是通過暗示對患者施加影響。

在整個動物界裡，雌性全都比雄性更容易被催眠，而下面所說的事實或許可以說明催眠現象與最普通的事件之間的聯繫是多麼密切。在討論女性的同情心的時候，我已經描述了女性的笑和眼淚是多麼容易被引發。對報紙上說的每一件事，女人都是那麼印象深刻！女人又是那麼篤信最愚蠢的迷信！對朋友們推薦給她的每一種藥物，女人更是那麼急切地去嘗試！

所有缺少性格的人，都會同樣缺少堅定的信念。所以女性很容易輕信，沒有分辨能力，很難理解清教教義（Protestantism）。基督教徒在受洗之前，要麼是天主教徒，要麼是清教徒；儘管如此，僅僅因爲天主教更適合於女人，就把天主教教義說成是女性的教義，卻依然是不公正的。天主教稟賦與清教稟賦之間的區別，這個問題是性格學研究的一個方面，需要另外加以討論。

已經有無數的事實證明：女性沒有靈魂，既沒有自我也不具備個體性，既不具備個性也沒有自由，既沒有性格也沒有意志。這個結論在心理學上具有至關重要的意義。它意味著我

---

1 此處指接受催眠的對象。

們必須分別研究男性心理學和女性心理學。我們有可能對女性的心靈生活做出純經驗性的描述；而考察男性的全部心靈生活，則必須與他的「自我」結合起來，像康德預見的那樣。休謨（以及馬赫）的觀點只承認「印象」和「思想」的存在，並幾乎將心靈現象完全趕出了當今的心理學。它認爲：應當僅僅把整個世界看作一面反射鏡反映出來的一幅圖畫，看作一種類似萬花筒的景象。這種觀點把各種事物縮減成了各種「元素」的舞蹈，既沒有思想，也沒有秩序；它否定了爲思想獲取一個安全的立足點的可能性；它不但消滅了「眞實」（truth）這個理念，因而也消滅了實在（reality）（實在是哲學賴以存在的唯一基礎），而且使現代心理學陷入了可悲的困境。

這種現代心理學驕傲地自詡爲「沒有靈魂的心理學」，這是在效法它的創始者（他被大大地過譽了）蘭格。我想，我已經在本書中證明了一點：不承認靈魂，就根本無法研究心靈現象；不承認靈魂，無論是研究有靈魂的男性，還是研究沒有靈魂的女性，都不可能。

現代心理學帶有非常顯著的女人氣，因此，本書對兩性的比較和考察就尤其具有啓發性；而我直到現在才準備指出兩性之間的這種巨大差異，也就不無道理了。只有到了現在，我們才能理解接受「自我」這個概念究竟意味著什麼，而混淆男女兩性的精神生活（這裡指的是最寬泛、最深刻意義上的精神生活），就是造成所有困難和錯誤的根源，而那些試圖創立一種通用心理學的人恰恰犯下了那些錯誤。

我現在必須提出一個問題：男性心理學能成爲一門科學嗎？回答必定是「不能」。一定會有人認爲我否定了實驗心理學家的全部考察；那些依然熱衷心理實驗的人或許會問：這一切實驗難道全都毫無價值嗎？對男性生活的更深層規律，實驗心理學沒有做出過任何解釋；它僅僅可以被看作一系列以經驗爲依據的零散努力，其方法是錯誤的，因爲它試圖通過檢驗表面現象去掌握事物的內核，因爲它無法解釋一切心靈現象的深刻根源。當實驗心理學試圖通過測量與心靈現象相伴的生理現象、去揭示心靈現象的眞正本質時，它已經成功地表明了一點：即使在最有利的案例當中，也存在著不穩定性和變化。要以數學的方式把握知識，最基本的要求就是資料應當穩定可靠。大腦本身就是時間和空間的創造者，因此，我們便不能指望幾何學和算術能解釋大腦，不能指望造物去解釋造物者。

目前不可能存在科學的人類心理學，因爲心理學的目標是追溯非派生事物的起源，向每個人證明什麼是他的眞正天性和本質，並對這些做出推斷。但是，既然有可能對這些東西做出推斷，那就意味著它們是不自由的。一旦承認可以從科學的角度去確定個人的行爲、行動和本性，那就證明人是沒有自由意志的。康德、叔本華完全理解這一點，但另一方面，現代心理學的創始人休謨和赫爾巴特卻不相信自由意志。正是這個兩難困境，給現代心理學造成了一系列令人遺憾的基本難題。從心理因素當中獲取意志，即從知覺和感覺當中獲取意志，這種狂熱的反覆努力本身就證明了一點：不能把意志看作一種經驗性的因素。像判斷力一樣，意志永遠都不可避免地與自我（或叫靈魂）相連。意志不屬於經驗，它超越了經驗。心理學唯有承認了這種與經驗無關的因素，心理學才不再是生理學和生物學研究方法的附屬品。如果靈魂只是經驗的複合體，它就不可能是能使經驗成爲經驗的因素。現代心理學其實是否定了靈魂的存在，但靈魂也拒絕了現代心理學。

本書旨在站在靈魂一邊，使之免遭「沒有靈魂的心理學」荒謬而可鄙的詆毀。事實上，如果我們同意一個假定，即靈魂的確存在並具有自由的思想和自由意志，那麼，是否存在一門關於因果規律及支配意志與思維的自定規則的科學，就大可懷疑了。我根本不想宣布一個理性心理學新時代的到來。我願追隨康德，將靈魂的存在看作一種統一的中心概念，沒有這個概念，對心靈生活的任何解釋和描述都完全無法令人滿意，無論它怎樣忠實於細節，無論它如何自詡充滿同情。對諸如「羞恥感」和「負疚感」、信仰和希望、恐懼和悔過、愛與恨、渴望和孤獨、虛榮心和敏感、野心和追求不朽等現象，那些考察者雖然根本沒有試圖做出解釋，卻依然有勇氣一口否認靈魂的存在，只因爲靈魂不像橘子的顏色或者桃子的滋味那麼彰顯。這實在讓人感到奇怪。如果不存在個性，馬赫與休謨又如何去解釋「風格」這種東西呢？我們還可以試想：所有的動物生來都不會害怕自己在鏡子裡的形象，而任何人都不能在四周牆壁上都裝著鏡子的房間裡生活一輩子。能用達爾文的原理去解釋這種恐懼，即對分身（doppelgänger）的恐懼麼？（值得注意的是：女人根本不會產生這種恐懼心理；從來沒聽說過女性的分身。——作者原注〕一提到doppelgänger這個字，任何人心中都會產生深深的恐懼。經驗心理學無法解釋這種恐懼，因爲它是心靈最深處的東西。我們不能像馬赫解釋兒童的懼怕感那樣，說這種恐懼是從人類原始社會的某個階段（那時人類更沒有安全感）繼承而來的。我舉這個例子，是爲了提醒經驗派心理學家們注意：他們的那些假定裡有許多無法解釋的東西。

無論何人，當被描述成華格納的崇拜者、尼采主義者或者赫爾巴特主義者等的時候，爲什麼都會感到惱火呢？他不願被看作一個純粹的回聲。即使馬赫想到若是某個朋友把他說成實證論者、唯心論者，或用其他任何非個體化的術語去描述他，也會忿忿不平。我們絕不能把這種感覺與一個事實造成的結果混爲一談，那個事實就是：一個人或許能自稱華格納等人的信徒。這其實是對華格納主義的深刻贊同，因爲贊同者本人就是華格納的信奉者。他意識到了自己的贊同態度其實提高了華格納主義的價值。同樣，一個人也可以做出大量的自我表白，卻不允許別人照樣說他。德．伯杰拉克（Cyrano de Bergerac）所說：

> 我滿腔熱情地自我表白，
> 可我不許旁人如此道來。

一方面把帕斯卡和牛頓這樣的人看作最高的天才，另一方面又認爲他們囿於大量的偏見，而當今的一代人早就克服了那些偏見，這種想法不可能是正確的。當今的一代人擁有了電氣鐵路和經驗心理學，難道他們眞的比早先時代的人們高出很多嗎？只要文化還具有眞正的價值，難道它就可以與科學相提並論嗎？科學一向都是社會的，從來都不是個人的。難道文化可以用公共圖書館和實驗室的數量去衡量嗎？難道文化不是獨立於人類以外的存在，而並不總是存在於人類當中嗎？

在一切經過確認的雙重或多重人格的實際案例中，其主體全都是女人。這個事實與一個看法驚人地和諧一致，那就是：唯有男人的性格才是無法言表的和無法解釋的。對絕對意義上的女性可以做出再分（sub-division）；而即使對最完整的性格學和最精確的實驗來說，男性也始終是個不可分割的整體。男性擁有自身存在的核心，它不能再分成各個部分；女性是合成體，因而可以被分解和再分。

因此，最有趣的事情就是聽作家們談論女人的靈魂，談論女人的心靈及其奧祕，談論現代女人的心靈生活。看樣子，就連男助產士也不得不相信女人具有靈魂，以此證實他的能力。至少是很多女人都喜歡聽人家討論她們的靈魂，儘管她們知道（如果可以說她們能知道什麼的話），對她們靈魂的談論全是騙人的東西。斯芬克斯一樣的女人喲！再沒有比女人更可笑、更放肆的詐騙犯了。男人其實比女人神祕不知多少，男人的複雜性是女人根本無法相比的。

我們只要看看大街上走過的女人的一張張臉，便可以懂得這一點。其中幾乎沒有一張臉上的表情不能立即被概括出來。女人感情和性情的種類實在是太貧乏了；而即使經過長久的、最仔細的觀察，你也幾乎無法了解男人面部表情的眞正涵義。

最後，我要談論一個問題，即身心之間是否存在著一種完整的平行關係，或者一種互動狀態。對女性來說，身心之間的平行關係表現爲精神與肉體的徹底同等。在女人身上，精神運作的能力會隨著年齡的衰老而停止，正如它與性本能相連、並在性本能出現後得到了發展一樣。男人的智力從不會像女人的智力那樣漸漸衰老，而只有在一些單獨的案例中，腦力的衰退才與身體的衰老相聯。最不容易伴隨著老年體弱而出現精神衰退的人，是那些天才者，他們是精神上的男性氣質的最高發展。

我們非常希望最熱衷爲身心平行論辯解的哲學家們（例如斯賓諾莎和費希納）也是決定論者（determinist）。就男人（他是自由智力的代理，能依靠自己的意志去區分善惡）而言，絕不會存在所謂「身心平行」的現象。

所以，正確看待兩性心理這個問題便可以說基本解決了。不過，我們仍然不得不面對一個格外困難的問題，據我所知，雖然它還沒有被明說出來，但它的答案卻依然能有力地支持我提出的「女人沒有靈魂」的觀點。

在本書的前幾頁裡，我先把男性思維過程的清晰性與女性思維過程的模糊性做了對比，然後表明：對女人進行有序談話（其中體現了邏輯判斷）的能力是男人的一種性徵。一切對女性具有性吸引力的事物，也全都必定是男性的特徵。男人性格的堅定性會對女人產生性的影響，而女人卻會遭到天性柔順的男人的排斥。人們時常說起女人對男人的道德影響，這其實是在說女人竭力去獲取她們的性互補對象。女人從男人那裡要求男子氣概，而如果男人不能滿足這個要求，女人便會深感失望。無論一個女人如何不忠實、如何水性楊花，只要發現男人在向她邀寵或是對她不忠，她都會感到極大的憤慨。如果女人願意，她盡可以表現得十分膽小，但男人卻必須是勇敢的。人們幾乎完全忽視了一個事實：這不過是一種性的自我中心主義（sexual egotism），其目的在於獲取性互補的最大滿足。從經驗的角度看，「女人沒有靈魂」的最強有力證據，莫過於女人要求男人具有靈魂，以及女人自身雖不具備完美的善，卻要求男人具備完美的善。靈魂是一種男性特徵，它能取悅女人，正像男性的身體或者修剪精緻的小鬍子能取悅女人一樣。我這個直言不諱的說法可能遭到指責，但它卻是千眞萬確的事實。用盡渾身解數、對女人施加最有力的影響，這是男人的心願，而女人則具有一種強大的機能，去洞察一個男人所說的「我願意」是僅僅意味著誇誇其談還是眞實決斷。在後一種情況下，那句話對女人的影響是極其巨大的。

沒有靈魂的女人，怎麼能分辨出男人心中的靈魂呢？與道德無關的女人，怎麼能判斷出男人的道德呢？沒有性格的女人，怎麼能認識到男人的性格呢？沒有意志的女人，怎麼能欣賞男人的意志呢？

這些難題擺在我們面前，我們必須根據堅實的基礎對它們做出回答，因爲將會有很多破壞這種基礎的嘗試。

第十章
母性與賣淫

女人的特殊性格學——母親與妓女——這兩類女人與孩子的關係——女人的多偶現象——母性與性欲之間的相似性——母性與人類——母愛無關道德——妓女對人類漠不關心——妓女、罪犯與征服者——皇帝與妓女——賣淫的動機——為性交而性交——賣弄風騷——女人在性交中的感覺及其與她其他生活的關係——妓女作為敵人——實際生活的朋友和敵人——動物中沒有賣淫——賣淫的起源是個謎

有人會對我這些觀點提出反駁，而他們的最主要看法將可能是：我這些見解不可能適用於所有的女人；對一些女人（甚至是大多數女人）來說，它們可以被看作正確的描述而接受下來，但對其餘的女人來說——

我的初衷並不是討論不同類型的女人。我們可以從許多不同的角度去考察女人，當然也一定要當心，不能硬把僅僅適用於一個類型的描述擴大到另一個類型上。如果我們承認「性格」（character）一字普通的、經驗的意義，那就應當認爲女人的性格存在著差異。構成男人性格的屬性，全都能在女性身上找到驚人相似的表現（對此，本章後面將引述一個有趣的實例）；但在男性身上，性格卻總是深植於可理知的領域裡，而由此卻產生了一種令人遺憾的混淆，即靈魂學說與性格學的混淆。女人在性格學上的差異，其根源並沒有深到使那些差異發展成爲個性。很有可能，在女人的生命進程裡，沒有一種女性素質是不可被男人的意志改變、壓抑或者徹底消除的。

在具有同等程度的男性素質或女性素質者身上，這種性格差異究竟有多大？對此我還沒有去費力地考察。我有意地克制完成這項工作的衝動，因爲我渴望找出一種方法，以確定解決一切與本書主題有關的難題的眞正方向，所以，我一直小心翼翼，不想涉及枝節問題，不想用一大堆從屬性的細節把討論變得沉重。

必須用另外一本論著，才能完成對女人更詳盡的性格學描述。不過，即使在本書裡，我也沒有完全忽略女人當中存在的差異。讀者如果還記得我對「女性素質」所說的那些話，即認爲女性的確具有同等比例的女性要素，但願他們不會認爲我犯了籠統概括的錯誤。不過，我完全可以肯定：有人將會用某種特定類型的女人來反駁我的結論。因此，我必須仔細地考察這個類型以及那個與之相反的類型。

我一直在說女人的壞話，一直在誹謗女人，因此，有人會認爲我當然也反對「作爲母親的女人」這個概念。不過，引證這個觀點的人也會承認：應當同時考察那個與母性類型截然相反的類型，因爲唯有如此，才有可能廓清「母性」的涵義，並把母性類型與另一個類型區別開來。

另一個類型處在與母性截然相對立的極端，那就是妓女型的女人。這兩者之間的對立絲毫不亞於男人與女人之間的對立，我們必須對兩者作出界定。不過，只要我們同意這樣的劃分，便可以把女人分成兩個類型來討論。女人當中有時會出現更多的母性類型，有時則會出現更多的妓女類型。

如果我不把這兩者的差異與一種普遍流行的對比區分開來，它就可能被誤解。人們常說，女人應當既是母親又是情婦。我看不出這兩者的差別有什麼實際意義。「情婦」這個字除了指女人做母親以前的那種必然狀態，難道還有其他的意義嗎？如果是這樣的話，那就根本不必去討論任何穩定的性格學特徵了。這是因爲，「情婦」這個字沒有向我們揭示女人的任何東西，而僅僅說明了女人與男人之間存在某種關係。這個字與女人的眞正存在毫無瓜葛；是外界強加在女人身上的東西。「被愛」這個概念沒有告訴我們被愛者的任何品質。被愛的狀態（無論是作爲母親還是作爲情婦）僅僅是對個體的一種非本質的、來自外部的描述，而母性品質卻是女性與生俱來的，是深植於女人天性中的。我們必須考察的，正是這種東西。

母性與賣淫之所以表現為兩極對立，很可能僅僅是因為一個事實：具備母性的女人生育的孩子要多得多，輕佻女子則很少生孩子，而妓女實際上是不生育的。當然，我們必須記住一點：並非只有妓女才屬於妓女型的女人；很多所謂「體面的」姑娘和已婚女人也屬於妓女型。

對妓女類型的精確分析將表明：屬於這個類型的女人遠遠不只是街頭拉客的妓女（streetwalker）。街頭拉客的妓女與體面的交際花（coquette）和高級名妓（hetaera）之間的區別，僅僅在於街頭拉客的妓女全不計較男人的身分，只管掙錢，在於她的生活方式隨時變化。假如地球上只有一個女人和一個男人，在這兩人的關係中，女人便會自動地表現出她屬於妓女型。

妓女很少生育子女，這個事實本身就使我認為：我對妓女的看法與流行的觀點根本不同，因為流行的觀點試圖僅僅從社會的狀況、從女人的貧困、從男性社會對女人的壓力、從女人很難得到體面職業、或者從存在著大量的單身漢（因而產生了對賣淫制度的需求）等現象中找到真正深植於女人天性裡的東西。對於這些說法，我們完全有理由這樣來回答：賣淫現象絕不僅僅限於貧窮階層；毫無經濟需求的女人也經常會被賣淫所吸引。很多地方都更適合女人工作，例如商店、辦公室、郵局、電報電話局以及一切需要機械性的操作能力的地方，因爲女人頭腦的分化程度較低，她們的需求也比較少。生意人本能地發現了這種狀況，所以非常願意以更低的工資去僱用女人。年輕妓女總是要拼命掙錢，因爲她們總是不得不穿昂貴的衣服，又不得不支付過高的飯費和房租。賣淫並不是社會條件造成的結果，而是出於深植於女人天性中的某種原因。妓女會頻頻「重操舊業」，回到她們以往的賣笑生涯中，即使她們已經衣食無憂，也會如此。認爲妓女似乎較少感染某些疾病（而另一類型的女人更容易染上那些疾病），這實在是一種十分離奇的看法。必須指出：賣淫絕不僅僅是現代社會的產物；從歷史上最早的時期開始，賣淫現象就出現了；它甚至是某些古代宗教的一個組成部分，例如在腓尼基人當中。

賣淫不是男人誘使女人進入的一種狀態。如果根本不存在促使某種生活方式出現的趨向，人們便不會採取那種生活方式。賣淫與男性要素格格不入，儘管男人往往比女人生活得更辛苦、更不快樂。男妓總是會發展爲「性別上的中間狀態」的形式。賣淫的稟賦以及對賣淫的偏愛是女人的機能，如同母性是女人的機能一樣。

當然，這並不是說：很多女人做妓女是出於她們一種不可抗拒的天生渴望。大多數女人很可能都具備兩種可能性，即做母親和做妓女。在兩種可能性全都存在的情況下，實際的結果要取決於那個能使女人成爲母親的男人，而他要做到這一點，卻並不僅是要通過肉體行爲，而且要觀察女人究竟屬於哪個類型。叔本華說過，一個人的生存日期從他父母開始戀愛的那一刻就開始了。這個說法還不夠準確。從理想的角度說，一個人的出生，應當從母親第一次見到了孩子的父親或聽見了孩子父親的聲音算起。在過去的六十年當中，由於繆勒、畢肖夫（Th. Bischoff）和達爾文的影響，生物學和醫學已經徹底否定了所謂「銘印論」（theory of imprinting）。但在本章後面的論述裡，我卻要儘量發展這種理論。目前我只提出一點：有一種觀點認爲，卵子和精子的結合才是新個體生命的開始，雖然銘印論不贊成這個觀點，但這並不是銘印論的致命傷。科學必須對這個問題做出解釋，而不應當僅僅把它視爲與一切經驗相對立、因而拒絕它。在一門先驗性的科學裡（例如數學），我可以肯定地說：即使是在木星上，二加二也不可能等於五。但是，生物學研究的卻僅僅是些相對普遍的命題。我雖然贊成「存在一種影響遺傳的力量」的理論，但這並不意味著我認爲後代的一切畸形和變態（甚至是其中的一小部分）全都來自這種影響力。我只是說，後代有可能受到一個男人的影響，儘管這個男人與孩子母親之間或許並沒有肉體關係。叔本華和歌德的色彩理論是正確的（儘管它們與過去、現在和未來所有的物理學家的見解全都相反）；同樣，易卜生（在《海上來的女人》裡）和歌德（在《選擇性的親和力》裡）在另一個問題上也可能是正確的：他們都反對那些僅僅以純物理學爲依據、去研究遺傳問題的科學家。

如果一個男人對一個女人產生了極大的影響，乃至這個女人的孩子雖然不是這個男人的，也與這個男人相像，那麼，這個男人就一定是這個女人絕對的性互補對象。如果說，這種情況非常罕見，那也完全是由於絕對的性互補對象相遇的機會很少，而這並不能作爲論據去反駁（我剛剛提到的）歌德和易卜生的見解。

一個女人遇到作爲她絕對的性互補對象的男人，以至他一出現就註定會成爲她孩子的父親，這種情況非常罕見。因此可想而知：許多母親和許多妓女的命運都是因爲偶然事件才發生了逆轉的。另一方面，肯定也有很多女人由於沒有遇到她需要的男人，而終生屬於母性型的女人；還有一些女人即使遇到了自己需要的男人，卻還是會出於她天性本能的驅動，變爲妓女型的女人。

我們還沒有發現過絕對屬於這兩種類型（即母性型和妓女型）的女人。在現實生活中，我們只能見到處於這兩種類型之間的女人。世上肯定不存在毫無妓女本能的女人，不存在毫不渴望受到任何陌生人性刺激的女人。同樣肯定的是，任何女人都不會絕不具備任何母性本能，儘管我要承認：我發現趨於絕對妓女型的女人比趨於絕對母性型的更多。

正如大多數膚淺的調查所揭示的那樣，母性的本質在於「生兒育女是生活的首要目標」；而對妓女來說，性關係本身就是生活的目的。考察這個問題，必須考慮到這兩種類型的女人與孩子之間和與性交之間的關係。

先考察她們與孩子之間的關係。絕對的妓女型女人只想男人；絕對的母性型女人則只想孩子。對這方面的最好考驗，就是看兩類女人與其女兒之間的關係。唯有當母親毫不嫉妒女兒的青春或美貌的時候，唯有當母親毫不抱怨女兒贏得的讚美的時候，唯有當母親完全把女兒看作自己的時候，她才能悅納女兒的那些崇拜者、把他們當作自己的崇拜者，她才堪稱完美的母親。

絕對的母性型女人（如果當眞存在的話）只想到孩子，因此任何男人都有可能把她變成一位母親。我們會發現：女人若是小時候非常喜歡洋娃娃，若是童年時對其他孩子很友善、很關心，至少她在婚後會特別體貼丈夫，並且最有可能接受她遇上的第一個良配，只要那個男人注意到了她、並能使她的父母和親戚們感到滿意即可。這樣的少女做了母親以後（至於是誰讓她成了母親，這並不重要），她便不會再去注意任何其他男人。與此相反，絕對的妓女型女人從小就討厭孩子；長大以後，她或許也會裝作喜歡孩子，但那其實是把母親與孩子的觀念當作吸引男人的一種手段。這種女人的最大心願就是取悅一切男人。由於世上根本不存在想像中的「純母性型」的女人，在每個女人心中便都可以找到「取悅一切男人」的欲望的蹤跡。世上每個男人都會承認這一點。

在這方面，我們至少可以找到這兩類女人在形式上的相似之處。她們全都不計較其性互補對象究竟是誰。母性型女人能接受任何一個能使她成爲母親的男人，只要能達到這個目的，她便別無所求；單憑這一點，我們就可以把她描述爲傾向單偶婚姻的（monogamous）

女人。妓女型女人隨時都準備向任何能激起她情欲的男人讓步，這是她的唯一目的。根據對這兩種極端類型女人的這些描述，我們大概能多少了解到眞實女人的天性。

我不得不承認一種普遍流行的（我長期以來也一直堅持的）觀點是錯誤的。它認爲女人天生就具有單偶婚姻的性向，而男人恰恰相反，男人天生就具有多偶婚姻的本性。現實的情況剛好相反。我們絕不可被一個事實所迷惑，即一個女人會爲了遇到那個適合她的男人而等待很長很長的時間，並且最終會選擇那個能賦予她最多價值、最高貴、最有名、最理想的「王子」。女人與動物之間的區別，就在於女人懷有這種對價值的渴望，而動物卻沒有。動物根本不考慮自身的價值和通過自身體現的價值，而男人則會考慮這些東西。動物也根本不考慮其對象的價值和通過對象體現的價值，而女人卻會考慮這些東西。不過，唯有傻瓜才會如此看待女人，因爲非常有力的現實證據已經表明：女人根本不具備個人價值感。雖然這些價值欲望能得到滿足，但不會在單偶婚姻道德觀念的範圍內得到滿足。男人有能力隨意拋擲這些價值，有能力將這些價值給予女人。男人不但能給女人價值，而且願意這麼做，但男人卻不可能從女人那裡得到價值。女人想方設法、爲自己創造盡可能多的價值，因此，她便會死死纏著那個能給她最多價值的男人。然而，男人的忠誠卻建立在另外一些基礎上。男人把忠誠看作獲得理想愛情的條件，看作履行諾言，即使是否能獲得這種理想的愛情很值得懷疑，他也會如此去看。男人的忠誠來自那種純屬於男性的眞理觀，即可被認知自我的連續性。雖然人們常常聽說「女人比男人更忠誠」，但男人的忠誠卻是他施加給自己的一種強制行爲，是由他的自由意志支配的行爲，是一種完全有意識的行爲。男人完全可以不遵守他給自己制定的這種契約，但違背這個契約，卻會使男人感到是個錯誤。男人違背了自己的信念時，他已經克服了他眞實本性的驅策。但對女人來說，不忠實卻是一種充滿刺激的遊戲，道德觀念在其中根本不起作用，能約束它的唯有對安全和名譽的顧慮。世上沒有一個妻子不曾產生過不忠於丈夫的念頭，但也沒有一個妻子爲此而自責。這是因爲，女人並不看重自己對信念的誓言，不能充分意識到其行爲的意義，並且隨時都可以違背其信念，就像她發誓恪守其信念時一樣輕而易舉、毫不思索。唯有在男人身上，才能找到推崇並恪守誓言的動機，因爲女人不能理解既有誓言的約束力。一些有關女人忠實的例子雖然可以用來反駁這個觀點，但其價值其實並不大。那些例子或者是性默契的長期習慣的緩慢結果，或者屬於一種眞實的奴役狀況，即女人一心專注於丈夫，像狗忠於主人那樣，充滿了本能的、頑固的依賴心理；它相當於女人的一種必然欲望，即感受到那種能讓女性產生共鳴的實際接觸。

「忠於某個人」的概念是男人創造的。它來自男性的個體觀念，那個觀念不會隨著時間而改變，因而總是要求在同一個人身上得到體現。「忠於某個人」的概念是高尚的，它在天主教神聖的婚姻裡得到了突出的體現。我不打算討論婚姻和自由戀愛。按照對道德規則的最高解釋，現存形式下的婚姻與自由戀愛是格格不入的。因此，離婚便與結婚一同出現在了世界上。

儘管如此，婚姻依然可能是男人的發明。女人根本不具備對佔有權的本能意識。將秩序引進雜亂的兩性關係，這只能解釋爲男人渴望如此，只能歸因於男人建立這種秩序的力量。許多原始種族的歷史上都出現過一些時期，女人在其中發揮著巨大的影響，不過，母權制時期卻完全是一妻多夫制的時期。

母親和孩子的關係，與妓女和孩子的關係，這兩者之間的差異能讓我們得出很多重要的結論。一個具有強大的妓女素質的女人，往往會覺察到她兒子身上的男人氣質，並且始終會從性的角度去看待她與兒子之間的關係。但是，由於世上不存在絕對屬於母親型的女人，每一種母子關係當中便都會包含某種與性有關的因素。正是由於這一點，我才把母女關係，而不是母子關係，當作判斷女人類型的最佳依據。許多著名的生理學家，都曾把母親與兒子的關係等同於妻子與丈夫的關係。

像性欲一樣，母性也不是一種僅僅局限於具體個體的關係。一個女人具備了母性素質的時候，這種素質不但會體現在她對親生子女的態度上，而且會體現在她對一切男人的態度上，儘管後來她對自己子女的興趣可能佔據她的全部頭腦，並使她在和別人吵架時氣量狹窄、不顧事實和不講道理。

具有母性素質的女孩與其戀人之間的關係非常有趣。這種女孩往往會用做母親的態度去對待她所愛的男人，尤其是那個日後將成爲她孩子的父親的男人。事實上，從某種更深刻的意義上說，那個男人就是她的孩子。母親型女人的最深刻本性，往往會自動地表現爲一種同一性，即兼母親和鍾情的妻子於一身。母親們構成了人類持久性的根莖，而個體就是從這個根莖上生長出來的；面對這個根莖，作爲個體的人認識到了自己生存的短暫性。正是這個觀念，使人在母親身上看到了某種永恆的東西，即使她還是個小姑娘，也會如此。也正是這個觀念才使孕婦顯得意義重大。人類的永久平安就包含在這個信念的奧祕中。在這個奧祕面前，人感到了自己的生命是短暫的。在這樣的時刻，男人或許會認識到什麼是自由與安寧。男人思索這個神祕而無言的觀念時，或許會想到他正是通過女人才和宇宙建立了眞正的聯繫。他變成了他所愛的那個女人的孩子，而那位「母親」則對著這個孩子微笑，理解他，照顧他（齊格飛與布蘭希德，第三幕）。但這種情況不會持續多久（齊格飛自動離開了布蘭希德）。一個男人，唯有當他能在族群中獨立自主、能使自己高於族群的時候，才算達到了成熟。這是因爲，父性（paternity）並不能滿足男人內心最深處的那些渴望，「行將消失在族群裡」這個觀念會使他感到厭惡。叔本華的《意志與表像的世界》一書的〈死及其與我們不滅本性的關係〉一章，是世界上一切偉大著作中，以最令人不快的方式寫出的最恐怖的一章。它把維持人類繁衍的永恆意志，表述爲唯一眞正永恆的意志。

正是人類這個物種的永恆性，把勇氣和毫無畏懼的精神賦予了母親。與此形成對照的，則是妓女的怯懦和恐懼。母親的勇氣不是個性的勇氣，不是來自對自由和價值的內心感覺的勇氣，而是一種欲望，這種欲望使人類得以繁衍，並通過母親發揮作用，保護丈夫和孩子。母親和妓女分別具備勇氣和怯懦，因此，她們也分別具備了另一對互相對立的觀念，即希望和恐懼。絕對意義上的母親永遠懷有希望，因爲她是通過族群而生存的，在死亡面前，她並不感到恐懼；而妓女卻一生都在害怕死亡。

母親通過對男人的一種優越感而感覺到自己。她知道自己是男人的支撐，因爲她處在一種安全的位置上，她處在一代代人構成的鏈條當中，所以，母親可以被喻爲港灣，每一個新個體都要從這個港灣啓程，到公海上漂泊。從懷胎那一刻開始，母親便在身心兩方面做好了養育和保護子女的準備。這種保護後代的優越地位會自動擴展到她的愛人身上。母親型女人能理解男人身上一切簡單、幼稚和孩子氣的東西；而妓女型女人則最懂得男人的變化無常和優雅趣味。母親懷有一種強烈的渴望，那就是教育孩子，給孩子一切，即使孩子是由愛人所代表的，也是如此；而妓女則想方設法地利用男人，企圖從男人那裡獲得一切。作爲人類這個物種的支撐者，母親會用友善的態度對待人類的所有成員。唯有在一種情況下，母親才會變得冷酷無情，那就是不得不在自己的孩子與他人的孩子之間做出取捨的時候。因此，母親既可能比妓女更富於愛心，也可能比妓女更冷酷無情。

母親與人類之間保持著一種連續而完整的關係；妓女則完全處於這種關係之外。母親是人性唯一的辯護者和宣揚者。母親體現著人類的生存意志；而妓女的存在則表明：叔本華宣布一切性活動都僅僅與未來的一代有關，這個說法未免過於籠統了。母親只關心人類這個物種的生命，從一個事實當中就可以清楚地看到這一點：最好的母親往往根本不會去關心動物。好母親的頭腦最爲泰然鎭定，爲了她的家庭，她可以接連不斷地殺死一隻又一隻家禽。做了母親的女人，乃是其他一切生靈的殘忍的後娘。

母親與人類繁衍的關係，其另一個突出方面在食物問題上自動表現了出來。她不能忍受浪費食物，無論所剩的食物有多麼少；而妓女卻會肆意糟蹋她索取的大量食物和飲料。母親吝嗇小氣，斤斤計較；而妓女則大手大腳，揮霍無度。母親的生活目標是延續人類，她的快樂就是看她的孩子們吃東西，並且鼓勵他們多吃。因此，母親就變成了好主婦。刻瑞斯[5]就是一位好母親，她的希臘文名字「得墨忒耳」（Demeter）就反映了這個事實。母親關心孩子的身體勝於關心孩子的頭腦。〔讀者不妨比較一下易卜生的《彼爾‧金特》第二幕中蘇爾維格（Solveig）的父親與阿絲（Aase，她或許是全部文學中塑造得最好的母親）之間的交談。當時，這兩人正在商量尋找他們的兒子。阿絲：「我們要去找他。」她的丈夫：「還要拯救他的靈魂。」阿絲：「還有他的肉體。」——作者原注〕母親與孩子之間的關係始終都是物質性的，從孩子小時候給他們的親吻、擁抱到孩子成年後給他們的保護。母親把全部心思都傾注在了子女在物質上的成功和富足上。

因此，我們便不能說母愛建立在道德的基礎上。任何人都可以自問：如果他是一個與現在的自己截然不同的人，他母親是否還會像現在一樣深愛著他。母愛（親）對孩子的愛絕不會因孩子而異，單憑「那是她的孩子」這一點就足夠了。因此，母愛便不能被看作一種以道德為基礎的愛。男女之愛或同性之愛總是會涉及雙方的個人品質；而母愛則會一視同仁，自動擴展到母親的所有子女身上。母親對自己孩子的愛始終不渝，無論這個孩子最終變成了聖徒還是罪人、國王還是乞丐、天使還是惡魔。我們若明白了這一點，便可以懂得母愛並不以道德為基礎。另一個事實也能讓我們得出完全相同的結論，那就是：孩子全都認為自己理當享有母愛，其理由僅僅是母親生了他們。母愛與道德無關，這是因為它與被它賦予生命的個體性毫無關係，而唯有在兩個個體之間才會存在倫理關係。母親與子女的關係始終都是肉體關係的折射。母親在另一個房間裡時，如果孩子突然尖叫或大哭起來，她立即就會衝進孩子所在的房間，彷彿受到傷害的就是她自己。孩子長大以後，他們的每一個希望或者煩惱，全都會被他們的母親直接分享和分擔，彷彿它們就是她自己的希望或者煩惱。母親與子女之間存在著一條牢不可破的血肉紐帶，如同孩子出生前那條將兩者連接起來的臍帶一樣。這就是母親與子女關係的真正本質。若問我對母愛的看法，我很不贊成時下人們讚美母愛的方式，它把不分對象的母愛推崇為一種美德。我堅信我的一個見解是正確的：偉大的藝術家們雖然已經看到了母愛的盲目性，卻寧願對此保持沉默。對拉斐爾格外過分的溢美是毫無根據的；

而謳歌母愛者也並不比菲夏特（Fischart）或黎謝班更高尙。

母愛是一種出於本能的天性衝動，動物的母愛絲毫不亞於人類的母愛。僅此一點便足以表明：母愛並不是眞正的愛，並不起源於道德，因爲一切道德都來自可理知的性格，而動物（由於沒有自由意志）並不具備這樣的性格。唯有具備了理性的動物才能聽到倫理的絕對命令（ethical imperative）發出的聲音。世上根本不存在「自然的道德」這種東西，因爲一切道德全都必定是自我意識。

妓女的位置不僅僅在於延續人類活動，她不僅僅是生命之鏈（chain of being）的通道，且不甚在乎地保護這通道。從這個意義上說，妓女型女人的位階高於母親型女人，至少在可能從道德的角度討論女人的時候。

用全部時間照顧丈夫和孩子的主婦，或在住宅和園子裡工作（或管理工作），或從事其他形式的勞動，她們的智力水平是很低的。精神發展程度最高的女人，即詩歌中讚美的那些女人，則屬於妓女型的女人。除了這些阿斯帕西婭型的女人之外，還必須加上浪漫派的女人，而其中的佼佼者，則要首推卡洛琳·謝林。

這個現象恰好符合我們提到過的一個事實：唯有那種喜歡母親型女人的男人，才絲毫沒有發展心智能力的欲望。一個男人，如果其父性僅僅局限於孩子和自己的下腹，我們便可以想見他會選擇母性型的、有生育能力的女人。偉人們每每都喜歡選擇妓女型的女人。（請注意，我每次使用「妓女型女人」這個說法的時候，都絕不是僅指那些沿街拉客、只為賺錢的女人。）偉人們的選擇會落在那些不生育的女人身上，而一旦出現問題，他們與女人的關係便會產生麻煩，然後很快完結。普通的父性也像母性一樣，幾乎與道德毫無關係。父性是無關道德的，我將在本書第二部分第十四章裡說明這一點。父性也是無邏輯可言的，因為它涉及的是幻想。任何男人都不知道自己的父權能維持多久。享有父權的時間是短暫的、轉瞬即逝的；每一代人以及每個人種都有可能很快消失。

由此可見，對母親型女人的讚譽是非常沒有道理的。對她們的讚譽廣為流傳，僅僅獻給她們，對她們備加推崇，甚至認為她們是唯一可能存在的一類女人。大多數男人都肯定每個女人唯有在母性當中才能達到完滿，儘管如此，我還是不得不承認：妓女（不是作為個人，而是作為一種現象）在我看來卻更值得尊敬。

人們對母親的普遍尊重來自各種原因。

其主要原因之一大概是：在男人眼裡，母親似乎更接近他關於貞潔（chastity）的理想。不過，渴望生孩子的女人已經不再比垂涎男人的妓女更貞潔了。

男人獎勵母性型女人所體現的較高道德，其方法就是說她在道德和社會地位方面都高於妓女型的女人（儘管這個說法毫無道理）。妓女型的女人既不符合男人的評價標準，也不符合男人在女人身上尋找的關於「貞潔」的理想。作為追求享樂的女人，或者作為多少算是屬於半上流社會的女人，或者作爲臭名昭彰的街頭妓女，妓女型女人在心中將自己放在了與母性型女人截然對立的位置上。因此，社會的排斥、實際生活中妓女職業的非法化，才幾乎是當今妓女的普遍命運。母親完全符合男人的道德強求，因爲她只對孩子和人類的延續感興趣。

妓女與母親截然相反。她只按照自己的意願生活，即使她的意願會使她遭到被社會排斥的懲罰，她也會如此。誠然，她不像母親那麼勇敢，因爲她滿懷著怯懦；不過，她卻具備與怯懦相關的品性，那就是厚顏無恥。對自己的厚顏無恥，她並不感到羞恥。她天生就贊成多偶婚姻，隨時都準備去吸引更多的男人，而不僅僅吸引那個足以作爲家庭創建者的男人。她無拘無束地滿足自己的種種欲望，感到自己像個女王；她最熱切的願望就是獲得更多的魅力。這種狀況很容易使母親型女人感到悲哀或震驚，而誰都無法使妓女感到受了傷害和冒犯。母親必須維護她作爲人類衛士的榮譽；而妓女卻早就堅決放棄了社會的一切尊重，並爲她的自由而自豪。唯一能使她不安的念頭就是她可能會失掉魅力。除了期望每一個男人都想佔有她，她沒有其他心願；她一心期望男人們別無所想，而只想到她，只爲她活著。當然，她對男人最有吸引力，而妓女的魅力是一種對人類生活產生強烈作用的影響，它是唯一不受男人制定的法規約束的影響。

在這一點上，妓女和政界著名男人之間非常相似。在許多個世紀當中才會出現一位偉大的征服者（例如拿破崙和亞歷山大），同樣，許多個世紀當中才會出現一位高級名妓。不過，高級名妓眞的出現以後，她卻會在世界各地所向披靡。

政界著名男人與高級名妓之間存在著某種相似性（每個政治家都是一定程度上的民衆領袖，這本身就意味著某種類似賣淫的行爲）。兩者具有相同的權力感，都必須和所有的人（甚至包括最低賤卑微的人）維持關係。偉大的征服者堅信自己同任何人說話都是在向對方施恩，同樣，妓女也是如此。看看妓女與警察說話或在商店裡買東西的情景，你便會知道她如何向別人施恩，它表現得非常明顯。男人最願意接受一種觀點，即他們從政治家或者妓女那裡得到了恩惠。（讀者不妨回想一下，像歌德那麼偉大的天才，也把他在厄爾福特與拿破崙的會面視爲殊榮；而另一方面，我們也會想到潘朵拉的神話和維納斯誕生的故事。）

現在，我再回來談談我在第二部分第五章提到的那個話題，即那些偉大的實踐家[1]（軍事家）。連卡萊爾這麼富於遠見的人也曾讚美過實踐家，例如，他的〈作爲王者的英雄〉（The Hero as King）[2]那一章就是如此。我已經表明過我不能接受這種觀點了。這裡我還要

1　根據本書第二部分第五章《才能與記憶》中的解釋，作者使用的實踐家（man of action）一字包括政治家和軍事家。

2　這是卡萊爾《英雄與英雄崇拜》一書第六章的標題。

補充一句：一切大實踐家，甚至包括其中最偉大的人物，例如凱撒、克倫威爾和拿破崙，全都會毫不猶豫地撒謊作僞；亞歷山大大帝曾毫不猶豫地爲他的一次謀殺進行詭辯。但是，不誠實卻與天才互不相容。寫於聖海倫那島的《拿破崙回憶錄》裡充滿了歪曲事實的陳述和詭辯；而拿破崙臨終的最後一句話「我只熱愛法蘭西」，也不過是表白自己無私的一個姿態。拿破崙，這個最偉大的征服者，已經足以作爲證據，證明大實踐家全都是罪犯，因而全都不是天才。若想到拿破崙曾那樣竭盡全力地逃避他自己，人們便會理解他。所有征服者，無論大小，心中全都存在著逃避自我的因素。正因爲拿破崙具備了巨大的才能，具備了超過他以前任何皇帝的才能，在撲滅自己心中不贊同的聲音時，他才會更感到困難重重。他野心的動機，就是那種壓抑他較好自我的渴望。一位眞正的偉人會坦白地表示他渴望讚譽和美名，但他的目標卻不是實現個人野心。他不會試圖用表面的、短暫的聯結將自己與世界連在一起，不會在自己的名字上方堆砌起包羅世間萬物的金字塔。和癲癇病人一樣，實踐家也懷著一種欲望，即想用罪犯的態度去對待他周圍的一切事物，使它們全都成爲他那個渺小自我的附屬品。偉人感到自己具有獨立的人格，是與其他世人分離的，是眾多單子當中的一個；並且，作爲一個眞正的微觀世界，他還會感到世界已經在他心中。他能最充分地理解自身經驗的意義，懂得他與世界的整體之間存在著一種明確、可靠和可理知的關係。偉大的民眾領袖和高等名妓不會感到自己與世界之間有什麼界線，他們能與世界融爲一體，並將世上的一切都作爲他們經驗性自我的裝飾品；他們不具備感受愛情、溫情或友情的能力。

童話故事裡那個想征服星星的國王，就是征服者的完整形象。偉大的天才以自己爲榮，在生活中無須與大衆溝通，而政治家卻不能如此，因爲他們必須與大衆溝通。大政治家既能使自己的聲音在全世界迴響，又不得不到大街上去唱歌；他既可以把世界變爲自己的棋盤，又不得不神態自若地走進雜貨亭；他既是暴君，又是向人乞討救濟的乞丐。政治家不得不去討大衆的歡心，而這恰恰是他與妓女的共同之處。政治家是沿街拉客的男人。他必須借助公衆才能達到自己的目的。他需要的是作爲整體的大衆，而不是衆多眞正意義上的個體。他如果不夠聰明，便會竭力擺脫那些偉人；而他若是非常精明（像拿破崙那樣），便會裝作尊重那些偉人，以使他們變得對他無害。政治家對公衆的依賴性，使他不得不採用一些諸如此類的做法。政治家不可能實現自己的全部心願，即使他是拿破崙，也不可能做到；而他如果與拿破崙不同，而眞心希望實現自己的理想，他很快便會從民衆那裡得到更好的教育，因爲民衆才是他眞正的導師。覬覦權力者，其意志必定會受到限制。

每個帝王都能意識到自己與民衆之間的這種關係，都對其衆多的子民、對其軍隊、對其治下的選民懷有一種近於本能的愛。眞正的政治家，不僅在奧勒留和戴克里先身上得到了體現，也體現在了克里昂、安東尼、狄米斯托克利和米拉波身上。野心意味著走入民衆。

在這方面，民衆領袖不得不向妓女學習。按照愛默生的說法，拿破崙常常微服出行，與民衆混在一起，以激起民衆的歡呼和讚美。席勒也爲他塑造的華倫斯坦設計了同樣的做法。

迄今爲止，甚至藝術家和哲學家都一直在把大實踐家的表現看作絕無僅有的現象。但我認爲，我的分析已經表明：實踐家與妓女之間存在著最鮮明的相似性。乍看起來，分析安東尼與克麗奧佩特拉之間的相似之處，這似乎十分牽強；儘管如此，這兩人之間的相似之處其實是非常明顯的。大實踐家不得不蔑視自己的內心生活，唯有如此，他才能完全地「生活在世界中」，而他也必定會像世上的萬物一樣消失。妓女必須棄絕女性的永恆目標，才能生活在種種瞬間的本能中。名妓和偉大的民衆領袖就是燒毀他們周圍一切的火把，他們的道路上留下的是死亡和廢墟；他們會像流星那樣地隕逝，與人類生命的進程沒有關聯，對人類生命的目標毫無影響，很快便會銷聲匿跡。天才和母親則爲了未來而默默地工作。妓女和民衆領袖可以被稱爲「上帝之敵」——他們都是反道德（anti-moral）的現象。

因此，我們必須把大實踐家排除在天才者的範疇之外。眞正的天才，無論他是藝術家還是哲學家，總是以他與世界之間的建設性聯繫爲鮮明標誌。

促使女人去做妓女的動機，尚需進一步考察。母性型女人的目標很容易理解；她是人類的維護者。但是，賣淫的根本動機卻神祕得多，任何人只要對此稍加思索，都會懷疑賣淫的動機是否眞能得到解釋。看看這兩種類型的女人與性行爲之間的關係，或許有助於我們的考察。我希望，任何讀者都不要懷著哲學家的義憤去思考這個問題。最重要的在於考察這個問題的指導精神。我們至少清楚一點：以麗達和達那厄爲題材的畫家們已經仔細思考過了這個問題。很多偉大的作家想必也都思考過這個帶有普遍性的問題，而並沒有僅僅是想描述一些具體事例，這些作家和作品包括：左拉的《克洛德的懺悔》和「娜娜」；托爾斯泰的《復活》；易卜生的「海達·伽布勒」和「麗塔」；而最重要的是杜斯妥耶夫斯基這位偉大的靈魂筆下的「索妮亞」。

母性型的女人把性關係看作達到目的的手段；妓女型女人則把性關係看作目的本身。除了繁殖，人類的性交很可能另有目的，這一點是很明顯的，因爲很多動物和植物的交配全然沒有別的目的。另一方面，在動物界中，交配總是與繁殖有關，從不會僅僅出於情欲；不僅如此，動物的交配還僅僅發生在適於繁殖的季節。性欲完全是大自然用來確保物種延續的手段。

對妓女來說，性交本身就是目的；儘管如此，我們還是絕不能認爲性交對母性型女人就毫無意義。毫無疑問，這兩種類型當中都存在著性冷淡的女人，只是數量極少而已，而許多明顯的事例其實都屬於歇斯底里的現象。

有一個事實可以清楚地揭示妓女賦予性行爲的最重大意義：唯有妓女型女人才會賣弄風騷。賣弄風騷無不包含著性的意味，其目的在於使男人事先想像出他對女人的征服，從而誘使男人做出征服女人的實際行動。妓女型女人隨時準備向任何男人賣弄風騷，這是她天性的表現，至於它是否會走向下一步，則完全取決於機緣和環境是否適當。

母性型女人把性行爲看作一系列重要事件的開始，所以也像妓女那樣賦予它特別重要的價值，只是方式不同而已。母性型女人在性交中實現了心願，達到了完滿，得到了滿足；性行爲使她的生活變得更豐富，變得對她更有意義。而對妓女型的女人來說，性交就是一切，性交就是一生的濃縮和目的；她永遠不會感到滿足，也永遠不可能得到滿足，即使世界上所有的男人都與她性交，她也不會感到滿足。

正如我已經表明的那樣，女人的性欲遍布全身，而具體的性行爲只是強化了她已經被激發的感覺而已。兩種類型女人之間在這方面的差別也會自動地展現出來。妓女型女人賣弄風騷，這完全是在把她身體的普遍性欲作爲目的本身來使用；在她眼裡，調情與性交只有程度上的不同。母性型女人也充滿了性欲，但目的卻不同；通過她整個的身體，她的一生都可以受孕。這個事實說明：我曾經提到過的銘印論的正確性是無可爭辯的，儘管科學家們和醫生們都紛紛否定這個理論。

父性是一種擴散性的關係。很多事例（儘管科學家對它們尙有爭論）都表明：生殖細胞並不能直接造成一種影響。據說，如果白種女人爲黑種男人生過孩子，她們以後若是再爲白種男人生孩子，由於她身上遺留著以前配偶的明顯影響，其結果會出現在後來的孩子身上。所有這些事實都可以歸入「前父遺傳」[3]和「胚胎感染」等現象當中，儘管科學家對此還有爭論。這些事實支持了我的觀點。同樣，母性型女人在整個一生當中，也會受到愛人、聲音、話語和無生命事物的深刻影響。她會把自己受到的所有影響都轉變成她的生存目的，轉變成用來塑造自己子女的東西，而那個「眞正的」父親則不得不與其他男人或者其他事物分享他的父權。

女人受孕不僅是通過生殖器官的接觸，而且是通過她全身的每一根神經。一切生命都會對她產生影響，並把它們的形象投射到她的孩子身上。在純肉體領域，這種普遍性與天才非常相似。

妓女的情況則大不相同。母性型女人將整個世界、將愛人的愛情全都用作己用，讓自己受到的一切影響都服務於養育子女；而妓女型女人卻爲了自己去吸取一切。妓女型女人需要吸取男人的一切，但男人也能從她身上獲得某種東西，而它是在衣著不整、毫無趣味的母性型女人（母性型女人註定會如此）身上找不到的。男人心中的某種東西需要快樂，而他能從風騷女子那裡得到那些快樂。與母性型女人不同，風騷女子想到的，唯有世間的快樂、跳舞、穿著打扮、劇場、音樂會以及尋歡作樂的場所。她們懂得黃金的用處，能把黃金變爲奢

3　前父遺傳（telegony）：又稱感應遺傳，一種生物學假說。它認爲，與某一母獸交配過的公獸的特性能遺傳給該母獸與其他公獸所生的後代。

修（而不是變爲舒適）；她們的光芒能照亮整個世界，能把世間的一切都用於展示她們美麗肉體的勝利進軍。

妓女是世界的大誘惑者，是女性的唐璜，是一種了解愛的技藝、修習愛的技藝、傳授愛的技藝、享受愛的技藝的生靈。

我所描述的兩種類型的女人之間，存在著非常深刻的差別。母性型女人強烈渴望看到男人表現出來的責任感，這並不是因爲她領悟到了責任感的價值，而是因爲責任感是實際生活的支撐。她自己從事勞作，不像妓女那樣遊手好閒。她心中充滿了對未來的關懷，因而要求男人在實際生活中表現出相應的責任感，而不會引誘男人去尋歡作樂。與此相反，妓女型女人卻最迷戀那種無憂無慮、遊手好閒、揮霍無度的男人。喪失了自我約束的男人最不喜歡母性型的女人，最迷戀妓女型的女人。世上既有些女人會對她在學校虛度光陰的兒子感到不滿，但也有些女人鼓勵孩子的散漫悠閒。勤奮的孩子使母性型女人感到愉快；懶散的孩子則會得到妓女型女人的贊同。在社會的體面階層當中，這個差別表現得更加明顯，其中一個突出的例子是：妓女型女人鍾愛的那些「好人」往往都是罪犯。靠妓女養活的人全都是些罪犯、小偷或者騙子，有的甚至是殺人兇手。

幾乎可以說：無論將女人的道德看得多麼微不足道（女人只是與道德無關），賣淫與犯罪之間都存在著深刻的聯繫；而母性和那種與賣淫截然對立的性向之間，也存在著同樣深刻的關聯。但是，我們絕不能把妓女等同於女罪犯。正像我剛剛指出的那樣，女人不是罪犯；她們在道德等級上的位置太低，因而不能被稱爲罪犯。儘管如此，妓女型女人與犯罪之間還是存在著一種固定的聯繫。高等名妓堪與一種大罪犯（即大征服者）相提並論，並且隨時都可以與那種大罪犯建立切實的關係。沒有名氣的妓女則會去取悅盜賊和小偷。事實上，母性型的女人是現實生活的保衛者；而妓女型的女人則是現實生活的敵人。不過，母親是與身體（而不是與靈魂）和諧一致的，同樣，妓女也絕不是身心和諧這個理念的粗暴破壞者，而只是這種經驗現象的敗壞者而已。肉體生存和肉體死亡，全都密切聯繫著性行爲，而女人的兩種能力（即做母親和做妓女）則體現了肉體的生與死。

我們現在依然不能對母性與賣淫的眞正意義做出更清晰的論斷（我一直在做這樣的嘗試）。我踏上的是一條陌生的路，以前的任何旅人幾乎從未涉足過這條路。宗教神話和哲學都不能詳細闡明那些論斷。不過，我畢竟找到了一些線索。賣淫的反道德意義與一個事實相符，即唯有人類當中才存在賣淫現象。在整個動物界裡，雌性的作用都僅僅是繁殖；凡是眞正的雌性都絕不會不生育後代。不過，雄性動物當中卻存在著與賣淫相似的現象。只要想想孔雀的自我炫耀和繽紛羽飾，想想螢火蟲的微微閃光，想想鳥兒的啼囀鳴叫，想想許多種雄鳥的求愛之舞，便可以明白這一點。然而，這些次要的性展示卻純屬性的廣告。

賣淫僅僅存在於人類當中；動物和植物則與道德無關，它們根本不具備不道德的意念，而僅僅具備母性。賣淫是一個深奧的祕密，它深深地隱藏在人類的天性和起源當中。我應當糾正我早先的一個說法，因爲我現在認爲：所有的女人都可能具備做妓女的素質，而動物僅僅具備母性的能力。賣淫滲入了雌性人類的天性深處，連最接近雌性動物的母親都會受它影響，與雄性人類的放蕩性格相應，而是放蕩乃是雄性人類區別於雄性動物的特徵。男人的道德放蕩是男人區別於雄性動物的標誌，同樣，妓女素質也是雌性人類區別於雌性物動物的標誌。對男人與這種女性素質之間的關係，我將在本書的末尾做出進一步論述。不過，賣淫的最初起因卻很可能是一個深奧的謎，任何人都無法眞正地破解它。

第十一章 愛欲與審美

女人以及憎惡女人——愛欲與性欲——柏拉圖式的愛（精神戀愛）——愛的理念——女性美——女性美與性衝動的關係——愛與美——美學、邏輯學與倫理學之間的區別——愛的模式——心理投射現象——美與道德——自然天性與倫理——自然美與藝術美——性愛之罪——愛憎與道德——魔鬼的創造——愛與同情——愛與羞澀——愛與虛榮心——將愛女人作為達到目的的工具——孩子與愛、孩子與性欲的關係——愛與謀殺——聖母瑪利亞崇拜——聖母瑪利亞是男性的理想，不具備女性素質的基礎——女人有性欲而沒有愛欲——女人的美感——男人對女人的影響——女人的命運——男人為什麼愛女人我現在已從各個方面檢驗了那些通常被用來推崇女人的論據，只剩下幾個尚有爭議的觀點，而我將從批判哲學的角度再次談到它們。我希望，我已經證明了我有意選擇的這個基礎是正確的，儘管我確實應當把叔本華的命運看作對我的一個警告。叔本華在他的《論女人》這部哲學論著中對女人的蔑視，被頻頻地歸因於他的一段經歷，即一個美麗的威尼斯姑娘，他的同伴，愛上了外表極為英俊的拜倫；這似乎是認為，如果叔本華在女人方面的運氣最佳而不是最差，他便不大可能產生蔑視女人的觀點。

僅僅將一切批判女人的人稱作憎惡女人者，而不是用論據去反駁他們的觀點，這種做法其實是大大歪曲了這個字的涵義。憎惡從來都不會是不偏不倚的，因此，說一個人對自己批評的對象抱有敵意，這就立即會使此人面臨諸多指控，例如不真誠、不道德和心懷偏見等等；人們會認為此人以誇張的詞句譴責女人，卻避開了要點，而這種做法完全就是有欠公正。這類回答每每總能奏效，它們的目的在於不讓辯解者反駁對他的真正指控。這是絕大多數男人手中的一種最古老、最方便的武器，他們永遠都不希望看到現實中的女人究竟是什麼。凡是真正深入地思考過女人的男人，都不會對女人作出很高的評價。男人要麼會蔑視女人，要麼就是從未認真地思考過女人。

在理論辯論中，提及對手的心理動機，而不是用證據去反駁對手的論點，這無疑是一種靠不住的方法。

不言而喻地，在邏輯論辯中，雙方應當讓自己服從於眞理的客觀概念，他們的目的應當是獲得結果，而結果與他們自己的具體觀點無關。然而，如果參與辯論的一方已經依靠一系列邏輯推理得到了某個結論，而另一方只是反對這個結論，卻沒有遵循推理的過程，那麼，立即檢查促使後者放棄辯論而採取謾罵的心理動機，這就是既公平又正當的了。我現在要考察女人的擁護者，看看他們這種態度當中究竟有多少來自對女人的多情，有多少來自公正無私，還有多少出於自私的動機。

一切對輕視女人者的反駁，全都以男女間的愛欲關係爲依據。這種關係絕對不同於動物界裡純粹的性吸引，在人類事務當中發揮著最重要的作用。認爲性欲（sexuality）與愛欲（eroticism）[1]，即性衝動（sexual impulse）與愛情（love），兩者在本質上完全是一回事，這個觀點是非常錯誤的，因爲後者（愛欲，愛情）是對前者（性欲，性衝動）的修飾、淨化、高尚化和昇華。但是，所有的醫生事實上都贊成這個觀點，連康德和叔本華這樣的人也這樣認爲。在闡明兩者之間的這種巨大差異以前，我應當先談談我對康德和叔本華的看法。

1 eroticism這個字通常可以譯爲「情欲，性愛」或「色情」。但在本章裡，作者將此字定義爲一個與性欲（sexuality）相對立的概念，其涵義很接近一般所說的愛情，故本章將此字譯爲「愛欲」，其中更強調的是愛而不是欲。請讀者注意這個用法。

康德的見解沒有多少分量，因爲他對作爲性衝動的愛的了解一定是少而又少，很可能比其他任何男人了解的都少。他幾乎沒有產生過愛欲，甚至從未產生過要去旅行之類的欲望。（從性的欲望聯想到旅行的欲望，這或許會讓讀者感到驚異。這種聯想建立在形而上學的基礎上。我進一步闡述我的愛欲理論時，這種聯繫會顯得更加明顯。像空間一樣，時間也被人們設想爲無限的。人懷著對自由的渴望，試圖依靠自由意志的力量所激發的努力，去超越自身的局限，因而渴望著無限的時間和無限的空間。旅行的欲望其實就是這種不安分心理的表現，就是精神對其羈絆的根本性煩躁的表現。但是，不朽並不等於被延長了的時間，而是對時間的否定；同樣，無論一個人流浪多遠，他雖然可以擴大自己的活動範圍，卻依然無法取消空間。因此，他超越空間的努力就註定總是以英勇的失敗而告終。我將在後文裡表明：他的性愛同樣是一種顯著的失敗。——作者原注）康德代表的那種類型過於高潔，過於純粹，因此他在這個問題上的見解就沒有權威性。他唯一的激情就是形而上學。

叔本華幾乎不知道什麼是愛欲的更高級形式。他的性欲是粗糙混亂的。有一個事實可以表明這一點：叔本華的面容上很少表現出仁慈，卻表現出大量的殘忍（這種狀況必定使他非常悲哀，而一個對自己感到十分悲哀的人，是不會表現出道德上的同情心的。最富於同情心的人，是那些絲毫不自我憐憫的人，例如康德和尼采）。

但我可以肯定地說：唯有最富於同情心的人才能產生強烈的激情。那種「對一切都不感興趣的人」是無法產生愛情的。這並不意味著這種人生性殘忍。恰恰相反，他們可能處在非常高的道德水平上，卻不知道他們的鄰人在想什麼、做什麼，並且只能意識到與女人的性關係，而意識不到與女人的其他關係，叔本華就是如此。叔本華對性衝動的了解再清楚不過，卻從來沒有產生過愛情。若不是如此，他的名著《性愛的形而上學》（*The Metaphysics of Sexual Love*）就無法理解了，而其中最重要的見解就是：一切愛情的無意識目的不是別的，而僅僅是「製造下一代」。

我希望我能證明這個觀點是錯誤的。誠然，世界上從不存在完全沒有性欲的愛情。無論一個人的地位有多高，他都是一個有感覺的動物。與此截然相反的觀點則堅決認爲：這樣的愛情（它並不涉及愛情的審美原理）與一些迫使雙方走向性結合的要素是根本對立的。事實上，這些要素往往會否定愛情。愛情與欲望是兩種互不相似、互相排斥、互相對立的狀態。一個人陷入了眞正的愛情時，與戀愛對象肉體結合的念頭是無法想像的。這是因爲，任何不包含絲毫畏懼的希望都不能改變一個事實：希望與畏懼是兩種截然對立的原則。性衝動與愛情的關係就是如此。一個男人的愛欲越多，他的性欲給他造成的麻煩就越少；一個男人的愛欲越少，他的性欲給他造成的麻煩就越多。

不存在完全不包含欲望的愛慕，如果這個說法是正確的，那就沒有理由認爲這兩者應當是相同的，因爲優秀的人也有可能達到這兩者的最高階段。一個男人若說他愛一個他渴望得到的女人，他不是在撒謊就是從不知道愛情是什麼。性衝動與愛情迥然不同。正因爲如此，婚後談論愛情才大多都是在說假話。

以下的事實可以說明一些人的觀點是多麼愚蠢，他們用無意識的冷嘲態度，堅持認爲性衝動就是愛情。性吸引力會隨著肉體距離的接近而增加；愛情卻是當被愛者不在眼前時最強烈。要維持愛情，雙方便需要分開，需要彼此保持一定距離。事實上，只憑與被愛者偶然的、不經意的肉體接觸，就能獲得走遍世界都無法獲得的東西，就能做到時間所無法完成的事情；而在這種接觸中，性衝動一旦被喚醒，那就足以立即殺死愛情。因此，對分辨能力更高的偉人來說，能激起性欲的姑娘，與能喚起愛情、卻絕不會激起性欲的姑娘，這兩類女人的臉部、體型和氣質總是彼此截然不同；她們是兩類不相同的生靈。

還有一種「柏拉圖式的愛情」，精神病學的教授們對它很不以爲然。但我寧可說，世上只有「柏拉圖式」的的愛情，因爲其他一切所謂「愛情」全都屬於感覺的王國。柏拉圖式的愛情是對貝阿提絲的愛，是對聖母瑪利亞的崇拜；而那個巴比倫女人則是性欲的象徵。

我們必須擴展康德所闡述的超驗的愛情理念，才能相信它們是正確的。這是因爲，純粹的精神戀愛，即柏拉圖式的愛或者布魯諾式的愛（它們絕對不包含欲望），不是別的，而只是一種超經驗的概念；它作爲概念的意義不會受到損害，因爲這樣的愛從來就沒有被眞正地實現過。

這也是《唐懷瑟》提出的問題。我們會想到唐懷瑟、佛夫倫、維納斯和聖母瑪利亞。特里斯坦和依索德這對戀人一勞永逸地彼此找到了對方——他們選擇的是死亡而不是婚床。這絕對是一個證據，它表明人類當中還存在著一種更高級的、大概是形而上的愛情，正像布魯諾的殉難所體現的愛那樣。

這種愛的對象是誰？是本書中描述的那種女人嗎？她缺少一切高尚的品質，她從別人那裡獲取自己的價值，她不具備依靠自己去獲取價值的能力。不可能是這種女人。應當享有如此高尚的愛情的不是別人，而只能是符合理想美的女人，只能是完美的女人。我們現在必須找出女人身上這種美與貞潔的來源。

女性是否更美？女性美是否堪稱「唯一的美」？在這個問題上一直存在著許多爭論。眾所周知，女人裸體的時候並不是最美的。我承認，在繪畫和雕刻中，裸體女性可能顯得很美。但是，性衝動卻使人無法用純批評的、不帶感情的眼睛去觀看現實裡的裸體女人，而那種眼光卻是判斷一切美的對象時的基本特徵。但是，除了這一點以外，日常生活中絕對赤裸的女體還會給人留下一種缺少某種東西的印象，一種不完整的印象，而它與美感是無法相容的。

裸體女人在細節上也許是美的，但其總體效果卻並不美。她會不可避免地使人產生一種感覺，即她正在尋找什麼，而這會使觀者心生厭惡，而不是產生欲望。身體直立的裸體女性最能明顯地體現出她的無目的性，因爲她的生活目的來自她身外的某種事物；而在她斜倚的姿勢中，這種無目的性的感覺會大大減少。很顯然，畫家們在描繪裸體女性時已經洞察到了這一點。

但是，即使女人身體的細節也並不全都是美的，即使她的身體毫無瑕疵，無可挑剔，也是如此。女人的外生殖器是使人們無法將女體看作理想美的主要困難。如果我們認爲「男人愛女人的直接原因是他的性衝動」這一說法是正確的，如果我們同意叔本華的那個見解，即「身材矮小、肩部狹窄、臀部寬大、四肢短小的女性之所以能被稱爲美麗，完全是由於性衝動擾亂了男性的智能造成的，性衝動造就了女性美的概念」，那麼，接下來的結論就是：不應當把外生殖器排除在美的概念之外。無須長篇的闡述，我們也能證明一點：外生殖器不能被視爲美麗的，因此，男人眼中的女性美便不能被看作起因於性衝動。在現實中，性衝動與美的概念是互相對立的。最受性衝動支配的男人，最不能感覺到女性的美；而他若渴望什麼女人，也僅僅是因爲她是女人。

女人的裸體會使男人感到厭惡，因爲它能喚起男人的羞恥感。當今這個閒逸浮華的時代大肆渲染一種說法，它認爲羞恥感來自人類的穿衣，並堅決認爲反對裸體的人都違背了人的天性，且私下都懷著不道德的思想。但是，一個懷有不道德思想的男人，卻已經不會再對這樣的裸體感興趣了，因爲裸體已經對他失去了影響。他只會渴望，而不再會愛了。像一切眞正的憐憫一樣，凡是眞正的愛情都是節制有度的。無恥只表現爲一種情況——那就是男人表白自己的愛情並在那一刻相信自己是眞誠的。這種情況可被稱爲「能被想到的最大無恥」。但是，任何對愛情的表白都不會是完全眞實的，而女人隨時都願意相信愛情表白，則顯示了她們的愚蠢。

男人賦予女人的愛，是衡量女人的美麗之處和可憎之處的標準。這兩種狀態在美學裡與在邏輯學和倫理學裡大不相同。邏輯學裡存在著抽象的眞，它是檢驗思維正確與否的標準；倫理學中存在著理想的善，它造就了正當行爲的規範，而善的價值則以將意志與善聯繫在一起的決心爲基礎。在美學中，美是由愛創造的，沒有任何法則能決定對美的愛。美不會爲了服從任何愛美的絕對命令而自動呈現在人類面前（因此也根本不存在適用於一切個體的、所謂「正確的」趣味）。

其實，一切美都更近似於一種心理投射，即愛的要求的發散；因此，（男人眼中的）女性美便離不開愛，它雖然不是愛的直接對象，但女人的美就是男人的愛。這兩者並非兩種事物，而是同一種事物。

厭惡來自憎恨，同樣，愛創造了美。這只是用另一種方式表達了這樣一個事實：美與性衝動幾乎沒有多少關聯，正像性衝動與愛幾乎沒有多少關聯一樣。美既是某種無法被觸摸把玩的東西，又是某種無法與其他事物混合在一起的東西。唯有與美保持一定的距離，美才能被清晰地分辨出來。若是去接近美，它便會自動消退。性衝動的目的是尋求與女人的性結合，因此它是對女性美的否定。被佔有和享受過的女人，她的美將永遠不會再度受到崇拜。

現在我來談談第二個問題：女人的純潔與道德究竟是什麼？

從有關一切愛情起源的一些事實入手，這對展開論述會很方便。人們經常提到，對男人來說，道德與正直的一般傾向是身體的潔淨；或至少可以說，身體不潔淨的男人幾乎不會具備高尚的性格。人們大概會注意到，以前很少注意自己身體潔淨的男人，若後來開始竭力培養自己更完美性格，他同時也會努力清潔自己的身體。同樣，當男人突然滿懷激情的時候，他們同時也會強烈地渴望其身體的潔淨。幾乎可以說，唯有到了這個時候，男人才會徹底地清洗自己。若是看看天才者的情況，我們便會看到：天才者的愛情頻頻始於自我愧疚、自我羞辱和自我克制。他愛上的女人的道德似乎產生了變化，彷彿開始了一個自我淨化的過程，即使她的戀人從未和她說過話，或者只不過是曾在遠處看見過她幾次。因此，這個過程的來源不可能是那個對象；那個對象常常會是一個賣黃油麵包的女孩，一個感覺遲鈍的蠢貨，更經常會是一個漂亮的風騷女子，誰都看不到她戀人賦予她的那些無比美好的性格，唯有她戀人才看得到。誰能相信這個被愛者是一個實際存在的人呢？事實上，她喚起的那些激情，難道不是比她眞正能激發的強烈不知多少倍嗎？

戀愛中的男人愛的只是他的自我。不是愛他那個經驗性的自我，不是愛他自己的種種弱點和粗鄙之處，不是愛他自己的失敗和渺小，而是愛他渴望成爲的那一切，愛他應當成爲的那一切，也就是他最眞實、最深刻、可理知的本性，它擺脫了一切羈絆和必然限制，擺脫了人世間的一切污點。

由於肉體的實際存在，他受到了空間和時間的限制，並且爲感覺所桎梏。無論他多麼深入地觀察自己，都會發現自己深受傷害、渾身污點，卻全然看不到自己所尋找的那個毫無瑕疵的形象。儘管如此，他最大的渴望還是實現他那個理想，即找到他眞正的、更高尚的自我。因爲他無法在自身找到這個眞正的自我，所以不得不在自身之外去尋找它。他把自己的理想，即一種具備絕對價值的存在的理想，一種無法在自身找到的理想，投射到了另一個人身上。這個舉動（也唯有這個舉動）只能是愛情以及愛情的意義，而不可能是其他東西。唯有做了錯事並意識到了這一點的人才會去愛，因此，孩子就絕不會去愛。這完全是由於愛代表著一切渴望中最高的、最不可企及的願望，因爲它無法在現實經驗中被實現，因而必定始終是一個理念。愛的理想存在於另外某個人身上，並且仍與施愛者保持著一定距離；正因如此，這個理想便永遠不會成爲現實。恰恰是由於這種狀況，愛情才會聯繫到喚醒淨化的欲望，才會聯繫到竭力達到一種純精神目標，才不會被與被愛者的肉體結合所玷污。唯有如此，愛情才是意志竭力達到至善的最高尙、最強大的努力。唯有如此，愛情才能將人的眞正存在置於身體與精神、感覺與道德本性、神與野獸之間的位置上。唯有產生了這樣的愛情，一個人才能找到自我。因此，我們便可以說：很多人唯有在愛的時候才會理解自己個性和對方個性的存在；而對兩個戀人來說，「我」和「你」才會變得不僅僅是代詞，而是具有更豐富的意義。我們還可以說：唯有如此相愛的人，他們名字才會在其愛情故事中發揮巨大的作用。毫無疑問，正是通過愛情，很多人才第一次了解了自己的眞正本性，才相信了自己具有靈魂。

正是這一點，才使戀愛的男人渴望與對方保持距離——因爲他不想因爲與她的肉體接觸而玷污她的純潔——而這是爲了消除女方對他的懷疑，消除他對自己的懷疑。在愛情的影響下，許多固執的經驗主義者都轉變成了熱情的神祕主義者；其中最驚人的一例是實證主義的創始人孔德，由於他德沃的感情，他的全部理論都發生了革命性的變化。

Amo, ergo sum[2]，不僅作用於藝術家的心理，而且作用於全人類的心理。

像憎恨一樣，愛情也是一種心理投射現象，而不是一種像友誼那樣的對等（equation）現象。友誼的前提是兩個個體的平等；愛情則總是意味著不平等和不平衡。賦予某一個體一切可能具備、卻永遠不會眞正具備的品質，將她當成理想——這就是愛情。美就是這種崇拜行爲的象徵。當一個戀人終於相信「女人的美並不意味著女人的道德」時，他會頻頻地感到驚訝和憤怒。「如此的墮落」竟然會與這種「美」結合起來，這會使他進一步領悟到這種冒犯的性質。他意識不到自己所愛的女人之所以顯得美，完全是因爲他還愛著她；否則，他們之間在外部世界和內心世界的不協調就不會使他感到痛苦了。

平常的妓女絕不會顯得美麗，其原因是人的天性絕不可能把價值投射到她身上。她只能使粗鄙者感到滿足。她是最惡劣男人的搭檔。僅僅根據這一點，我們便能說明一種與道德完全對立的兩性關係。從總體上看，女人對倫理是漠不關心的，是與道德無關的，因而女人既不像違反道德的罪犯（女人本能地厭惡那些罪犯），也不像惡魔（在每個人的想像中，惡魔都是可怖的）；女人能負載他人投射給她的價值。由於女人既不行善也不作惡，她便既不抵抗又不厭惡強加在她個性上的理想。很顯然，女人的道德是後天獲得的，但這種道德是男人的道德，男人在追求最高愛情與奉獻的過程中，將這種道德轉移給了女人。

由此可見，一切美都是一種不斷更新的努力，它力求儘量體現價值的最高形式，其中包含著一種令人極爲滿足的因素。面對美的時候，一切欲望、一切自我探索全都會消失。

由於人的審美機能，一切可以吸引人的美其實都是對人如何理解理想美的考驗。美是完美存在的象徵。因此，美是神聖不可侵犯的，是靜態的而不是動態的。所以說，對美的任何改變都會顛覆和取消美的理念。美的理念體現了對個人價值的渴求和對完美的熱愛。因此，自然的美是天生的，是罪犯們永遠都不知道的美，因爲倫理最先創造了自然。所以，自然時

2（拉丁語）愛，唯有愛。

時處處都會給人以完美的印象，或是以最偉大的形式，或是以最精微的形式。自然的法則只是道德法則的具體象徵，因為自然的美體現了靈魂的高貴。正因如此，邏輯才變成了倫理的體現。愛為男人創造的是一種新女人，而不是真實的女人；同樣，藝術（即一切人的愛欲）也從混亂中創造出了宇宙間的大量形式；而正因為一切自然的美全都具有形式，全都符合自然的法則，所有的藝術也全都具有形式，一切藝術美也全都符合藝術的法則。自然法則是道德法則的現實化，同樣，自然美也是藝術美的現實化，是兩者和諧形象的自然反映，它在人的靈魂中備受崇拜。被藝術家看作老師的自然，就是藝術家從自身的存在中創造的法則。

以上對藝術的分析只是闡述了康德和謝林的思想（以及受其影響的席勒的思想）。我現在要把討論轉回到本章的主題上。我提出的主要命題是：男人關於女人道德的信念（即男人的靈魂在女人身上的投射）與男人關於女性美的概念是同一種事物，後者是前者涉及美感的那個方面。

因此，這個說法雖然顛倒了事實，但它還是可以被理解的，例如當在道德中談到一個美的靈魂的時候，或是（按照沙夫茲伯里和赫爾巴特的理論）當倫理從屬於審美的時候。我們雖然可以根據蘇格拉底和柏拉圖的思想，把「善」和「美」看作同一種事物，但我們不可忘記：美只是一種身體的形象，而道德在其中力圖表現它自身；一切美感都是由倫理創造出來的。

個體上每一種將美具體化的短暫表現都必定是虛幻的，因而只能具有虛構的眞實性。所以，美的一切個體表現都不是永恆的；對一個女人的愛必定會隨著她的年齡增長而消失。美的理念是自然的理念，因而是永恆的理念；而每一種美麗的事物，自然的每一個部分，卻都是可以消失的。永恆性唯有藉助幻想才能在有限的、具體的事物中體現出來。想在一個女人身上找到完滿的愛，這是自欺。一切與某一個體相連的愛都不是永恆的，因此對女人的愛便註定是不幸的。這種愛全都包含著固有的失敗根源。在毫無價值的地方尋求永恆的價值，這是一種英勇的嘗試。與永恆價值相連的愛，就是與絕對相連的愛，就是與上帝的理念相連的愛，無論這個理念是一種關於永恆自然的泛神論概念，還是一種超經驗的概念。凡是與個體事物（例如一個女人）相連的愛都必定會失敗。

我已經部分地解釋了人何以要親自承擔起這個重負。憎恨是我們自己的惡德在他人身上的心理投射，其作用是將我們與這些惡德分開，再去憎恨它們；人們發明惡魔，也是爲了將它作爲人心中一切邪惡衝動的載體；同樣，愛的目的是：在人爲善而鬥爭的過程中，當人感到自己不夠強大的時候，給人以幫助。愛與憎都是怯懦的表現形式，兩者十分相似。在憎當中，我們給自己描繪的圖像是：他人身上存在著我們自己那些可憎的特質；這樣一來，我們便會覺得自己已經部分地擺脫了那些特質。在愛當中，我們將好的特質投射給自己，因而創造出了善與惡的形象，這更便於我們對兩者進行比較並對它們作出評價。

戀人們在被愛者身上尋找自己的靈魂，所以，愛情就擺脫了我在本書第一部分描述的那些限制，它已經不僅僅局限於性吸引狀態內了。愛欲和性欲雖然在本質上是截然對立的，但兩者之間還是存在著相似之處。性欲將女人用作獲得快樂、獲得肉體的孩子的工具；愛欲將女人用作創造價值感、創造靈魂的孩子的工具。柏拉圖認爲：愛並不指向美，而是指向產生美（the procreation of beauty）；愛的目的是爲頭腦中的事物贏得不朽，而低層次性衝動則直接指向物種的永存。只要稍微思考一下這些概念，就可以看到它的最深刻意義。

談論頭腦的豐富成果，談論思維的概念及其繁殖，或者用柏拉圖的話說，談論靈魂的孩子，這些並不僅僅是形式上的類比，也不僅僅是詞句表面的相似。身體的性欲是有機體作出的一種努力，其目的在於使它自身的形式得以永存；同樣，愛情也是一種嘗試，其目的在於使自己的靈魂（或者說個性）得以永存。性欲和愛情都是自我實現的努力，前者藉助於身體的形象，後者則藉助於靈魂的形象。但是，唯有天才者才能接近這種完全非感覺的愛，唯有天才者才能才會試圖生產不朽的孩子，而他最深刻的本性將永遠存活在他不朽的孩子身上。

性欲和愛情之間的這種相似性還可以進一步擴大。由於最先提到這種相似性的是諾瓦里斯，許多人便認爲：性欲必定聯繫著殘忍。凡是女人生的都必定會死亡。交媾、生育和死亡密不可分。人隨時都可能死去，這種想法能立即喚起最強烈的性欲，因爲人人都決心使自己得到再生。因此，從倫理學、心理學和生物學的角度說，性結合與謀殺非常相似。性結合是對女人和男人的否定；在極端的情況下，它會奪去男女雙方對生育後代的意識。像最低形式的性欲一樣，最高形式的愛欲也並不將女人看作女人，而是看作達到目的的工具——而這個目的就是保存藝術家的個性。藝術家僅僅把女人當作屏幕，以把自己的意念投射在它上面。

對所愛的女人，男人的眞正心理總是一種漠不關心。男人在愛女人的那一刻並不理解她，也不想去理解她，儘管理解是人類結合的唯一道德基礎。人無法去愛一個被他完全理解的人，因爲他若完全理解了一個人，就必定會看清對方的不完美之處，那是人類個體不可避免的組成部分。所以說，愛情只能與完美聯繫在一起。唯有不考慮一個女人的眞實性質，而用一種迥異的、大多來自想像的眞實取代實際的心靈眞實，男人才會愛上這個女人。男人在女人身上領悟他自己的理想，而不是領悟女人本身，這種嘗試必然會摧毀女人的實際人格。因此，這種嘗試對女人來說是殘忍的。正是男人愛情中的利己主義忽視了女人，因爲它毫不關心女人眞實的內心生活。

這樣一來，性欲和愛情之間的相似性便非常明顯了。愛就是謀殺。性衝動摧毀了女人的身體和頭腦，而訴諸心靈的愛欲則摧毀了女人的心靈存在。平常的性欲只把女人看作滿足激情或是生育孩子的工具。高層次的愛欲則對女人毫不憐憫，只要求她作爲投射男人個性的載體，或者作爲心靈的孩子的母親。愛不但違背了邏輯（因爲它否定了女人的客觀實在，只要求女人的虛幻形象），而且違背了與女人有關的倫理。

我絕不是在貶低高層次的愛欲可能達到的高度，例如在聖母瑪利亞崇拜中達到的那種高度。對但丁描述的那些驚人現象，誰能閉目不看呢？但丁運用非凡的想像，將自己的理想轉移到了一個現實的女子身上，而他只見過這個女子一次，當時她還是個小女孩；他只知道那女孩日後有可能成爲一個贊蒂佩。爲了讓女人更好地作爲一個載體，將男人的價值概念投射到這個載體上，男人徹底否定了女人本身一切有價值的東西，這一點是再明顯不過了。這種高層次愛欲的三重的不道德，也比以往表現得更加明顯了：其一，對於女人，這種愛欲是一種無限制的自私，因爲實際的女人在其中已被理想的女人徹底排除。其二，對於施愛者本人，這種愛欲是一樁重罪，因爲他使美德和價值與他自己分離。其三，這種愛欲有意地背離了眞實，逃避了眞實。

最後一種能自動暴露愛欲的不道德性的形式就是：愛情妨礙了對女人的無價值性的理解，因爲愛情總是用想像的心理投射去代替眞實的女人。從本質上看，聖母瑪利亞崇拜本身就是不道德的，因爲它其實就是閉目不看現實。較爲偉大的藝術家的聖母瑪利亞崇拜就是對女人的摧毀；或許，唯有徹底否定現實經驗裡存在的女人，唯有用一個象徵取代眞實的女人，唯有重新創造一個女人爲男人的目的服務，唯有讓這個象徵的存在殺死眞實的女人，才能摧毀眞實的女人。

某個特定的男人吸引了某個特定的女人，這並不是他的美對女人產生了影響。唯有男人才具備對美的直覺，男性美和女性美的理想全都是由男人創造的，而不是由女人創造的。能吸引女人的種種特質是性欲發達的標誌；而使女人感到厭惡的特質則屬於更高級的頭腦。從本性上說，女人是陽具崇拜者，她的崇拜是一種永恆的恐懼，如同小鳥對蛇的永恆恐懼一樣，如同神話中人對梅杜莎頭顱的恐懼一樣，因為她感到她崇拜的那個對象就是將會摧毀她的力量。

我的論述過程現在已經很清楚了。由於邏輯學和倫理學只與男人有關係，我們便不能期望女人與美學之間存在著什麼更好的關係。美學與邏輯學密切相關，就像美學與哲學、數學、藝術作品和音樂密切相關一樣。另外，我現在也已經表明了美學與倫理學的密切關係。正如康德指出的那樣，美學也像倫理學和邏輯學一樣，建立在主體的自由意志上。女人沒有自由意志，因此她便不可能具備將美投射到自己身外的機能。

以上的論述涉及一個命題，即女人不會有愛情。女人沒有創造出任何理想的男性，並使之與聖母瑪利亞這個由男性創造的概念相對應。女人從男人那裡要求的並不是純潔、貞潔和道德，而是另外某種東西。女人不具備渴望男人具備美德的能力。

女人本身不會有愛情，卻居然能夠激起男人對她的愛情，這是一個幾乎無法破解的謎。男人最初通過上帝的某種奇蹟行動變成了男人，上帝僅僅把靈魂賦予了男人，在我看來，這似乎是個比較接近現實的神話或者寓言。男人在產生了愛情的時候，會部分地意識到這種對女人的深刻不公，於是作出英勇的努力，試圖給予女人一個靈魂，卻毫無成效。不過，這樣的推測已經超出了科學和哲學的範圍。

我現在已經表明了一些觀點，而女人並不希望聽到這些觀點。我現在的任務就是：表明女人希望什麼，而這種希望又如何與男性意志截然對立。

第十二章
女人的天性及女人在宇宙中的意義

女性素質的意義——女人的說媒本能——男人與說媒——對性交的高度重視——個體的性衝動，一個特例——作為交配和普遍性欲的女性素質——女人的機能性不誠實——歇斯底里——男人與野獸、男人與女人的區別——高級生命與低級生命——生與死——自由與幸福——幸福與男人——幸福與女人——女人與存在——女人的非存在性——男人之間的友誼和女人之間的友誼——說媒本能與女性素質的一致性——為什麼必須將女人視為人類——主體與對象、材料與形式，男人與女人之間的對比——「涵擬」的意義——男人賦予女人在宇宙間的意義，賦予女人形式——男人作為「有」；女人作為「無」——懼怕女人的心理——女性素質與罪惡——男人的罪創造了女人的罪——男人將女人看作自己的性欲並接受她——女人作為男人的罪——男人愛女人什麼，其最深刻的意義男性和女性共同構成了人類。

——康德

我們越是深入分析女人享有的尊重，便越是一定會認爲女人絕不具備崇高與尊貴、偉大與美麗這些特質。本章的內容就是朝這方面邁出的決定性的、最極端的一步，因此，我想先對我的觀點作一些簡要的陳述。我最不願意宣揚的是亞洲人看待女人的觀點。我認爲，一切施加於女人的性欲和色情行爲，無論是什麼形式，全都是不公正的。凡是贊同我這個見解的讀者一定都會知道：本書並不打算爲後宮[1]制度申辯。但是，也完全可能存在一種情況：一方面渴望男女平等，另一方面卻不相信兩性在道德和智能上是平等的。同樣，我們雖然最強烈地譴責男性對女性的一切粗暴行爲，卻不否認男女之間存在大量的、普遍的、對立的和機能性的差異。任何男人身上都不會絲毫沒有卓越特質的痕跡，任何男人都不會是徹頭徹尾的壞人。但這個說法卻不適用於女人。一個男人無論有多麼低下，其位置也比最高級的女人不知高多少。因此，我們不可能對男人和女人進行比較和分類。但即使如此，無論女人被視爲多麼不如男人，任何人也都無權譴責和詆毀女人。對男女在法律上的平等所做的眞正修正，只能建立在一個基礎上，即承認兩性在一切方面都根深柢固地位於截然相對的兩極。我相信，我對女人的這些見解絕不會被混同於莫比烏斯（P. J. Möbius）的那個膚淺理論（它之所以使人感興趣，僅僅是因爲它勇敢地反擊了普遍流行的見解）。女人不是「心理上的弱智者」；我不贊成一種觀點，它認爲：應當把具有顯著才能的女人看作病理學的標本。

從道德的角度說，我們在這些女人（她們都比其他女人更具男性氣質）身上欣然地發現了與墮落截然相反的東西。換句話說，我們不得不承認：她們已經前進了一步，戰勝了自己。從生物學的角度說，她們身上的退化現象與（從倫理的角度看）女人氣的男人身上的一樣多。在各種等級的有機體當中，性別的中間形態都是正常現象而不是病態現象，因此，它們的外表根本不能作爲身體退化的證據。

女人既不高尙也不卑微，既不聰明也不弱智。女人與這一切都對立。思維根本無法預知她的思想和行爲。女人是沒有頭腦的。然而，這裡所說的「弱智」並不意味著這個術語的通常意義，即缺少在日常生活裡「認清自己所在位置」的能力。在達到個人自私目的方面，精明、工於算計和「機靈」，這些表現和女人的聯繫要多於和男人的聯繫。涉及私利時，女人永遠不會像男人那麼愚蠢。

但是，女人難道就毫無意義嗎？在世界的總體格局裡，女人難道根本沒有總體的目的嗎？她難道沒有一種定命（destiny）嗎？並且，她雖然沒有意識、頭腦空虛，但她在宇宙中

1（伊斯蘭教教徒的）閨房，後宮。此處轉喻蓄妾制度。

就毫無價值嗎？

她負有一種使命嗎？她的存在是偶然的、荒謬的嗎？

要理解女人的意義，就必須從考察一種現象開始，它雖然早已存在並人盡皆知，卻從未得到應有的重視。若想正確地推斷女人的眞正天性，我們只能從考察這個現象入手，那就是「說媒」。

分析表明了，說媒是一種使兩人結識並互相了解、幫助他們建立性結合關係（無論是否以結婚爲其形式）的努力。所有的女人從最早的童年時起，就全都具備了這種使兩人互相理解的渴望。年歲很小的女孩也都隨時情願爲姐姐的情郎傳遞口信。如果說，現實中的女人唯有在婚後才會盡情放縱她的說媒本能，那麼，女人結婚以前就已經具備這個本能了。唯一能阻止她施展這個本能的，是她對同齡女人的嫉妒和提防（因爲她們也有機會與她的情人交往），直到她最終憑藉她的金錢、社會地位等條件得到了自己所愛的男人。

女人婚後便無須再請人給她說媒，因此女人一結婚，馬上就會急於幫助熟人的子女結婚。人們認爲，年齡較大的女人（在她們身上，性滿足的欲望已經消失殆盡）就是這樣的媒人。這種看法得到了普遍認可，因而使一種錯誤的觀念廣爲流傳，那就是：唯有年齡較大的女人才是眞正的媒人。

她們不但慫恿女人結婚，而且慫恿男人結婚，而男人的母親常常最積極、最頑固地催促兒子去結婚。看到兒子結婚，這是每一位母親的強烈心願和目標；她們並不考慮兒子的個人意願。有些糊塗人把這種心願看作母愛的另一種魔力，而我在本書前面的一章裡已經討論過母愛的可憐出處了[2]。很有可能，不少母親都希望自己的兒子通過婚姻獲得永久的幸福，無論兒子如何不適合結婚。不過，大多數母親卻沒有抱著這種希望。無論在哪種情況下，母親們最強烈的動機都是說媒本能，都是絕對拒絕單身生活的觀念。

女人慫恿自己的女兒結婚，顯然都是出於一種純屬本能的、與生俱來的衝動。

女人如此殫精竭慮地促使女兒成婚，這當然不是出於邏輯上的理由，也與物質上的理由沒有多少關係；這當然也不是因爲女兒有了願意結婚的任何表示（婚姻常常與女兒的選擇截然對立）。說媒本能並不僅僅局限於一個女人自己的家庭之內，因此，我們便不能說它是母愛的「利他的」或「道德的」態度的一個組成部分，儘管若指責女人刻意爲子女做媒，大多數女人無疑都會回答說：「爲自己心愛的孩子的未來幸福著想，是做母親的責任」。

做母親的女人，根本不在乎她是爲自己女兒還是爲其他任何女孩安排婚事。即使那樁婚事日後與她自己家庭的利益無關，她也照樣樂於促成它。說媒全都一樣，說媒不分對象；從心理上說，爲自己的女兒說媒與爲陌生人說媒沒有什麼區別。我甚至可以說，即使是一個陌

2　參第二部分第十章《母性與賣淫》，其中說「母愛是一種出於本能的天性衝動」。

生人，無論他多麼平凡、多麼不討人喜歡，若是覬覦並引誘一位母親的女兒，那位母親也不會過分地沮喪。

這一性別具備多少另一性別的某些特徵，常常可以作爲一個衡量標準，顯示出哪些性格特點是一個性別獨有的，哪些是兩性共有的。到目前爲止，我們已經否定了女人的許多性格，而女人很樂於認爲自己具備那些性格；但它們都是男性獨有的性格。但談到說媒，它倒確實是女性獨有的特徵，唯有兩種例外：一是極具女人氣的男人，二是一些特例，我將在本書第二部分第十三章裡充分地討論它們。凡是眞正的男人，都與妻子身上這種說媒本能毫無瓜葛；即使是對他自己的女兒，即使他很樂於看到女兒出嫁完婚，他也不會熱衷爲她說媒。他討厭說媒，看不起說媒，於是將它完全交給妻子去做，彷彿它完全是妻子該管的事情。這是一個極爲鮮明的例證，表明說媒是一種純屬於女性的心靈特徵，它不但對男人毫無吸引力，甚至當男人知道它的時候都會感到厭惡。雖然男人的特性本身就足以取悅女人，但男人卻不得不先徹底揭露女人的特性，才能去愛女人。不過，說媒本能對女人天性的影響，卻比我已經提到的這些情況深刻得多，重大得多。現在我想請讀者注意一種現象，那就是女人看戲時的態度：她總是在等待，想看看男女主人公（即劇中的一對戀人）是否開始吵嘴。這種心態不是別的，正是說媒本能的表現；從心理上說，它與說媒本能毫無二致。看到一個男人與一個女人結合，這是女人永遠揮之不去的欲望。但這還不是全部。女人閱讀一本正派的或不正派的書時，常常會無比興奮地期待著書中那個至關重要的情節，這種表現沒有其他來由，而恰恰是出於渴望看到書中主要人物的性結合。一想到這一點，她就會產生真正的興奮，並且會實際感受到性結合背後的那種力量。我們無法從形式上和邏輯上說明這種現象，而只能盡力去理解，這兩種事情在女人的心理上何以是同一件事。母親在自己女兒婚禮那天的興奮，和她閱讀普萊服的小說或蘇德曼的《窄過道》時感到的興奮一樣，都屬於同一種性質。的確，男人對以性結合結尾的小說也很感興趣，但那種興趣卻與女人的興趣大不相同：男人完全能欣賞想像中的性行為，卻不會從一開始就關心兩個人逐漸接近的過程；男人的興趣不會像女人的那樣，不會隨著男女主人公越來越互相悅納而增長。

看到衝破一切障礙、了卻性心願時產生的近乎窒息的快樂，看到性心願受阻時產生的失望，這些女人氣的而非男人氣的感受始終與女人同在。女人會不斷地密切注意性事的發展，無論是在現實生活中還是在文學裡。女人如此熱衷將其他男女撮合在一起，並且「絲毫不計私利」，難道就沒人想知道這是出於什麼原因嗎？女人從中獲得的滿足，來自她自己感到的一種刺激，即想到了其他人的性結合。

不過，人們現在還沒有充分認識到說媒本能對女人全部見解的影響。夏日傍晚，你或許會在公園的幽暗角落裡見到一些情侶，或許能在公園的椅子上或水畔見到他們。滿懷好奇、執意觀看情侶們在做什麼的總是女人，而不得不從情侶前面經過的男人卻不願去看他們，並會移開目光，因爲他會覺得自己驚擾了他們。同樣，在大街上注視自己遇到的幾乎每一對男女、盯著人家的背影的，也正是女人。這些窺伺和回望不是別的，而正是說媒本能的表現，因爲它們都是下意識的行爲。男人如果不想看到某個事物，他會把後背轉向那個事物，更不會回頭觀望它；但女人卻很願意看到兩情相愛的場面，並且會出於交歡在女人心中激起的那種天生的、超個體的欲望，去驚擾別人的做愛，從中取樂。

但是，男人卻只關心具有絕對價值的事物，像本書前面已經提到的那樣。一個女人看見一對戀人在一起時，總是會等待這兩人的進一步發展；換句話說，她期盼、預期、希望和渴望著一個結局。我認識一個上了年紀的已婚女人，她的一個女僕讓戀人進了自己的房間。這個老婦先在門外期待地諦聽良久，然後才走進房間、吩咐女僕去幹活。

無論「性交」這個觀念以什麼形式出現（即使是動物的結合），都能被女人急切地領會，從不會遭到拒絕。〔本章將討論其中一個明顯的例外。——作者原注〕對「性交」這個話題的令人作嘔的細節，女人不會產生任何厭惡感，並且想不出什麼比這更能使她快樂的事情。這些東西構成了看似神祕的女人心靈生活的大部分內容。希望自己的性生活成爲現實的活動，這是女人最強烈的衝動；不過，這僅僅是女人那種最深層的、唯一眞實的興趣的一種特殊情況，而那種興趣就是希望性交能眞的發生，希望它能在所有的場合、地點和時間內發生。這種普遍欲望或者會集中在性交行爲本身，或者會集中在孩子身上。前一種情況下的女人屬於妓女型，她只是爲了性交本身而參與性交行爲；後一種情況下的女人則屬於母親型，但她參與性交也不單單是爲了懷上孩子；她渴望自己知道或促成的每一個婚姻都能生下後代；她越是接近絕對意義上的母親，她這種想法就越是顯而易見。眞正的母親也是眞正的祖母（即使她一直是處女，也是如此。在易卜生的戲劇《海達．伽布勒》裡，于爾根．泰斯曼對朱麗姑媽的精彩描述，就是其中一例）。所有眞正的母親都懷著同一個目的，即幫助別人成婚。她是全人類的母親；她歡迎所有的懷孕。

妓女不想看到別的女人懷孕，而想讓別的女人都像她一樣做妓女。

一個女人與已婚男人們的關係，表明了她如何讓她的性欲服從於她的說媒本能，因爲說媒本能是女人天性中的主宰力量。

女人反對單身漢，其激烈程度超過反對其他一切，因爲女人是天生的媒人，這使她盡力促使男人去結婚。但如果一個男人已經結婚，女人馬上就會失去對他的大部分興趣，無論以前她對這個男人有多喜歡。如果一個女人已經結婚，換句話說，當她遇到的每個男人都不可能成爲她命運的改變者時，如果這個女人並不忠實於婚姻，那就絕不可能出現一種情況：男人因爲已經結婚，從她那裡得到的眷顧便少於他做單身漢的時候。不過，女人卻很少會與另一個女人的丈夫私通，除非她希望藉由使那個男人無視自己的妻子、去戰勝那個女人。這表明女人天生就非常關注婚配這個事實。當男人已經婚配，女人便很少試圖使男人不忠，因爲男人的婚配已經滿足了女人的這個本能。

說媒本能是雌性人類最普遍的特徵。「做岳母」的希望甚至比「做母親」的欲望更加普遍，而對「做母親」的欲望的強烈程度和表現範圍，人們卻往往估計過高。

讀者或許不理解我何以特別重視說媒現象，它通常只被看作既有趣又令人厭惡。讀者還可能認爲，我過分看重了這種現象的意義。

不妨看看我爲什麼要這麼做。從本質上看，說媒的現象最能讓我們理解女人的天性。我們絕不能僅僅了解這個事實，卻對它毫不重視（以前常常發生這種情況），而是應當盡力對它做出分析和解釋。我們最常說的一句話是：「每個女人多少都算是個媒人」。

但我們必須記住：這句話道出了女人的眞實本質。經過對各種類型女人的深思熟慮，並且充分考慮了我已經討論過的類型之外的那些特殊種類，我已經得出了一個結論：說媒是唯一絕對普遍的女性特徵；而所謂說媒的特徵，就是女人全都願意去推進性結合這個觀念。

說到界定女人的天性，任何僅僅說女人具有親身參與性交的強烈本能的定義，全都過於狹窄了；任何把女人的本能與孩子或丈夫（或兩者）聯繫在一起的定義，則全都過於寬泛了。對女人天性的最概括、最全面的表述是：女人的天性完全適應並被賦予了一項特定的使命，即幫助和鼓勵兩性的肉體結合。一切女人都是媒人。大力宣揚交配的觀念，這是唯一能在所有年齡的女人身上發現的女人特性，無論是年輕女孩、成年女人還是老年婦女。老年婦女雖然已經不再對自己的性交感興趣，卻會竭盡全力地爲別人說媒。老年女人的這個習慣根本不是什麼新東西，而只是她恆久本能的延續，它戰勝了一些新困難，它們來自她的個人利益與她的普遍欲望之間的衝突。在老年女人身上，這個習慣已經成了她對說媒這種非個人觀念的無私嗜好。

這裡，我想順便再次闡述一下我通過考察女人性欲得出的結論。我已經表明：能夠吸引女人全部注意的唯有性；她對性的興趣不是時斷時續的，而是貫穿一生；女人的整個身心存在不是別的，而就是性欲本身。不僅如此，我還曾補充說：女人的身體構造使她全身心始終都處在與環境的性關係中；性器官是女人肉體存在的中心，因此，性觀念就是她精神本性的中心。交配（pairing）觀念是被女人看作唯一具有絕對價值的概念。女人是延續物種（人類）這個觀念的載體。女人賦予交配觀念極高的價值，不是出於私利的考慮，而是超個體的，並且，（如果允許我使用一個不敬的說法的話）交配是女人的先驗功能。女性素質不是別的，就是交配觀念的體現；同樣，這個觀念也就是抽象的性欲。對女人來說，交配就是最高的善；她隨時隨地都在設法使交配成爲現實。她個人的性欲只是這種普遍的、一般的非個人本能的一種特殊表現。

從本質上看，女人實現交配觀念的努力與「清白」和「純潔」（即男人的愛欲天性對女人貞潔的更高要求）的概念極爲對立，因此，即使男人對女人出於愛欲的讚美，已經使女人的全部眞正天性變得模糊不清，也有一個要素例外。現在，我必須對這個要素作出解釋，它蒙蔽了男人、使男人無法看清女人的眞正天性，其本身就是女人的最深刻難題之一。這個要素就是女人的絕對不誠實（absolute duplicity）。必須將女人的交配本能和女人的不誠實放在一起解釋，而女人的不誠實心理非常強大，甚至會使女人自己都看不清她天性的實質。

所有似乎已經有了清晰結論的事實，現在都成了問題。我們發現女人不能進行自我觀察，但肯定還是有一些女人極爲注意發生在自己身上的一切。我們認爲女人不崇尙眞實，但我們也知道許多女人無論如何都絕不撒謊。我們說女人缺少負疚感，但還是有很多女人會爲了最微不足道的事情而強烈地自責，其行爲僅次於那些克制肉欲的苦行「懺悔者」。我們認爲唯有男人才具備「謙遜」的品德，但面對女人的謙淑與羞澀（哈墨林認爲唯有女人才具備它們），我們又能說些什麼呢？女人具備謙遜的品德，這個認識一直在逐漸發展並被廣泛接受，這種現象難道毫無道理嗎？此外，目睹那麼多「誠心懺悔」的女人，我們還能認爲女人不虔誠嗎？詩人和歷史學家們說，女人具備純潔的道德和女性的美德，我們是否還應當認爲所有的女人都不具備這些特質呢？衆所周知，哪怕是聽到與性有關的最輕微的暗示，女人也會驚慌失措；女人不會屈從性欲，而往往會對污穢的邪念表示憤怒和厭惡，更經常是憎恨自己的性交，並認爲性交只是許多男人幹的事情。面對這些現象，我們是否還能說女人只知道性欲、性欲在女人身上得到了最明顯的體現呢？

當然，所有這些反命題顯然都包含著同一個觀點。回答這些反命題，應當根據對女人最本質的、決定性的判斷。十分清楚，如果有一個女人眞的沒有性欲，或者如果能證明有一個女人眞的具備了個人道德價值的觀念，那麼，我以前關於女人所說的一切、關於女性心靈特徵一般價值所說的一切，就全都不可逆轉地被粉碎了，而只須這一擊，就能使本書的全部立論土崩瓦解。

我們必須對這些明顯互相矛盾的現象作出圓滿的解釋。我們必須說清這些現象的本質究竟是什麼，必須說清究竟是什麼使它們從女人的眞正天性（我一直在試圖解釋這種天性）裡產生、並且顯得如此撲朔迷離。

要理解這些極易造成誤解的矛盾現象，首先必須記住女人那種極爲明顯的「易接受性」，即女人的「易受影響性」。女人對一切新東西都懷著出乎尋常的天然偏愛，非常容易接受他人的觀點。本書還沒有充分地強調女人的這個特點。

女人通常都會讓自己去適應男人。男人的觀點成了女人自己的觀點；男人的好惡成了女人自己的好惡；男人說出的每一個字都能對女人產生刺激作用，男人對女人的性影響越強，就越是如此。女人不懂得男人對她的影響使她偏離了自己成長的正軌。女人並不把男人對她的影響看作某種不正當的侵犯；她並不設法擺脫這種對她個人生活的眞正侵犯；對自己的這種易受影響性，女人並不感到羞恥。相反，當女人能受到男人的影響時，她會眞心地感到快樂，情願讓男人去塑造她的精神。她爲自己能依靠男人而歡欣，而她對男人的種種期望會自動地化爲一個心願，那就是想使自己成爲徹底的被動者。

但是，女人非常樂於從「現成的」觀點中獲取自己的意見，因此，女人的想法和信念就不僅僅來自她的愛人（儘管她往往最喜歡來自愛人的觀點），而且來自她的父親、母親、叔叔、嬸嬸、兄弟姐妹、近親、遠親以及熟人。

不但沒有閱歷的年輕姑娘，而且包括上了年紀的已婚女人，全都會互相抄襲一切，從新裙子或新髮型，直到購物的地點以及烹調時使用的菜譜。

如果女人具備自己的個性，並且想爲了拯救自己而作出努力，她就不得不去做某些讓自己吃虧的事情；但這種情況卻似乎從來不曾發生在女人身上。女人的想法和行動與事物本身之間沒有明確的獨立關係。女人的想法和行動不是她的個性對世界作出的反應。女人能愉快地接受施加給她的東西，並且能最堅定地抓住那些東西不放。正因爲這一點，女人看到有人違背了傳統律條的時候，才會表現得如此不寬容。我必須引述一個有趣的例子，它能證明女人性格的這個側面。它來自斯賓塞的著作。北美洲和南美洲的各個印第安人部落當中都有一種風俗：男人參加狩獵和戰鬥，而將一切繁重的、僕役般的任務交給他們的妻子。達科他族印第安女人不但不認爲這種分工是對她們的傷害，反而認爲它是天經地義的。從類似以下的話裡，我們可以大致地了解到她們彼此給對方的最大侮辱是什麼：「你這不要臉的東西……

我看見你丈夫背著燒火的木頭回家。要是他自己不得不去幹女人該幹的活兒、讓自己丟臉，他要老婆幹什麼？」

外界因素影響女人的非凡方式，其性質非常近似於利用女人的「易受暗示性」。女人的易受暗示性遠比男人的強烈得多，普遍得多。這些外界因素完全符合女人想做性行爲中的被動者、絕不做主動者的欲望，也和一切導致性行爲的條件完全一致。〔運動的、活躍的、細長的精子能找到靜止的、不活躍的、較大的卵子。——作者原注〕

正是女人天性的普遍被動性，才使女人很容易接受並採納男人對事物的評價，儘管女人的天性千差萬別。只要女人不想運用她自己的判斷，那麼，她能接受男性的觀點，外來因素能滲入她思想的最深處，她對道德的錯誤認識（不能說它是虛僞，因爲它並沒有掩蓋任何反道德的事物），以及她從事那些本來不該由女人做的事情，這些現象本身便是很正常的，也全都符合「女人具有較高道德」的臆想。不過，一旦這些來自外部的價值觀念，開始與女人那個唯一天生的、眞正的普遍價值觀發生衝突，就會造成複雜的難題。而那個價值觀就是女人賦予交配的最高價值。

女人承認交配是至善，這在她全然是無意識的，因爲女人沒有個體感，所以沒有可與交配相對照的東西。因此，女人不同於男人，她不能理解交配的意義，甚至不能發覺她自身存在這種本能。

沒有任何女人知道（甚或已經知道，或曾願意知道）她與男人交媾時自己在做什麼。女性素質與交配是同一的，而女人若想觀察並理解她的交媾，就必須跳出自身。因此，女人一直不能辨識的正是女人這種最深層的欲望，正是女人想要得到一切，正是女人的這種眞正存在。於是，在男人對女人的認識中，便沒有任何東西能阻止他對女人做出負面評價了。女人的易接受性極強，竟使她在這件唯一被她眞心視爲具有絕對價値的事情上，做出與其本性相反的行動！

但是，女人僞裝出願意讓自己接納男人關於性及羞恥的觀點，甚至這種僞裝本身，甚至當女人以男性的標準衡量自己的行動時，都是一種莫大的欺騙，而女人自己卻從未意識到這是欺騙。女人已經獲得了第二種天性，甚至想不到那不是她的眞正天性。她很看重自己，相信自己是「有意義的」，並且相信有意義的事物；她堅信自己的道德判斷和觀點是既眞誠又獨到。謊言深深地植根於這些信念中，而那謊言是機能性的。我只能說：從本體論的角度看，女人是不誠實的。

馮·埃森巴赫這樣描寫他的主人公：

……他是那樣貞潔純然，

歇在他的女王身邊，

乃至沒有任何快樂
比得上某些女人在情郎身邊時的快樂，
但一些女人的頭腦裡
卻依然渴望屈從肉欲，
這欲念還會表現爲過分的規矩！
她們在外人面前裝作貞潔，
但心底最深處的打算
卻與外表截然相反。

馮．埃森巴赫當清楚地指出了女人心底的東西，但並未把該講的話都講出來。在這一點上，女人也像其他人一樣欺騙自己。人爲地壓抑和取代一個人（包括身心兩方面）的眞正天性，這不可能不對這個人產生某種影響。壓抑女人的眞正天性，女人爲此付出的代價就是對其身心健康的懲罰——歇斯底里症。

在一切精神和心理現象當中，最使心理學家感興趣的就是歇斯底里症。與精神憂鬱症或者簡單的妄想狂相比，歇斯底里症更難解釋得多，因而也有趣得多。

大多數心理醫生都不相信心理分析，他們很難擺脫這種立場。他們認爲，一切由某種原因造成的機體組織病變或中毒至少都是可信的；而他們只拒絕承認那些與心靈有關的現象的主要起因。不過，由於迄今為止還沒有人解釋過心靈現象的重要性何以應當次於身體症狀，所以我們便完全有理由不採納這種偏見。

很有可能（任何東西都無法阻止這種情況發生），大量的現象（或許是全部現象）都取決於對歇斯底里症的「心理機能」的正確解釋。有一個事實可以證明這個看法的正確性：迄今有關歇斯底里症為數不多的有價值結論，全都是通過這個方法獲得的。一些心理學家的考察都證明了我這個觀點，他們包括：雅奈和伏格特，尤其是布留爾和佛洛伊德。毫無疑問，有關歇斯底里症的優秀著作全都遵循了這些人的思路。換句話說，這些人的方法就是去考察導致這種疾病的心理過程。

我完全相信，所謂「性心理創傷」的根源就是歇斯底里症。歇斯底里症的典型表現與以下的描述大致相同：女人總是接受男人對性的見解；事實上，她根本不了解自己的本性，有時候，她還會出現可以被稱為「思維受損」的症狀，其起因是：被她的本性看作眞實的事物，與她一向認為並相信是眞實的事物之間，碰巧發生了衝突；因此，歇斯底里症患者便可能聲稱性欲是一種她「意識中的外來實體」，是一種她以為自己很憎惡的感覺；但事實上，性欲卻來自她自己的本性。她竭盡全力地壓抑性欲（而這只能使性欲倍增），想以此更激烈、更憤慨地克制性欲——這些就是歇斯底里的病態表現。女人一旦接受了男人從道德上否定性欲的價值觀，她那種持續的不誠實表現就會變得異常明顯。衆所周知，歇斯底里的女人往往最容易接受男人的暗示。歇斯底里症是女人的機能性不誠實造成的機能性危機。

我並不否認男人也會患上歇斯底里症，但人數相對較少。男人的心理可能性是無限的（其中甚至包括使自己變爲「女性」），因此，男人也可能帶有歇斯底里的傾向。毫無疑問，世上有許多不誠實的男人，但在他們身上，這種危機卻表現爲另一種形式，男人的不誠實與女人的並不屬於同一類型，並且絕不會像女人的那樣不可救藥。

我認爲，檢驗女人機能性的不誠實，檢驗女人不能誠實地表達自己（單單這一點就有可能使女人以爲她的想法與她的天性完全相反）的現象，大概能夠對歇斯底里的病因作出滿意的解釋。

歇斯底里症表明：不誠實無法抑制一切事情，無論它會達到多高程度。通過教育或者環境的影響，女人吸取了一整套觀念和價值觀，但它們都不是女人自己的，或者更準確地說，它們都是女人耐心地迫使自己接受的。要擺脫這種根深柢固的心理情結，要使女人徹底擺脫智力無能的狀態（這是歇斯底里症的典型特徵），就需要經歷一次巨大的心理震動。

一次不同尋常的心理震動足以摧毀人爲的結構，將女人放到角鬥場內，讓她投入她受壓抑的無意識天性與她當然有意識、卻並非天性的頭腦之間的搏鬥。這兩者之間的搏鬥，說明了她在歇斯底里階段的反常的心靈分裂，說明了她情緒的不斷變化，而其中沒有一個變化處於她個人主導性控制中心的支配下。在歇斯底里患者身上，許多矛盾居然能夠共存，這實在令人驚異。有的時候，她們會具備很高的智能，會作出正確的判斷，並且會強烈地反對催眠術等療法。然後，她們會因爲最微不足道的原因而再度受到刺激，最容易進入催眠般的恍惚狀態。有的時候，她們會表現出異乎尋常的貞潔，而另一些時候，她們卻會極度地放縱肉欲。

這一切已經不再難以解釋了。絕對的誠實、對眞理的苦苦熱愛、對一切與性有關的事情的規避、謹愼的判斷以及堅強的意志——這一切都是虛僞個性的組成部分，而具有被動性的女人將它們加在自己身上，其目的就是向她自己展示，也向廣大的世人展示。一切屬於她天生氣質和眞正感覺的東西，則構成了她的「另一個自我」，即她的「無意識頭腦」，它能在猥褻言行中找到快樂，並且非常容易接受別人的暗示。

人們一直都在努力表明：在所謂「雙重人格」、「多重人格」、「雙重良心」和「雙重自我」裡面，存在著一些能夠反駁對靈魂的信仰的最有力證據。事實上，這些現象倒恰恰是我們應當相信靈魂存在的唯一理由。唯有當根本不存在人格的時候（例如女人的情況）才會出現「人格人格分裂」的現象。雅奈在他的著作《無意識行爲心理學》（*L'Automatisme psychologique*）裡列舉的著名病例全都與女人有關，而無一與男人有關。唯有不具備靈魂、不具備可理知的自我的女人，才不具備意識到自己內心的能力；她不能用眞實之光照亮她最深層的自我；依靠她那種徹底的被動性，她能讓自己被淹沒在屬於別人的意識裡，而聽憑自己的天性遭到一些外來因素的壓抑；她表現出雅奈描述過的那些歇斯底里現象。歇斯底里症是女人裝出的那個表面僞自我的崩潰，而這女人也會暫時變成一個 *tabula rasa* [3]；而與此同時，她的眞正天性在她身上的運作卻被她看成了外來的東西。這個明顯的「第二人格」，這個「意識當中的外來實體」，這個虛假的自我，其實就是女人的眞正天性，就是性欲本身的顯現。要弄清最難解釋的歇斯底里現象，其根本就在於正確地理解上述事實，正確地理解諸多複雜的問題，它們都是被當作眞實的虛假與被當作虛假的眞實間此消彼長必定造成的問題。

女人不能把握眞實——我認爲，這是因爲（用康德的「自由意志論」解釋）女人不具備面對眞實的自由意志——這就造成了女人的不誠實。無論是誰，只要曾和女人打過交道，一定都知道：在必須馬上回答某個問題的時候，女人會用明顯虛假的理由隨意解釋她的言行。但是，最小心翼翼地避免撒謊的（在陌生人面前，這種表現最爲突出、最是刻意），卻是歇斯底里症患者。不過，無論聽上去有多麼荒謬，她們撒謊卻恰恰是因爲這一點。她們並不知

3（拉丁語）空白登記冊。英國哲學家洛克（John Locke）認爲：人出生時沒有任何知識，心靈是一個空白登記冊（即「心靈白板」），上面沒有任何印象的痕跡。

道：這種說實話的欲望來自她們身外，根本就不屬於她們的眞實天性。

她們盲目地接受了道德原理，因而想利用每一個機會讓別人知道她們是如何忠實地恪守著道德教誨，像奴僕一樣。一個人若是頻頻被說成格外誠實可信，他就一定很值得懷疑。此人必定是拼命想讓別人知道他是多麼值得信任，而我們完全可以打賭說：他其實是個流氓。我們絕不可輕信歇斯底里症患者的道德，而醫生們（當然是誠實的醫生）卻常常強調這種病人的道德，說她們的道德水平很高。

我要重複一遍：歇斯底里症患者並不是有意地裝假（simulate）。唯有通過暗示，才能使她們明白：她們其實正在裝假，而對裝假行爲的一切「坦白」也只能作出同樣的解釋。否則，她們便會相信自己天生就是誠實和講道德的。這並不是說，各種折磨她們的事物都不是眞的；更有可能的是：她們感覺到那些事物，但歇斯底里的症狀卻隨著布留爾所說的「精神宣洩」（catharsis）立即消失了（所謂精神宣洩，就是通過催眠、使患者意識到自己的眞正病因）。這些事實，恰恰證明了歇斯底里患者的機能性不誠實。

歇斯底里患者常常自我譴責，而這種自我譴責不是別的，正是無意識的裝假。負疚感（無論是對最重大的事還是對雞毛蒜皮的小事，病人都會產生負疚感）不可能是眞心實意的。如果這些自我拷問的歇斯底里患者，眞的認識了自己的道德標準，那麼，她們的自我譴責便不會如此是非不分，她們也不會把一丁點小錯當作眞正的大過來自責了。

她們的自我譴責是無意識的撒謊，其最突出的特點是：她們習慣於告訴別人她們是多麼邪惡、她們做過哪些不可饒恕的事情，然後問別人她們（即歇斯底里症患者）是不是那種永遠被社會拋棄的人。凡是眞正感到愧悔的人都不會這樣說自己。把歇斯底里患者說成是具備了非凡道德的人，連布留爾和佛洛伊德也沒能避免這個謬誤。事實上，歇斯底里患者滿腦子都是道德觀念，而它們並不屬於她們的正常心理狀態。她們讓自己服從於這些道德律條，不再用自己的頭腦去證實各種事物，不再運用自己的判斷力。

與其他人相比，歇斯底里患者可能更接近社會的道德理想和功利主義的倫理標準，它們認為：如果撒謊能使社會或人類受益，謊言就是合乎道德的。患歇斯底里症的女人知道，個人發展的理想以及她們的道德標準全都來自外界，而不是來自她們內心；而在實踐中，她們卻好像最願意出於無私的動機去行事。在她們看來，對他人負責絕不僅僅是在履行一種特殊的己任。

歇斯底里患者越是相信自己是正確的，就越是會不誠實。他們完全不具備了解眞實自我的能力，完全不能誠實地對待自己——這些人從不思考自己，而是希望別人思考他們，希望喚起別人對他們的興趣——鑑於這一點，這些患者就是接受催眠的最佳媒介。但是，凡是讓他（她）被催眠的人，其實都是在做一件最不道德的事情。進入催眠狀態是被催眠者向奴役狀態的徹底屈服；它是被催眠者與自己的意志和清醒意識斷絕關係；它意味著被催眠者同意別人隨意支配他（她）。催眠能夠顯示出，眞實的全部可能性如何建立在想做誠實人的願望上，不過，這種願望必須是被催眠者的眞實心願：吩咐一個歇斯底里患者做什麼事的時候，他便會在恍惚狀態中去做；若問他爲什麼要去做那件事情，他馬上會說出一個看似令人信服的動機；他不但會當著別人如此作答，而且會用一些完全出於幻想的理由，證明自己的行爲是正確的。可以說，這種實驗已經證明了康德所說的「道德法則」（Ethical Code）。

所有的女人都可以被催眠並且喜歡被催眠，只是這種傾向在歇斯底里女患者身上被放大了。連她們對生活中明確事件的記憶，也可能被催眠者的最輕微暗示破壞。布留爾對被催眠患者的實驗已經清楚地表明：患者的負疚意識並不根深柢固，否則，催眠者的輕微暗示就不可能使患者擺脫它。但是，一旦患者的本性（即性衝動）似乎衝破了表層限制而出現，患者那種虛假的責任感（它在歇斯底里女患者身上隨時可見）就會迅速消失。當女人歇斯底里發作，不再相信她們就是自己時，她們會一聲高過一聲地斷言：「我根本不想這麼做，是另一個人強迫我這麼做的，我根本就不想這麼做。」一切外部刺激現在全都與那個（性）要求產生了聯繫，而患者已經有幾分相信：別人正在強迫她接受那個要求，但實際上，它卻聯繫著她本性中最深的願望。這就解釋了歇斯底里發作的女人何以那麼容易被誘姦。歇斯底里患者這種「受情欲驅使的態度」只不過是對性欲的斷然否認。它之所以表現得如此鮮明，恰恰因爲它不是眞的；它之所以比在其他情況下更可悲，是因爲它比平時更危險。性經驗在青春期前的歇斯底里急性發作中起了很大的作用，這是很容易理解的。在童年期，外界道德觀的影響比較容易強加給兒童，因爲兒童尚幾乎意識不到性傾向，因而很容易接受外界的道德觀念。但是到了後來，被壓抑的（儘管不是被徹底征服的）本性卻控制了這些舊日的經驗，用意識中的新內容重新解釋它們，於是危機便出現了。突發的歇斯底里症有很多種表現形式，其虛假的性質大多都是由一個原因造成的：主體（患者）拒不承認那個眞正的病因，即性衝動的存在，卻認爲病因來自外界的某種影響，來自外部的某個自我，而那並非她的「眞實自我」。

對歇斯底里症的醫學觀察分析是錯誤的。這種觀察分析聽任自己接受患者的欺騙，而患者也在自欺。歇斯底里症患者眞實的自然天性不是那個「排斥一切的自我」（rejecting ego），而是「被排斥的自我」（rejected ego），無論她們如何對自己和他人僞稱，那個自我不是她們的。

如果那個排斥一切的自我果眞是她們的天性自我，她們就會用行動去對抗那個干擾因素[4]（她們說它本來不屬於她們），並且會充分意識到那個因素、將它識別出來並保存在記憶中。但是，說它本來不屬於她們，這顯然是欺騙，因爲那個排斥一切的自我完全是從別人

4 此指患者的性衝動。

那裡借得的，她們沒有勇氣正視自己的欲望，儘管某些事實似乎表明：那是她們眞正的、天生的、唯一有力量的欲望。即使這種欲望本身也不具備眞正的實體，因爲它並不存在於眞實的個體身上，並且可以說：由於受到壓抑，它會從身體的這個部分跳躍到另一個部分。我如此解釋這種欲望或許會被看作是出於空想，但至少有一點應該是正確的：各種形式的歇斯底里症其實都是同一種東西。歇斯底里患者不承認這種東西屬於自己，儘管強迫她的恰恰是這種東西。她若能把這種東西歸於自己，並且能像批判其他瑣碎小事那樣對這種東西進行批判，她就會成爲自身之外的、高居於自身經驗以上的批判者。歇斯底里瘋狂發作中的女人說，某種外部意志強加在了她們身上，其實，那就是她們自己的意志。這表明：她們也像未患歇斯底里症的女人一樣，始終受制於性欲的影響，她們只能服從自己的命運，而無法改變它，因爲她們也不具備任何可理知的、自由的自我。

不過，或許有人會問：既然女人都撒謊，爲什麼不是所有的女人都會患上歇斯底里症呢？這個問題使我們不得不去考察歇斯底里症患者的氣質。如果我的理論的思路正確，它就應當對這個問題作出合乎事實的回答。根據我的理論，歇斯底里型的女人都被動地全盤接受了男性的、傳統的價值觀，卻沒有讓自己的心理性格發揮應有的作用。拒不接受任何引導的女人，恰恰對立於歇斯底里型的女人。我不能對這一點作過多的闡述，它其實屬於特殊的女性性格學的研究領域。歇斯底里型女人之所以患病，是因爲她逆來順受的奴性；從心理上說，她與女僕人毫無二致。她的對立面（她並不眞的存在）是脾氣暴躁的貴婦。因此，女人可以進一步劃分爲「服侍主人的女僕」和「發號施令的女人」兩類。〔在男人當中，我們也能發現這兩種類型：其中既有天生的男性「僕人」，也有天生暴躁的男人（即警察）。值得注意的是：警察通常都以家庭女僕爲其性互補對象。——作者原注〕

僕人是天生的，不是造就的。很多境況優越的女人依然是「天生的僕人」，儘管她們從不需要用眞的去做女僕來證明這一點。考慮「完整的」女人時，唯有將女僕和女主人加在一起才算是「完整的女人」。〔眞正貴婦型的女人從不會想到問自己的丈夫，她該去幹什麼、該給丈夫做什麼飯等等；而歇斯底里型的女人則恰恰相反，她們總是缺少主見，總是需要別人的暗示。這就是區分兩種類型女人的大致標誌。——作者原注〕

經驗可以充分證明，由這個理論得出的結論是正確的。贊蒂佩型的女人與歇斯底里型的女人最不相像。悍婦型的女人把脾氣（它其實是未得到滿足的性欲造成的結果）發在別人身上；而歇斯底里型的女人則將脾氣發在自己身上。「悍婦」厭惡別的女人；「女僕」則厭惡自己。女僕悲哀時獨自哭泣，卻不會眞的感到孤獨——因爲孤獨感與道德是同一的，它意味著眞正的二元性或多元性[5]；而悍婦卻痛恨獨處，因爲她必須去責罵別人；歇斯底里型的女

5　此句是說置身於主體之外才能意識到主體的孤獨。

人則把激情發洩在自己身上。悍婦公開地、大膽地撒謊卻並不自知，因爲她的天性就是認爲自己一貫正確，她可以去侮辱任何與她作對的人。女僕服從主人對她的要求，其表現實在令人驚訝，而那些要求與她的天性極爲相悖。這種可悲的默許態度的虛假性，會在她歇斯底里的發作中顯示出來，因爲發病時她這種態度會與她的性激情發生衝突。正是由於這種易接受性，即易接受影響性，患歇斯底里症的女人和歇斯底里型的女人才如此容易罹患此病：但是被用來反駁我的觀點的，正是歇斯底里型的女人，而不是悍婦型的女人。〔男人認爲，能夠產生愛情的是「順從型」的女人而非潑婦型的女人。然而順從型女人的愛情，其實只是一種心理上的滿足感，是由某個特定男人的男性氣質喚起的；因此，唯有歇斯底里型的女人才會產生這種情緒；它與女人自己的愛情力量沒有關係，也不可能有關係。女人的羞怯也起因於她被一個男人所「迷住」，這也會使她忽視其他所有的男人。——作者原注〕

不誠實，機能性的不誠實，是這兩類女人共同的性格特點，當然也是所有女人的性格特點。說女人撒謊，這是十分錯誤的，因爲這意味著女人有時還會說實話。發自內心願望並付諸實際行動的誠實，是女人絕對不具備的衆多美德之一。她們不可能具備誠實的美德。

我現在主張的觀點是：女人無論在一生中的哪個階段都不會誠實，即使她（在患歇斯底里症的時候）順從地接受了別人向她提出的某些眞實要求，並按照那些要求行動，也是如此。

當悍婦型女人打算達到某個目的的時候，當女僕型女人不得不親自作出決定的時候，她們會哭，會笑，會臉紅，甚至會表現得十分令人作嘔；而男人卻不具備如此裝假的機能性生理素質。

人們認爲這兩類女人很崇尚眞實，但若能證明那其實只是她們經過僞裝的天生虛僞，我們就不得不認爲：女人受到稱讚的其他品質也是經不起分析的。很多人都相信女人的端莊、女人的自尊和女人的宗教熱忱。然而，女人的端莊不是別的，而是假正經（prudery），即誇張地否認她天生的不正派。每當一個女人表現出一丁點眞正可以叫作「端莊」的時候，她一定是產生了歇斯底里傾向。絕對沒有歇斯底里傾向、絕對不受歇斯底里影響的女人，即絕對的悍婦型女人，絕不會因爲丈夫傾洩在她頭上的責罵而感到羞恥，無論丈夫的責罵多有道理。當一個女人面對丈夫的責難而臉紅的時候，她會表現出歇斯底里的初期症狀；但當一個女人獨自臉紅的時候，歇斯底里的症狀卻表現得最明顯，因爲唯有當女人獨處的時候，我們才能說她滿腦子都是男性的價值標準。

索利耶（Paul Solliers）發現：最接近所謂性麻木（或叫作性冷淡）狀態的女人全都是歇斯底里患者。我完全同意這個見解。性麻木只是歇斯底里的衆多症狀之一；換句話說，它是僞麻木症的一種形式。伏格特已經證明（普遍的觀點也和他一致）：這種麻木症並不涉及眞的喪失感覺，而完全來自一種壓抑，它使某些感覺受到抑制，將它們排除在了意識以外。

若是反覆針刺受催眠者的一隻麻木的胳膊，並要求受催眠者說出受到了多少次針刺，他就能夠做到這一點；但若不提出這個要求，他就不會察覺自己被針刺。性冷淡也與此相同：它是由無性觀念（asexual ideas）的支配力量發出的一個命令；不過，像其他一切形式的麻木症一樣，一個足夠強大的「命令」也能將它抵消。

歇斯底里型的女人大多都會對性表示厭惡。從本質上看，這種厭惡心理與她感覺不到自身的性欲有關。事實上，很多女人都有這種厭惡心理，它強烈地排斥一切與性有關的事物，因此，有人或許會把它看作一種例外，並用它來反駁我對一種現象的概括，即女人普遍具有說媒的性向。但是，目睹兩人性交而心生厭惡的女人，卻每每總是那些歇斯底里的女人。根據這一點，我們便可以去證實一個理論：說媒是女人的眞正天性，而女人自己的性欲完全是這種天性的一個特殊表現。對女人的性暗示（女人外表上抗拒這種暗示，內心卻贊同它）能使她出現歇斯底里傾向，不僅如此，很多女人看見兩個人的性交以後也會產生歇斯底里傾向，因爲儘管她認爲此事和自己無關，但她對此事天生的贊同感卻會自動衝破一切人爲的外部障礙，戰勝她平時那種支配性的思維習慣。換句話說，她會感到自己也捲入了別人的性結合。

歇斯底里症的負疚意識（我已曾提及）裡，也存在著某種類似的東西。絕對的悍婦型女人，從不會感到自己眞的有錯；具有輕微歇斯底里傾向的女人，只會在男人面前感到自己有錯；完全患有歇斯底里症的女人，則會在那個能主宰她的男人面前感到自己有錯。女性裡的那些「皈依者」和「懺悔者」對自己感到羞恥，這並不能證明女人具有負疚意識。使我們起疑的，恰恰是這些自我約束的極端實例。在大多數情況下，懺悔表明了懺悔者還沒有戰勝自己的過失，負疚感還沒有眞正地出現在他的意識中；事實上，懺悔看起來很像懺悔者在藉助某種外力迫使自己悔過，以彌補眞正負疚感的缺位。

相信自己有罪，歇斯底里型女人在這個方面的表現不同於正常男人，而她的自我譴責，其根源則具有十分重要的意義。歇斯底里型女人知道自己想到或做出了某種不道德的事情，於是竭力根據某種準則（她一直都在努力遵守那個準則）去矯正它，並且用那個準則去取代頭腦中的不道德思想。她並沒有眞的擺脫不道德思想，因爲它在她的天性中扎根太深；她並沒有眞正地面對它，因此，她並沒有肅清那種思想。她只是一次次地恪守著道德準則，而沒有眞正地改變自己，沒有更新自己的觀念。女人的道德特性是一點一點地逐漸形成的；而在男人身上，正確的行爲卻來自他的道德特性。道德誓言重新徹底塑造了男人，這種變化只能是由內而外的，它會使人走向眞正的道德，而道德不僅僅是由書本來證實的。女人的道德完全是表面的，因而不是眞正的道德。

目前流行一種觀點，它認爲女人具有虔誠的宗教情懷。這個觀點也是錯誤的。女性的神祕主義（只要它不僅僅是迷信）或者會披著性的薄紗（人們經常討論上帝與情人的一體性，例如莫泊桑的《漂亮朋友》或者霍普特曼的《漢娜的升天》就是如此），無數的唯靈論者和接神論者就是如此。女性的神祕主義或者會表現爲被動地、無意識地接受男人的宗教觀點，而這種做法與更堅定的宗教信仰互相衝突，因爲女人並不具有這種天然性向。女人很容易把自己的情人變成一位救世主；而救世主也很容易被女人變成自己的情人（衆所周知，許多修女就是如此）。歷史上所有著名的女預言家都是歇斯底里型的女人，其中最有名的聖特麗莎還被錯誤地稱作「歇斯底里病人的保護聖女」。無論是上述哪種情況，如果女人的宗教意識是眞的，如果這種意識來自女人自己的天性，她早就會在宗教方面做出某些偉大的業績了，但她在這方面卻從未做出過任何重要的事情。對男女兩性宗教信仰的區別，我可以簡要地概括一句：我認爲，男人的宗教是一種對自己的最高信仰；女人的宗教則是一種對他人的最高信仰。

現在我們來討論女人的自尊。人們常常認爲歇斯底里型女人具有很強的自尊心。強加在女人身上的，其實全都只是男人的自尊，從自尊心的性質及其表現方式上就可以看清這一點。伏格特擴大並證實了最初由佛洛伊德所做的那些實驗，從女人的催眠狀態中發現了自尊。外界的男性能夠運用自己的影響，逐步限制受催眠女人的非催眠狀態的範圍，在她心中創造出一種「自尊」。如果不進行暗示，歇斯底里患者在日常生活中所尊敬的，唯有那個「能使她懷孕」[6]的男人。女人對人類本性的所有知識，都是她從那個最適合她的男人那裡吸取的。在歇斯底里症的發作中，這種人爲的自尊會隨著被壓抑天性的反抗而消失。

歇斯底里患者的遙視能力（clairvoyance）的性質與這種人爲的自尊十分相像。這種能力雖然確實存在，但和作爲歇斯底里一般現象的「超自然」招魂術幾乎毫無瓜葛。在暗示者意志的強大影響下，伏格特的那些患者能做出極大的努力、詳細地述說自己的經歷；同樣，女遙視者在對她施加意志者的主導性話語的影響下，也能表現出某些心靈感應現象，例如按照施術者的命令蒙上眼睛、說出離她很遠處的陌生人心裡想的事情。我在慕尼黑見到過這種情景，當時的環境沒有任何作弊欺騙的可能[7]。

與男人不同，女人心中沒有能對抗追求眞、善欲望的強烈激情。男性意志對女人的作用比對他自己更強；它能理解女人心中的某些東西；而在男人自己身上，意志卻不得不去和很多障礙搏鬥。男人必須和自己心中那些反道德、反邏輯的對手進行戰鬥。男性意志能對女人的頭腦發揮巨大的影響，甚至（從某種意義上說）能使女人成爲遙視者，能打破女人心智的局限。

6　根據後文，這裡的懷孕不但指生理上的，而且比喻在心理上接受男人的思想。

7　這裡所說的遙視現象和心靈感應現象如果不是騙術，就可能涉及科學尚未作出解釋的超感官知覺（extrasensory perception，簡稱ＥＳＰ）現象。

因此便造成了一種現象：女人比男人更容易發生心靈感應，比男人更顯得天眞無知，比男人更容易成爲「預言者」。唯有當女人變成了媒介，即變成了一個對象，她才能夠最容易、最準確地理解追求眞和善的男性意志。女人可以理解男性意志，但只是在她被男人引誘之後。她與男人半路相識，而她的心願就是被男人征服。

對和本書主旨有關的歇斯底里症問題，現在已經全都做了論述。人們一致用來證明女性的道德的女人，一般都屬於歇斯底里型。恪守這種女性道德，即遵照道德法則行事，將這種道德法則當成女人自己的個性法則，而不是一種後天養成的習慣，恰恰是這種做法顯示出了這種道德的不切實際性和不道德性。

歇斯底里的素質是對男性意志的可笑模仿，是對自由意志的歪曲模仿。在女人最受男性影響的那一刻，她便會盡情展示出這種模仿。

女人的行爲並不自由。她處在一種欲望的全面控制之下，那欲望就是接受男人的影響。所有的女人都是如此。女人在陽具（phallus）的左右下，義無反顧服從她的定命，即使命運將她引向主動而發達的性欲，也是如此。一個女人至多能夠朦朧地感到自己的不自由，能夠產生一種能控制自己命運的模糊意念——那個意念顯然是自由的、可理知的主體的短暫閃現，是她固有的男性素質的少許殘存，而相形之下，那一丁點男性素質就能使她產生這種朦朧的認識。女人也不可能清楚地認識到自己的定命，或者說，不可能清楚地認識到她內心的力量。唯有自由的人才能認識自己的命運，因爲自由的人不受必然性的束縛；至少，他的一部分個性把他放在了旁觀者的位置上，使他成爲自己命運之外的、與命運抗爭的鬥士，使他高居於命運之上。人性自由的最確鑿證據之一，就是人能夠創造出因果觀念。當女人最受束縛的時候，她們卻會以爲自己最自由。女人不會爲種種激情所困擾，因爲她們本身就是激情的化身。唯有男人才會談到自己感到的那種「嚴酷無情的必然性」；唯有男人才可能創造出定命的觀念，因爲（除了自身的經驗性存在之外）在自身存在受到局限的條件下，唯有男人才具備自由的、可理知的自我。

我已經表明，女人是一種有條件的存在，但她至多只能朦朧地、半意識地認識到這個事實；因此，她便不能克服束縛她自己的性欲。歇斯底里症只是女人克服自己性欲的一種嘗試，並且，像我已經表明的那樣，它並不是眞正的嘗試。歇斯底里症本身就是患此病的女人抵抗自己性欲的嘗試，而這種虛假的努力在多大程度上改變了女人受性欲束縛的狀態，則是衡量其無效性的尺度。那些最著名的女人（我這裡想到的是赫倍爾的猶迪絲，和華格納的康德里）大概會認爲：由於她們需要性欲，她們就必然會受性欲的束縛。不過，這種理解卻沒有賦予她們抵抗性欲的力量；在最後的一刻，她們還是會去親吻強姦她們的人，並且會樂於屈從她們一直在拼命反抗的男人。這種情況就像是女人中了符咒一樣。女人時時會感覺到性欲的重壓，但永遠不會去逃避它。女人的尖叫和怒吼並不是眞心的；當事情發展到似乎最令她厭惡的時刻，她卻會屈從於自己的命運。

經過大段的分析以後，我們已經看到：女人與價値之間根本不存在任何眞正的、不可分割的聯繫，無一例外。即使諸如「女人的愛情」、「女人的美德」、「女人的虔誠」和「女人的端莊」之類的字眼所包含的內容，也不能證明我這個結論是錯的。面對最強烈的反對聲，我已經闡明了我的觀點，而在那些反對聲中，有的甚至來自女人對男性道德的歇斯底里式的模仿。

女人（我指的是那些容易接受影響的正常女人）不僅可以通過男人在生理上懷孕（我還認爲，女人婚後驚人的心理轉變是一種類似心靈感應的生理現象），而且在女人一生中的每個階段，男人的意識和男人的社會安排也會使她在心理上「懷孕」。因此我們便可以說：女人雖然不具備男人的一切性格，卻能夠裝出非常聰明、非常柔順的樣子，乃至使人們誤認爲她們具備高於男人的道德。

但是，女人這種令人瞠目的易接受性卻不是孤立存在的，而必定要在實踐上和理論上聯繫到女人其他正面或負面的性格特點。

女人的說媒本能與她的適應性之間有什麼關係呢？女人的不誠實與她的性欲之間有什麼關聯呢？在同一個女人身上，這些東西居然能夠奇妙地混合在一起，這是怎麼回事呢？

這就使我們要問：女人爲什麼能夠吸納一切？女人的虛僞能使她只相信別人告訴給她的

東西，只接受別人（想要）給她的東西，只想按照別人的意願做人，這種虛僞從而何來？

要正確地回答這些問題，我們必須再次（這是最後一次）離開中心論題。人們發現，動物的認知能力（它相當於對反覆刺激作出的機體普遍反應）與人類的記憶之間存在著奇妙的相似之處和不相似之處。兩者都代表著一個印象同樣長久的影響，那個印象具有明確的持續期；不過，記憶卻是從被動認知中分化出來的，因爲記憶具有主動再現過去的力量。

後來，我們看到了純粹的個體化過程，這是一切有機體分化的典型特徵；而人類獨具的個性，卻是另外一回事。最後我們發現：我們必須仔細區分愛情（這是人類獨具的感情）和性本能（這是動物全都具有的本能）的不同。這兩者之間的關係非常密切，因爲它們都是追求不朽的努力。

對價値的渴望被看作人類的一種特性，而動物卻沒有這種渴望，動物只有追求滿足的欲望。這兩者雖然非常相似，但本質上卻大不相同。滿足欲追求快樂，而價値卻是我們應當渴望的東西。這兩者往往被混淆，給心理學和倫理學造成了最惡劣的後果。在個性和個體之間，在認知和記憶之間，在性欲和愛情之間，也存在著類似的混淆。

所有這些互相對立的命題都在不斷地被混淆，而更令人吃驚的是：這些混淆幾乎總是那些持有相同觀點和理論的人造成的，而他們的目的也相同，那就是：試圖取消人與低等動物之間的差別。

還有一些不太顯著的差別，它們同樣被忽略了。範圍有限的意識，是動物的特徵；積極的注意力，則純粹是人的特徵。很顯然，這兩個事實之間存在著某種共同的東西，儘管如此，它們還是極爲不同。欲望（或者說衝動）和意志幾乎總是被人們說成彷彿是同一種東西。欲望是一切生物都具有的，但人除了具有欲望以外還具有意志。意志是自由的，意志絕不是一種心理因素，因爲意志是一切心理體驗的基礎。將衝動和意志混爲一談，這並不僅僅來自達爾文，它也出現在叔本華關於意志的概念裡，那個概念有時是個生物學概念，有時是個純哲學概念。

我可以把這兩組要素歸納如下：

人與動物共有的，本質上屬於機能的要素	只有人類具備，尤其是男性具備的要素
個體性	個性
認知能力	記憶
快感	價值感
性欲	愛情

範圍有限的意識	「注意」功能
衝動	意志

以上表格裡的兩個系列表明：人不但具有一切生物都具備的每一種特徵，而且具有功能與之相近的、人類獨具的更高級特徵。立即承認這兩個系列、使它們形成對照，這種古老的思維定勢似乎表明了一點：有某種東西將這兩個系列連在了一起，同時又將它們分割開來。在兩個系列的聯繫當中，人們或許會想到佛教的一個觀念：人除了具有低等生命的眾多特徵之外，還被添加了一個上層結構。這彷彿是說，人具有野獸的全部特性，而每個人還分別被添加了某種特殊的性質。這種添加物究竟是什麼？它在多大程度上近似於那套比較原始的特徵，又在哪些方面與那套特徵不同？

表格上欄裡的術語是一切動物和植物的基本特徵。動植物的生命都是個體的生命，而不是未分化的群體生命。這一點自動地表現爲滿足種種需要的衝動，例如性衝動就是爲了滿足繁殖的需要。個性、記憶、意志和愛情，則是第二種生命的特質，雖然它們在一定程度上與有機體的生命相聯繫，但與有機體的生命完全不同。

這就使我們直接面對著一些宗教的觀念，例如永恆的、更高的、新的生命，尤其是基督教的有關概念。

人不但具備有機體的生命，而且可以獲得另外一種生命，即一種新天命的生命。塵世的一切生命都是由塵世的食物維繫的，同樣，另一種生命也需要精神（食物）的維繫。塵世生命的生死，在另一種生命中也有相應的表現，那就是人的道德新生、「再生」以及這種生命的終結，即由於錯誤和罪惡而最終喪失靈魂。塵世的生命由外部決定，受因果自然法則的束縛；另一種生命則受內心道德絕對命令（moral imperative）的約束。前者是有限制的，它被限制在一個確定的目的內；後者是無限制的，永恆的，不朽的。以上表格上欄裡的那些特徵是一切低等生命形式共有的；下欄裡的那些特徵則是永恆生命的相應預示（presage），是一種更高級存在的表徵，而唯有人才可能獲得那種更高級的存在。高級本性與低等本性永遠都在互相混合，並且不斷地造成新的問題，這就是構成人類全部思想史的內容，這就是構成宇宙史的情節。

有些人可能會在第二種生命中發現某種東西，而在人的身上，那種東西很可能來自塵世生命的低等特性，所以他們馬上就會否認第二種生命的存在。

更清楚地理解了這種依賴感官的、易受影響的低等生命，我們便能懂得：正像我在以前幾章裡解釋過的那樣，它的性質恰好相反：低等生命只是高等生命在感覺界的投射，是高等生命在必然領域裡的反映，是高等生命的退化（或者說墮落）。最關鍵的問題在於：永恆而高貴的理念是怎樣與塵世結合在一起的。這個問題就是世人之罪。現在，我的考察即將面對的是那些無法考察的事物。迄今爲止，還沒有一個人敢於解答這個問題，將來任何人也永遠不能解答這個問題。它是宇宙和生命之謎。它是將無限的東西納入空間的束縛之中，將永恆的東西納入時間之中，將精神納入物質之中。它是自由與必然之間的關係，是「有」（something）與「無」（nothing）之間的關係，是上帝與魔鬼之間的關係。世界的二元對立是人們無法領悟的；它是人類墮落史的情節，是最原初的謎。它是將永恆的生命束縛在容易消逝的存在當中；它是將天眞無辜束縛在罪惡當中。

不過，無論是我還是其他人都不能理解這個難題，這卻是顯而易見的。唯有當我不再犯罪的時候，我才能理解什麼是罪；一旦我理解了罪，我就已經停止了犯罪。同樣，只要我還活著，我就永遠無法領悟生命。我在生命的每時每刻，都被束縛在這種虛假的存在當中；只要我還沒有擺脫它，我就永遠不可能理解這個束縛。我理解了一個事物的時候，我已經處在那個事物之外了。只要我還有罪，我便不能領悟自己的罪。

絕對意義上的女性絲毫不具備個性和意志，絲毫沒有價值感或愛情，因此，她就不可能擁有更高的、超驗的生命。男性是一種可理知的、超驗的存在，所以他能超越物質、空間和時間。他當然會死，但他仍然是不朽的。因此，他便能夠在兩種生命中作出選擇：一種生命會隨著死亡而消失；而對另一種生命來說，死亡只不過是一個跳板。追求這種完美的、無時限的存在，這是男人內心最深處的意志，其中充滿了對不朽的渴望。女人非常渴求生命不死，其表現是再明顯不過了。女人心中沒有任何永恆的東西；而男人卻竭盡全力，一定要把永恆的東西放在他的眞實自我，與那個投射在他身上的經驗性自我之間。每個男人心中都存在著與最高價值觀念的某種聯繫，存在著與「絕對」這個觀念的某種聯繫。他感到自己還沒有獲得完全的自由，因爲他要受到必然性的束縛；但他又感到自己能夠獲得完全的自由，因爲思想能超越物質。每個男人與普遍事物的目的（或者說與完美的神性）之間都存在這種關係。雖然他的塵世生命始終伴隨著與「絕對」的分離，他心中卻總是渴望著清除自己身上原罪的污點。

父母的愛情，其目的並不純粹，而多少都在尋求愛情的一種物質化身（即子女）。同樣，作爲愛情產物的兒子也像父母一樣，同時具有肉體生命和永恆生命。我們一聽見「死」這個字就萬分恐懼，我們竭力抗拒死亡，我們緊緊抓住肉體生命不放；這證明了我們急切地渴望新生，並且依然渴望降生到這個世界上。

但是，每個男人都與更高價值的觀念有關，沒有這種價值，他便不完整；因此，沒有一個男人是眞正幸福的。唯有女人才會感到幸福。沒有男人是幸福的，因爲男人與自由有關，而在男人的塵世生命裡，他總是要受到某種形式的束縛。唯有徹底被動的存在（例如絕對的女性）或者完全主動的存在（例如神），才會是幸福的。幸福是一種完美的頂點，男人從不會產生這種感覺。但有些女人卻以爲自己是完美的。男人的背後總是有難題；男人的面前總是有努力：一切難題都產生於過去，而未來則屬於努力的領域。在女人看來，時間是無目的、無意義的。沒有任何女人問過自己：「我存在是爲了什麼？」但是，時間的唯一目的卻是表達一個事實：人生能夠而且必須有意義。

人的幸福！這意味著完全獨立不倚的活動，即徹底的自由。人總是在受束縛，儘管並不是那些最沉重的束縛；人離自由的理念越遠，人的負罪感就越多。

只要人還是感覺的犧牲品，只要人還不是形式，而只是有待被賦予形式的材料，人的肉體生命就是一種災難，並且永遠會如此。然而，每個人身上都有更高事物的某種微光，而天才者身上的這種微光最眞切、最一目了然。不過，這一縷微光卻並不來自人的知覺。只要人還在感覺的束縛中，他就只能是周圍事物的被動受害者。男人的自發性和自由來自他對價值的判斷力。男人最接近絕對自發性和自由的境界來自愛情，來自藝術創造或哲學創造。通過這些，男人獲得了對幸福的某種朦朧的認識。

事實上，女人永遠都不會感到眞正的不幸。對女人來說，幸福只是一個空洞的字眼，一個由不幸的男人們創造出來的字眼。女人從不在乎讓別人知道她們的不幸，因爲她們的不幸是假的。在她們的不幸後面，根本不存在有罪的意識，不存在世人之罪的觀念。

女人的生命完全是消極的，她根本不具備更高的實體，這種特徵還有一個最明顯的絕對證據，那就是女人自殺時的表現。

事實上，女人自殺的時候總是在想別人：別人會想什麼，別人會怎樣哀悼她們，別人會多麼悲傷——或者會多麼憤怒。每個女人在自殺時都會認爲自己本來不該遭到不幸。她極度地可憐自己，而她的自我同情只是那種「陪著別人一起哭時的哭泣」。

女人既然不具備定命的觀念，她怎麼能把她的不幸看成她自己的呢？女人的空洞和烏有，其最駭人聽聞的關鍵證據就是：她們從不會眞正地理解自己生命的問題，至死都對這個問題一無所知，因爲她們不理解個性的更高生命。

我現在準備回答一個問題，它是本書這一部分的主要論題，那就是男女兩性在宇宙中的意義。女人沒有實體，沒有本質；她們不實存，她們是「無」。人類是由男性和女性構成的，是由「有」和「無」構成的。女人不具備哲學本體論意義上的實在性，與物自體[8]沒有聯繫，而從最深刻的意義上說，物自體就是絕對，就是上帝。具備最高級形式的人，即天才者，與物自體之間存在著聯繫。在天才者看來，「絕對」或者是一種概念，表示存在的最高價值（在這種情況下，天才就是哲學家）；或者是一個夢幻的奇麗仙境，是一個絕對美的王國（在這種情況下，天才就是藝術家）。但這兩種觀點其實是一致的。女人與這種觀念沒有關係，她既不肯定它也不否認它；她既不是道德的又不是反道德的。從數學的角度說，女人沒有符號。女人是無目的的，既不善也不惡，既非天使亦非魔鬼，她永遠都不會是自我中心的，因此人們才常說，女人是利他主義的。女人與道德無關，也與邏輯無關。然而，一切實體卻都是道德的和邏輯的實體。所以說，女人沒有實體。

女人是不誠實的。從純哲學的意義上看，動物和現實中女人的誠實性都微乎其微，但是動物不能說話，因此動物便不會撒謊。若想說眞話，一個人就必須首先是一個實體。眞實以實體爲基礎，唯有這種實體才能與一個其本身就是實體的存在相連。男人時刻都在渴望眞實，換句話說，他一直都在渴望著成爲實體。從根本上說，認知衝動與追求不朽的渴望是一致的。無論什麼人，如果還沒有理解一個命題就反對它，如果心中並未確證一個命題就在表面上默認它，那麼，這樣的人（也像女人一樣）就不具備眞正的實體，因而必定是在撒謊。所以說，女人總是在撒謊，即使在客觀上她說的是實話，也是如此。[9]

女人是交配的有力促成者。低等生命形式之間的現實結合就是個體和有機體。高級生命形式之間的現實結合則是個性、靈魂、單子或「超有機體」，最後一個是海侖巴赫使用的術語，它不無道理。

然而，每個單子都與其他一切單子迥然不同，它們之間的差異使它們判若異類。單子沒

8 康德哲學的術語。康德認爲：世界分爲物自體（Ding an sich）和現象界；物自體是超經驗的，所以是不可知的；人的認識能力只能達到現象界。

9 此句的意思是：對尚不理解的事物任意表示臧否，即使說的是實話，也等於撒謊。

有窗口，但其中卻包含著宇宙。男人作爲單子，作爲潛在的或實際存在的個性，他除了具備獨特性以外，還具備個體性和差異性（像天才那樣）；而女性則僅僅是無差別的單元。每個單子都爲自身創造出一個與之分離的實體，即創造出一個整體；但它也把每一個其他的自我視爲完美的整體，從不去侵犯它們。男人有種種界限，他承認這些界限，渴望這些界限；女人認識不到自己的完整性，也就無法察覺或尊重周圍人的隱私，她不會尊重它、讚揚它，卻也不會對它置之不理。由於女人不知道什麼是「單一」，她也就不知道什麼是「衆多」，所以她完全處在與他人分不清彼此的混沌狀態中。女人心中沒有「我」，因此，她也就不能理解什麼是「你」。在女人看來，我和你恰好就是一對，是毫無區別的一體。這就使女人習慣於把人們帶到一起，給人們說媒。女人的愛就是她的同情——它是群體性的一種表現，是將一切都混爲一體。（一切個體性都是群體性的敵人。在男性天才身上，這一點表現得最爲突出。不過，男女兩性的情況也都是如此。——作者原注）

女人的自我沒有邊界，所以也不用去突破或者保衛什麼邊界。

男人之間的友誼和女人之間的友誼，兩者之間的主要區別也和以上特點有關。男人之間的友誼，是爲了同一個理念而奮鬥的個人或群體爭取彼此見解一致的嘗試。女人之間的友誼則是一種聯合，其目的是說媒；它是女人之間唯一密切而無保留的交往；她們急於彼此見面，但這並不僅僅是想在一起閒扯或議論日常瑣事。（男人的友誼總是避免干涉朋友的私

事。女人則盼望與朋友親暱無間，你我不分。——作者原注〕

例如，如果兩個女孩或婦女當中，一個比另一個長得漂亮，當那個漂亮的受到讚美時，那個不漂亮的便會感到某種性的滿足。女人之間的友誼，其最主要的條件就是排除競爭對手；每個女人都會和她認識的所有女人比較身材和容貌。兩個女人當中，如果一個女人比另一個美麗，那個不美的便會把那個美的看作偶像，因爲那個美麗女人的成功，會被那個不美的女人看作僅次於她自己的性滿足的好事，儘管這兩人根本沒有意識到這一點。事情總是這樣，女人想參與每一種性結合。女人的存在完全是非個人化的，同樣，她們的性欲也是超越個體的。這個性質清楚地表明：說媒是女人的存在的基本特徵。

甚至最醜的女人的起碼要求，也是她那個性別裡的任何成員能受到讚美、能被男人渴望，因爲醜女也能從中獲得幾分快感。

女人一生都在吸納外界的事物，這就決定了她們永遠都不會產生眞正的嫉妒。無論嫉妒心理和報復精神有多麼盲目，它們依然都包含著一種偉大的因素，而女人無論是爲了行善還是作惡，都做不到眞正的嫉妒或報復。嫉妒中存在著一種不顧一切的要求，嫉妒者自認爲擁有某種權利；但女人卻從不懂得什麼是公正。不過，這卻不是女人永遠不會眞正嫉妒任何男人的主要理由。如果一個男人（即使他是被這個女人瘋狂地愛上了的男人）正在隔壁房間裡與另一個女人做愛，這個戀愛中的女人心中的想法也會使她產生極大的性興奮，乃至不會給嫉妒留下任何餘地。但對男人來說，這樣的場面（如果他知道的話）卻絕對會使他感到厭惡；這個場面若離他很近，則更會令他作嘔；而女人卻會狂熱地捕捉每一個細節，否則她一旦知道了自己在做什麼，就會變得歇斯底里。

男人絕不會對別人的做愛感興趣：這樣的場合與他無關，對他毫無意義；但是，女人卻會在別人做愛時暗自對自己的興趣作出反應；她會產生狂熱的興奮，彷彿一想到自己正離那個場面很近，就中了什麼符咒一樣。

男人對另外的男人（在他看來，他們都是他的難題）的興趣也會擴大到他們的性事上；不過，對性事的特殊好奇心卻是女人獨有的，無論性事涉及的是男人還是女人，都是如此。使女人自始至終感興趣的是男人的風流韻事；而只要一個女人還不清楚一個男人的性活動，這個男人對她來說就仍舊是捉摸不透、富於魅力的。

以上所說的一切再次說明了一點：女性素質和說媒本能是一回事，即使粗略地研究一下實際的事例，也能得出同樣的結論。但我的目的則要比這廣闊得多。我希望我已經清楚地表明：女人的正面特性是說媒者，其負面特性是完全不具備更高的生命，而這兩種特性之間存在著某種聯繫。女人只有一種觀念，她自己不可能意識到它，因爲它是女人絕無僅有的觀念，它與精神的觀念是絕然對立的。無論是一位尋求體面婚姻的母親，還是維納斯山的酒神女崇拜者，無論她的目的是想做一個家庭的女創始人，還是僅僅滿足於讓自己迷失在尋歡作樂者的迷宮裡，她總是與一個普遍的觀念相連，那就是作爲整體的人類；她認爲自己是其中一個不可分割的部分。其實，她這是出於最能造就人群共同體的那種本能行事。

作爲男女結合觀念的傳道者，女人必須沒有邊限（即沒有個性）。我之所以要更詳細地論證這方面的考察，是因爲以前的性格學全都忽略了它的重要意義。

至此，有人或許會問是否眞的應當把女人視爲人類，或者會問我的理論是否將女人和植物和動物看作了同類。這是因爲，按照我的理論，女人與一切眞正的存在之間的聯繫，女人與可理知的整體之間的聯繫，也像植物和動物那樣微乎其微。唯有男人才是微觀世界，才是能夠反映宇宙的鏡子。

易卜生的話劇《小埃沃爾夫》裡有一段對話，很能說明這個問題：

> 麗塔：畢竟，咱們只不過是凡人罷了。
>
> 歐墨斯：可是，麗塔，咱們和天空和海還有親近的關係。
>
> 麗塔：它們跟你有關係，可不是跟我。

按照詩人的解釋，按照佛的解釋，也按照我的解釋，女人與整體沒有關聯，與整個世界沒有關聯，與上帝沒有關聯。那麼，女人究竟是人還是動物或植物呢？

解剖學家們會認爲這個問題很荒唐，會立即拒絕接受這種能推導出這種可能性的哲學。在他們看來，女人是雌性的Homo sapiens（智人），區別於其他一切生物，女人相對於雄性人類的位置，相當於其他物種裡的雌性之於雄性的位置。解剖學家不能允許哲學家說：「解剖學家跟我有什麼關係？還是讓他管好他自己的事情吧」。

事實上，女人既是鮮花的姐妹，也與動物關係密切。女人對動物的許多性變態行爲和戀情（例如帕西淮的神話和麗達的神話）就表明了這一點。但女人的確是人類。我們認爲，絕對意義上的女人毫不具備可理知的自我，但即使如此，女人也仍然是對男人的補足。毫無疑問，雌性人類能給予雄性人類特殊的性欲補足和愛欲補足，哪怕它不符合那些提倡婚姻者讓我們相信的道德，這個事實對理解女人問題也依然具有無比重大的意義。動物只是一些個體，女人則是個人，儘管她們沒有個性。

我們必須承認女人具備某種辨識力（儘管那不是眞正的鑒別力），具備某種語言能力（儘管那不是交談能力），具備某種記憶（儘管它既沒有連續性也沒有整體意識）。

女人身上具備了一切看似男性素質的東西，因此她就會出現一些變化，而女性素質的辯護士們非常樂於引述那些變化。這樣一來，人們便以爲許多觀念都是男女兩性共有的，例如榮譽、恥辱、愛情、想像、恐懼、敏感等等，並且以爲它們既具有男性的意義，也具有女性的意義。

現在要討論的問題是兩性對立的眞正意涵。

我們要考察的，不是動物和植物王國中雄性原理與雌性原理的作用，而是人類當中的情況。

必須把這種雄性原理與雌性原理看作理論的概念，而不能看作形而上學的觀念，這是我們的考察從一開始就要強調的一點。本書的全部主題就是要回答一個問題：至少在人類當中，雌雄兩性差別的眞正意涵究竟是什麼？這種差別，其性質與純粹的生理和性別區別大不相同。不僅如此，僅僅把兩性的二元性的事實看作生物的勞動分工使然，這種觀點（按照本書提出的理論）似乎更是站不住腳的。我們不必把時間浪費在討論這種膚淺而自負的見解上。

達爾文主義的確使一種觀點得到了普及：性別不同的有機體產生於它們的早期階段，而在那個階段中，它們在形態上還不具備性別差異。但是，在達爾文以前很久，費希納就已經證明：不能認爲兩性差別是根據什麼勞動分工的原理、從一個未分化的階段中產生的、其目的是適應生存競爭等等。

考察「男人」和「女人」這兩個觀念的時候，我們不應當把它們割裂開來。唯有將它們放在一起對比，才能看清它們的意義。唯有在它們的相互關聯中，才能發現它們最重要的性質。在前一章裡，爲了揭示愛欲的本質，我曾經略微談到了這個題目。男女之間的關係就是主體與對象的關係。女人也像客體對象那樣尋求自身的完滿。她是丈夫和孩子的玩物，並且，無論我們如何竭力掩蓋這個事實，女人都急切地希望自己成爲這樣的一種動產（chattel）。

試圖弄清女人的心思，盡力去理解女人的感情、希望、體驗和眞正本性，這是對女人的需要的最大誤解。

女人並不希望自己被看作主動的行爲者。她需要一直徹底保持純粹的被動狀態——這才是她的女性素質。她需要在別人的意志下感覺到自己。她只求男人渴望她的肉體、被男人佔有，像佔有一件新財產那樣。

純粹的感覺唯有在得到理解（即成爲客觀對象）之後才能獲得其現實性；同樣，唯有丈夫和孩子（即丈夫和孩子作爲主體、女人作爲對象）才能使女人感到自己的存在，才能使女人獲得饋贈給她的實體。

認識論中主體與對象的對立關係，相當於哲學本體論中形式（form）與材料（matter）的對立關係。這種關係也可以比喻爲經驗論與形而上學之間的差別。材料本身是絕對非個體化的，因而它能被賦予任何形式。材料本身沒有明確而持久的性質，也像純知覺（即經驗的材料）一樣並不包含多少本質。因此，材料本身幾乎不具備實在性。我們若是將柏拉圖的這個概念貫徹到底，便會清楚地看到：被一般的菲利士人看作最高現實的東西，在這位偉大的思想家看來只不過是烏有。柏拉圖認爲，對實存的否定不是別的，而正是材料。形式是唯一眞實的存在。亞里士多德把柏拉圖這個觀念引入了生物學領域。在柏拉圖看來，形式是一切眞實存在之父，形式創造了一切眞實存在。在亞里士多德看來，在性過程中，雄性原素是主動的、具有構形作用的力量，而雌性原素則是被動的材料，有待於被賦予形式。我認爲，柏拉圖和亞里士多德的這些思想可以解釋女人在人類中的意義。女人是材料，是男人對之施加影響的材料。作爲微觀世界的男人是低等生命和高級生命的混合體。女人是材料，是「無」。這個認識爲我們理解男女關係提供了鑰匙，澄清了一切模糊認識，使事物獲得了統一的形式。女人的性作用有賴於接觸，那種作用是一種吸取衝動而不是釋放衝動。與此相一致的是，女人最敏銳的感覺就是觸覺，它是女人身上唯一遠比男人發達的感覺。眼睛和耳朵針對的是無限制的對象[10]，只能大致地覺察到無限；而觸覺則只能產生於我們自己動作的身體範圍之內：人會受自己觸覺的影響。觸覺是最顯著、最實在的感覺，它適應了現實生物的肉體要求。

男人是形式，女人是材料。如果這是事實，它就一定會表現在男女各自心靈體驗的關係中。

10 此指「光」與「聲」。

男人精神生命的本質是連貫統一的，它對立於女人心理的模糊混亂的性質，它表明了以上提出的關於形式與材料對立的命題。

材料有待於被賦予形式；因此，女人便要求男人去澄清她的混亂思想，要求男人給她的「涵擬」意念賦予意義。女人是材料，能被塑造成任何形狀。一些實驗表明，在死記硬背方面，女孩子的記憶能力高於男孩子，而對此我可以作出這樣的解釋：因爲女人是空洞而空虛的，所以她們能被灌輸並接納一切東西。男人只能記住自己感興趣的東西，而忘掉其他一切。

這就造成了所謂「女人的柔順」，即女人很容易接受別人觀點的影響，很容易接受他人的暗示，很容易接受男人對她無形式本性的塑造。女人是「無」，因此（並且僅僅因爲這一點）她能變成任何事物；而男人則只能保持他原有的本性。男人可以隨意塑造女人：女人至多可以幫助男人實現他的目的。

男人的眞正本性是他永遠不會被教育所改變；相反，外部的影響卻能教會女人壓抑其自我的最典型特徵，即她對性的眞正價值的認識。

女人可以顯得是任何事物，也可以拒絕接受任何事物，但事實上她永遠都不是任何事物。

女人沒有任何性格特點，她的特性就是根本沒有任何特性。女人的複雜性和可怕奧祕，其來源就是這個特性。正是這個特性，才使男人根本無法理解女人——男人總是想理解事物的核心和本質。

可以說，即使那些願意贊成以上論點的人，也不會知道男人究竟是什麼。男人身上是否存在著一種男性特徵，它類似於女人的說媒本能和全無性格？對「男人」這個概念是否存在明確的界定，像對「女人」這個概念一樣？「男人」這個概念能否用類似於表述「女人」的概念的方式加以表述？

我的回答是：「男性素質」的觀念包含著一個事實，即男人是具備個性的個體，是基本的單子、被單子所包含。然而，每個單子都與其他所有單子截然不同，因此不能將它歸入與其他許多單子同一類的綜合概念中。男人是微觀世界，他包含著一切可能性。我們絕不能把這個性質混同於女人那種普遍的易接受影響性，因爲女人可以變成任何事物而永遠又不是任何事物；而男人則是全部，或大或小，這取決於他的才能和意志。男人包含著女人，因爲男人包含著材料，他可以讓自己的一部分天性自行發展——換句話說，他既可以讓這部分天性激勵他的成長，也可以讓這部分天性削弱他的成長。因此，男人，唯有男人，才能了解女人的眞實。但是，女人卻唯有通過男人才能發展自己。

唯有考察男女間性欲和愛欲的互動關係，我們才能理解男人和女人的意義。女人最深刻的渴望就是被男人賦予形式，從而獲得自己的存在。女人渴望男人用他的觀點去改變她那些以前和男人大不相同的觀點。女人樂於讓男人去改變她此前一直自認爲是正確的做法。女人希望自己被看作由各個部分構成的整體，以使男人將她重新裝配在一起。

女人首先是被男人的意志創造出來的——男人能主宰她，能改變她的全部存在（催眠術）。這就是對男人和女人的身心關係的解釋。男人的身心之間可以互動，就這個意義而言，是主宰性的大腦創造出了身體，而不是大腦將自己投射到現象上。但女人只能在經驗層次上接受精神現象和心靈現象。儘管如此，即使女人身上也還是存在著某種身心互動。然而，對男人來說，正像叔本華正確指出的那樣，人類就是男人自己的創造，男人自己的意志創造並再造了身體；而女人的身體卻可以被外來意志（暗示）影響和改變。

男人不但造就了自己，而且造就了女人——造就女人比造就男人容易得多。〈聖經·創世記〉裡的神話以及其他的宇宙產生論都告訴我們：女人是從男人中創造出來的。這些說法比人類演化的生物學理論更接近眞實；而按照後者的理論，雄性是從雌性當中進化而來的。

現在，我們面臨的是本書第二部分第九章中那個懸而未決的問題：既然女人自己沒有靈魂或意志，她如何能夠理解男人具備的靈魂或意志呢？我們現在就盡力回答這個問題。關於這個問題，我們必須肯定一點，即無論女人在男人身上注意到的是什麼，她必定會產生感覺；但女人注意到的東西並不是男人特有的本質，而只是普遍的事實，並且可能是男人素質的某個側面。以爲女人天生就具備理解男人獨特個性的能力，這是個很大的錯誤。墜入愛情的男人很容易上當，以爲他的戀人比其他女人更能下意識地理解他，所以他會相信自己通過一個女人了解了自己。不過，一些不那麼容易滿足的男人卻不禁會看到：對方並不能認識到他靈魂的獨特個性，並不能認識到他個性的與衆不同之處，而只能看到一般的普遍形式。要知覺和領悟特定的形式，材料本身就絕不能沒有形式。但是，女人與男人的關係卻只能是材料與形式的關係；所以，女人對男人的理解不是別的，而完全是盡可能讓男人賦予她形式的一種意願，即不具備實在性的事物要求獲得實在性的一種本能。不僅如此，女人對男人的這種「理解」也不是理論上的理解，不是一種共鳴，而只是一種尋求同情的欲望，是一種沒完沒了的強求，是一種自私的索取。女人與男人沒有關係，而只與男性素質有關係，所以女人不能了解男人。如果說女人的性欲比男人更強，那麼，女人的性欲便不是別的，而就是一種要求獲得最充分、最明確的形式的更強烈欲望，一種盡可能獲得最多實在性的要求。

最後，女人的說媒本能也是這種欲望的表現。女人的性欲是超個體的，因爲女人沒有邊限，沒有形式，不是個體化的實體（這裡指的是更高意義上的實體）。

女人一生中最重要的時刻，即女人的原初本性和天然欲望表現得最充分的時刻，是她親自參與性交的時候。她充滿熱情地擁抱男人，拼命將他摟向自己。那是被動的女人的最大歡樂，它甚至比受催眠者的滿足感還要強烈，因爲它是材料的欲望剛剛得到了滿足，而那個欲望就是被賦予形式，並將形式永遠保留下去。因此，女人才會如此感激她的佔有者，即使她的感激是轉瞬即逝的，就像毫無記憶的妓女的感激那樣；女人的感激也會持續得更長一些，那些更有見識的女人就是如此。

匱乏者不斷竭力使自己與富有者連在一起，全無形式者（因而也是超個體）不斷竭力擺脫自己的模糊性，通過接觸獲取形式並從此無限期地保留形式，以使自己獲得實在性，這些就是女人參與性交的最深刻動機。

性交之所以成爲可能，並不因爲女人不是單子，並不因爲女人不能認識個體性。性交是「無」不斷爭取變爲「有」的努力。

正因爲如此，男女之間的二元性才逐漸發展成了徹底的二元對立，即高等生命與低等生命之間的二元對立，主體與對象之間的二元對立，形式與材料之間的二元對立，「有」與「無」之間的二元對立。一切形而上的存在，一切超經驗的存在，都是邏輯的和道德的存在，而女人與邏輯和道德無關。對符合邏輯的和道德的事物，女人並不反感，她既不反對邏輯，也不反對道德。女人不是對事物的否定，更準確地說，女人是「無」。女人既不是肯定判斷，又不是否定判斷。男人自身就包含著成爲絕對的「有」或絕對的「無」的可能性；因此，男人的行動就會指向這兩種可能性之一。女人並不犯罪，因爲她本身就是罪，而罪在男人身上只是一種可能性。

抽象的男性是上帝的形象，即絕對的「有」；女性以及男性身上的女性素質，則是

「無」的象徵。這就是女人在宇宙中的意義。從這個意義上說，男性和女性互爲補充，互爲條件。女人在宇宙中的意義和功能就是作爲男人的對立面，而正像雄性人類高於雄性動物一樣，雌性人類也高於雌性動物。人類當中不存在有限的存在與有限的否定之間（像在動物界中那樣）的鬥爭；人類當中互相對立的是無限的存在與無限的否定。因此，男性和女性共同構成了人類。

女人的意義就是作爲無意義。她代表著否定，即與神性相對立的一極，即人性的另一種可能性。因此，當一個男人變成女性的時候，「無」的特徵便顯得格外可鄙，連這樣的人自己都會把自己視爲罪大惡極者。這也可以解釋男人那種最深的恐懼，即對女人的恐懼；它是對無意識的恐懼，是對那個誘惑他的毀滅深淵的恐懼。

老年女人永遠都代表著女人究竟是什麼。實驗大概會告訴人們：女人的美麗只是愛女人的男人創造出來的；一個男人愛上某個女人的時候，那個女人在他眼中便會顯得更美，因爲她被動地對她戀人的意志作出了反應。無論這種現象看上去多麼不可理解，它都是日常生活中的事實。

女人的一切性質都建立在她的非存在性上，建立在她缺乏性格上，因爲女人不具備眞正的、永恆的生命，而只具有肉體的生命。女人極力提倡性結合，女人通過這種特徵進一步發展了她生命中的性欲部分，其本性被對她有肉體影響的男人所改變，她也非常容易接受那個男人的影響。

至此，本章闡述的女人的三個基本特點就匯合成了一個概念，即女人就是非實在（non-existent）。女人的不穩定性和不誠實性只是根據她的非實在性前提作出的否定性推導。女人唯一的正面性格（即女人作爲交配的促成者），這個概念則來自簡單的分析過程。女人的天性只能是交配，只能是超個體的性欲。

我們若是再看看本章前面那個列表裡的兩類生命，就會清楚地看到：從高到低的每一種趨向都是一種反對自己的罪惡。不道德是一種朝向否定的意志，渴望將有形式的事物變成無形式的事物，即是渴望毀滅。由此便產生了女性素質與犯罪之間的密切關係。不道德和無關道德之間存在著密切的聯繫。唯有當男人接受了自己的性欲、否定了自身中的絕對事物、轉向了低等生命時，他才會把實在性給予女人。接受陽具是不道德的。它始終被視爲一種可憎的東西；它是魔鬼撒旦的形象，而但丁則讓撒旦作爲地獄的中心支柱。

由此也造成了男性對女性的性別優勢。唯有當男人產生性欲的時候，女人才能具有實在性和意義。

女人的生命緊緊聯繫著陽具；因此，陽具就是女人的最高主宰和受她歡迎的主人。

化身爲男人的性欲就是女人的命運。唐璜就是唯一具備完全支配女人的力量的那類男人。

詛咒是人的邪惡意志（據說女人受到的詛咒比男人更沉重）；而「無」（女人）只是追求「無」的意志手中的一個工具。基督教的早期理論家們將女人稱爲「魔鬼的婢女」，是在悲嘆地表達這種現象。這是因爲，材料本身只是「無」，它唯有藉助形式才會獲得其實在性；「形式」的敗落，就是形式竭力回復到無形式時造成的崩潰。男人產生性欲時，他就賦予了女人形式。女人之所以立即成了女人，完全是由於男人接受了他自己的性欲。女人只是男人肯定自己的性欲造成的結果，女人就是性欲本身。女人的存在有賴於男人；當男人作爲男人時，當男人作爲女人的對立面時，當男人產生了性欲時，他便將形式賦予了女人，使女人獲得了實在性。所以，女人的一個目標就必定是使男人保持性欲。她渴望作爲男人性器的男人，因此她才會極力促成性結合。女人只會把一切生物用作達到一個目的的工具，而那個目的就是交配。女人只有一個目的——延續男人的罪，因爲一旦男人戰勝了自己的性欲，女人便會消失。

男人創造了女人，而只要男人還產生性欲，他就願意不斷地重新創造女人。男人給了女人意識，同樣，他也給了女人存在。女人就是男人的罪。

男人極力用愛情去贖罪。這就是對本書前一章末尾那個看似無法破解的神話的解釋。我們現在知道這個謎當中包含著什麼了：在男人墮落以前，女人是「無」，沒有男人的墮落便沒有女人；男人並沒有奪走女人以前擁有的任何東西。男人罪在創造女人；男人贊同女人的目的，這也是罪。男人通過自己的愛欲向女人表達歉意。

既然給予永遠無法滿足愛情，愛情的慷慨寬容又從何而來呢？愛情為什麼如此迫切想把靈魂賦予女人，而不是賦予其他生靈呢？男孩子沒有愛情，而直到青春期，通過反覆賦予女人形式，通過不斷更新自己的罪，將愛情與性欲合爲一體，男人才會產生愛情，這又是怎麼回事呢？女人不是別的，而正是男人自身性欲的表達和投射。每個男人都為自己創造了一個女人，將她作爲自己的化身，作爲自己的罪的化身。

但女人本身並不是罪。女人是由別人的罪造就的；因此，女人受到的一切譴責都應當算在男人的帳上。

愛情極力去掩蓋罪，而不是去戰勝罪。愛情提高了女人的位置，而不是否定了女人。「有」（男人）用雙臂去擁抱「無」（女人），以爲這樣做就能夠消除女人的一切否定性，消滅一切缺陷；而如果「有」放棄了「無」，「無」便只能消失。

男人對女人的憎恨，並不是對他自己性欲的有意識憎恨，因此，男人的愛情就是他的一種最熱切的努力，其目的就是拯救作爲女人的女人。男人的愛情絕不是渴望使女人在男人身上化爲烏有。有罪的意識僅僅來自一個事實：男人渴望得到那個有罪的對象，而並不想將那個對象化爲烏有。

所以說，唯有女人是有罪的，她通過男人的過錯而獲罪。如果說，女性素質就是交配的本能，那完全是因爲一切有罪的努力全都在擴大這種本能的影響。女人無意識地起到了那種作用，是因爲她不得不如此，它是女人存在的理由，是女人的全部天性。女人只是男人的一個組成部分，是男人的另一個自我，一個無法消除的自我，一個層次較低的自我。因此，材料對於形式似乎就成了一個無法破解的謎。女人也像男人一樣無盡無終；否定也像存在那樣永恆，只是那種永恆性是罪的永恆性而已。

第十三章
猶太教

男人的差別——中間形式和種族人類學——猶太教與女性素質的對照——猶太教作為一種觀念——反閃米主義——華格納——猶太人與女人的相似之處——科學中的猶太教因素——猶太人不是單子——猶太人與英國人——幽默的本質——幽默與諷刺——猶太女人——猶太教的最深刻意義——缺乏信仰——猶太人與神祕無關但並不虔誠——缺乏認真，驕傲自大——與英雄相對立的猶太人——猶太教與基督教——基督教的起源——宗教創始者們的難題——基督本身作為猶太教的征服者——宗教創始者是最偉大的人——一切宗教創始者都必須克服其固有的猶太教觀念——猶太教與當今時代——猶太教、女性素質、文化和人類如果許多讀者認爲：根據前面的論述，「男人」似乎顯得太好了，並且，作爲整體的男人也被不恰當地過分抬高了，這種看法毫不奇怪。無論每個菲利士人和年輕傻瓜聽說自己心中包含著整個世界時會多麼驚詫，這些論述得出的結論都不會被推理論證輕易地否定和駁倒。不過，以上對男性的論述卻絕不應當被簡單地看作對男人過分寬容，或者被看作直接出於一種傾向，即忽略男性素質所有令人厭惡的和渺小的方面，以便僅僅展示男性最好的特質。

對這些論述的指責是毫無道理的。本書作者並沒有打算把男人理想化、以更易於降低對女人的評價。男性素質的日常表現往往掩蓋著大量的狹隘和粗鄙，以至人們會問「是否每個男人都比女人更有希望」，而男人或者忽略了這個問題，或者懷著痛苦或遲鈍的厭惡之情看清了這個問題。但是，無論在實際上還是在思辨上，卻從沒有人分析過女人是否更有希望。因此，我在本書中根本不可能根據男人之間的差異去分析女人，無論我把那些差異看得多麼不重要。因此，我的論述其實就是要表明女人不是什麼。的確，女人所缺少的很多素質，即使最平凡的普通男人也很少有不具備的。在很多男人身上，還會頻頻發現女人的正面特性（如果說女人也有正面特性的話）。我們已經表明，世上有些男人變成了女人或者一直就是女人，卻從沒有女人能超越自身某種有限的、沒有得到特別提高的道德或智力水平。所以，我必須再說一遍：即使是符合女人最高標準的女人，也遠遠達不到男人的最低標準。

這些反駁意見甚至可能走得更遠，以至它們在理論上的無知必定會受到指責。換句話說：我們發現，世界上一些國家和種族的男人，雖然絕不會被看作屬於性別的中間形式，卻與我論述的男性素質的理想相差甚遠，而他們的存在，似乎也嚴重地動搖了本書提出的那些原理（確切地說，它們是本書所依據的全部基礎）。例如，中國人像女性那樣毫無內心渴求，不具備做出任何努力的能力，應當怎樣看待他們？人們或許會不得不認爲所有的中國人都帶著女人氣。中國男人留著傳統的長辮子、而他們的鬍鬚卻留得最稀疏，這種狀況至少不該僅僅被看作全民一時的興致使然[1]。黑人的情況又如何呢？黑人當中似乎極少出現天才，而他們的道德水平幾乎是普遍地低下，所以人們已經開始認識到：解放美國的黑人其實是一種輕率之舉[2]。

因此，若想讓「性別的中間形式」原理成爲種族人類學的一條重要原理並被推而廣之（因爲世界上似乎廣泛分布著一些更多女性氣質的種族），那麼，我們就不得不承認：前面的推論首先涉及的就是亞利安人的男女。人類其他各大種族在多大程度上達到了亞利安人的標準？或者究竟是什麼因素妨礙和阻止了他們達到這個標準？要盡可能正確地了解這些問

1 本書寫於一九〇〇年前後，這些說法反映了作者的種族偏見。
2 指美國南北戰爭時期的廢奴運動，這裡同樣反映了作者的種族偏見。

題，我們首先應當最仔細地研究人種的性格。

我把猶太人作為討論的主題，因為，正如我將要表明的那樣，猶太人給我這些觀點造成了最嚴重的困難，而他們和黑人及蒙古人之間，似乎存在著人類學上的某種聯繫。常見於猶太人的捲髮表明了他們與黑人之間的聯繫，而猶太人中常見的中國人或馬來人的典型臉型和骨架以及發黃的膚色，則暗示出了他們與蒙古人的混合血統。這完全是日常觀察的結果，對這些說法絕不應當作出其他的解釋。猶太人的起源這個人類學問題目前顯然還無法解決。但儘管如此，錢伯藍最近對這個問題作出的一種有趣的回答還是引起了不少反駁。這位作者並不具備多少論述這個題目所需的知識。我們這裡要簡要論述、但將儘量作出詳細分析的，是猶太民族的心靈特性。

這是心理觀察分析提出的一項不容推卸的工作。這項工作是對以往歷史的挑戰，而歷史的細節也必定都是沒有定論的。研究各個種族的時候，猶太人給我們造成了一個意義最深刻的難題，它本身就密切地聯繫著當今許多最棘手的問題。

然而，我必須澄清我所說的「猶太教」（Judaism）的涵義。這個字既不是指一個種族、一群人，也不是一種被承認的宗教信條。我把這個字看作一種思想傾向，一種全人類都可能具有的心理特質，只是它唯獨在猶太人當中體現得最顯著而已。反閃米主義本身將證實我這個觀點。

從血統和天性氣質的角度說，最純粹的亞利安人當中的反閃米主義者是極爲罕見的，儘管他們常常會對猶太人的某些特點感到不悅。他們根本無法理解反閃米運動，所以他們也無法理解爲猶太人的辯護（那些辯護者常被稱爲親閃米分子〔Philosemites〕）。不過，這些人仍會寫出一些仇恨猶太人的作品，而那是出於對猶太人性格的深刻誤解。另一方面，激烈的反閃米主義者卻幾乎總是會顯露出某種類似猶太人的性格；這種特徵有時還會反映在他們的臉上，儘管他們實際上根本沒有猶太血統。（左拉是前者的一個典型：他絕對沒有任何猶太人的特質，因此他是親閃米分子。而另一方面，在最偉大的天才者當中，卻幾乎總是可以找到反閃米主義者（例如塔西佗、帕斯卡、赫爾德、歌德、康德、讓・保羅、叔本華、格里爾帕策和華格納）。這種現象源自一個事實：天才者的天性中包含著一切，所以他們能夠理解猶太氣質。——作者原注）

原因很簡單。我們會愛別人身上的一些特質，因爲它們都是我們自己想具備、實際卻極少具備的特質。同樣，我們也會憎惡別人身上的另一些特質，因爲它們都是我們不希望自己具有卻依然難免具有的特質。我們所憎恨的特質，都是那些和我們自己很相近、卻首先表現在別人身上的特質。

因此，這就對一個事實作出了解釋：在猶太人當中能找到最激烈的反閃米主義者。這是因爲，唯有具備徹底的猶太氣質的猶太人（與之對應的是具有徹底的亞利安氣質的亞利安人）才完全不具備反閃米主義性格；而其餘那些只具備更普通的天性的人，則是積極的反閃米主義者。他們人云亦云，從不會坐下來自己去判斷這些事情，其中只有極少數會首先用反閃米主義去檢視自己。不過，有一種情況卻一直是確切無誤的：凡是厭惡猶太氣質的人，無不會首先厭惡自己身上的猶太氣質；他們排斥別人身上的猶太氣質，這完全是在以此竭力將自己與猶太氣質分開。他們拼命擺脫這種氣質，極力在自己的同胞身上找出這種氣質，因而會暫時以為自己身上根本沒有這種東西。像愛一樣，憎恨也是一種心理投射現象。唯有對自己感到不快的人才會去憎恨別人。

有個事實可以證明猶太人自己的反閃米主義：凡是和猶太人打過交道的人，沒有一個會認為他們是可愛的——連猶太人自己也是如此。亞利安人的反閃米主義為我們提供了一種很有意義的深刻認識：絕不能把猶太人與具有猶太氣質的種族混為一談。有些亞利安人身上的猶太氣質比猶太人還多，而有些真正的猶太人卻比某些亞利安人更像亞利安人。我不必列舉那些具有濃厚猶太氣質的非閃米人，也不必列舉那些具有少許猶太氣質的非閃米人（例如十八世紀那位著名的尼柯萊），也不必列舉那些具有相當偉大的特質的人（在這些人裡，幾乎不能不提到的是席勒）。我不想去分析這些人身上的猶太氣質。但我首先要說：華格納（他是最激烈的反閃米主義者）身上就具有猶太氣質，連他的藝術也是如此，無論他被奉為人類歷史上最偉大的藝術家這個事實如何使人難以產生誤解。他塑造的英雄齊格飛，無疑屬於可想像出的最非猶太人的類型。華格納對大歌劇及其舞臺的反感，其實卻使它們對他產生了最強烈的吸引力（他本人也意識到了這種吸引力）。因此，我們便不能說華格納的音樂毫無過分炫耀、過分響亮和缺少對比等缺點，儘管其主題具有獨一無二的簡潔性，是世界上最有力的。華格納在一定程度上也意識到了這一點，所以試圖通過用極豐富的管弦樂配器法，將他的音樂整合起來。不可否認，華格納的音樂不但給具有猶太氣質的反閃米主義者（他們始終都沒有徹底擺脫那種猶太氣質）留下了最深刻的印象，而且給印歐語系的反閃米主義者留下了最深刻的印象。這是千眞萬確的事實。對眞正的猶太人來說，華格納的歌劇《帕西法爾》的音樂將永遠像它的詩意一樣無法理解；歌劇《唐懷瑟》裡朝覲者的遊行和衆人同去羅馬的隊伍以及其他許多部分，肯定都會使眞正的猶太人感到厭惡。毫無疑問，唯有日爾曼人才能成功地展示日爾曼人的精神實質，像華格納在《紐倫堡名歌手》裡那樣。談到華格納，人們常會想到的是他性格中與費爾巴哈相近的那一面，而不是與叔本華相近的那一面。我這些說法絕不是從心理學的狹隘角度去貶低這位偉人。猶太氣質給了華格納最大的幫助，使他在努力創作《齊格飛》、《帕西法爾》時，在用可能是歷史上最高級的手法去表現日爾曼人的天性時，更清晰地理解和表達了他心中兩極之間的鬥爭。然而，比華格納更偉大的人，卻會情不自禁地先克服掉自己身上的猶太氣質，再去尋找他的特定天職。如前所述，不是別的，正是猶太教在世界歷史上的重大意義及其優秀之處，才使亞利安人了解了自己、警誡了自己。

由於這一點，亞利安人就必須感激猶太人，因爲他們通過猶太人懂得了一點：必須警惕猶太氣質出現在他們自己身上。這個實例已經足以表明我對「猶太教」一字的理解了。

我指的不是一個國家或一個民族，不是一種信仰或一部經文。我所說的「猶太人」既不是指一個個體，也不是指整個猶太民族，而是指人類的總體，指那些懷有「猶太教」這種柏拉圖式概念的人。我的目的是分析這個觀念。

這些研究應當包括在一項工作當中，那項工作的全部內容就是兩性的性格學；而這些內容卻似乎是對本書主題的一種不適當的擴展。但是，某種反思卻會使我們得到一個驚人的結論：猶太教當中浸透了女性素質，充滿了一些性質，其本質我已經闡述過了，那就是與男性本質最截然相對的性質。我很容易舉出一個例子，以說明猶太人身上的女性素質比亞利安人更多，乃至最具男人氣質的猶太人身上的女性素質也多於最少男人氣質的亞利安人。

這種解釋或許是錯的。最重要的是應當重點分析兩者之間的異同，這是因爲：當被分解的女人重新出現在猶太人身上的時候，許多許多特點就會變得非常明顯。

我想從類比入手。首先我注意到了一點：猶太人十分偏愛動產，即使在財產所有權已經相對有了保證的今天，他們也是如此；他們雖然也可能獲得個人財產，但他們卻幾乎沒有個人財產的觀念，尤其是對最典型的個人財產——土地。財產觀念與自我意識、與個體性是密不可分的。這一點完全符合我以前說過的一種現象：猶太人天生就適合於共產主義。我們必須把共產主義和社會主義明確地區分開來。共產主義建立在物質產品共有的基礎上，其中不存在個人財產；而社會主義則首先意味著個體與個體之間的合作，勞動者與勞動者之間的合作，它承認每一個人的個性。社會主義是亞利安人的（例如歐文、卡萊爾、羅斯金和費希特）。共產主義是猶太人的（馬克思）。現代社會主義民主早已遠離了早期的社會主義，這恰恰是因爲猶太人過多地參與了它的發展。馬克思的學說雖然包含著與社會主義相關的因素，但其目標卻根本不是建立那種將一切分離的個人聯合在一起的國家，不是那種將高級個體與低等個體結合起來的國家。猶太人不懂得社會主義這個概念，像女人不懂得它一樣。

由於這些理由，猶太復國主義（Zionism）就始終必定是一個不切實際的理想，儘管它把猶太人一些最高貴的品質彙集了起來。猶太復國主義是對猶太教的否定，因爲猶太教這個概念意味著廣泛分散於世界各地的猶太人。國籍對猶太人來說只是一種象徵，從來沒有、將來也不會有一個眞正的猶太國[3]。國家意味著個人目標的協調統一，意味著制定和服從自願施加的法律。國家的象徵至少應當是通過自由選舉選擇出來的國家首腦。與「國家」的概念相對立的是「無政府」的概念，而它和當今的共產主義之間有著密切的同盟。歷史上從沒有出現過理想的國家，但每一種國家理想中卻都多少包含著最少量的更高個體，即關於一種理

3 作者寫作本書時，猶太人尚未建國（以色列於一九四八年建國）。

想權力的概念，這一點使國家區別於純粹軍營裡的人類集體。盧梭那個曾受到輕視的理論理應得到比現在更多的關注，那就是：以個體之間的有意識合作去構成國家。其中，某種「自由的結合」的倫理觀念一向是必不可少的。

猶太人不懂得「國家」概念的眞正意義，因爲他們也像女人那樣缺乏個性。猶太人之所以不能理解「社會」這個觀念的眞正涵義，是因爲他們不具備自由的知性自我。像女人一樣，猶太人往往喜歡聚在一起，卻不能像自由獨立的個體那樣彼此交流，不能互相尊重個性。

如同女人沒有眞正的尊嚴一樣，猶太人當中也不存在「紳士」（gentleman）這個字所表示的那種人。眞正的猶太人不具備這種內在的良好教養，而唯有依靠這種教養，個人才能尊重自己的個性，尊重別人的個性。世上不存在猶太人的尊貴，而由於猶太人的族譜可以追溯到數千年以前，這一點就更加令人驚異了。

猶太人的傲慢是人所熟知的，對它也可以作出類似的解釋。這種傲慢來自缺乏眞正的自知以及隨之產生的一種壓倒一切的心理需要，即覺得自己必須通過蔑視同類去增強自己的個性。這樣一來，儘管猶太人的族譜比亞利安貴族的悠久不知多少，他們還是對頭銜懷有不同尋常的鍾愛。亞利安人對其祖先的尊重植根於「祖先」這個觀念，它來自對自己個性的評價；相反，猶太人的傳統雖然具有凝聚力並十分古老，作爲個體的猶太人卻沒有這種祖先觀念。

猶太民族的過錯常被歸因於亞利安人對他們的壓迫，許多基督教徒也在這方面進行自責。但是，這種自我譴責是沒有道理的。外部環境不能造就一個種族的某種特性，除非這個種族本身就具備順應某種塑造力的天生性向。在被造就的總體結果當中，來自天性氣質與來自促成改變的環境的東西至少一樣多。我們現在已經知道，有證據表明後天性格的遺傳性是可以被破壞的，在人類當中，這種情況比在低級生命形式當中更爲多見。但可以肯定的是：儘管發生了各種適應性的變化，個體特性和種族特性卻始終都會有所保留。人的變化是由內而外的，除非這些變化（像女人的變化那樣）僅僅是對眞正變化的表面模仿，而不是深植於人們的內心當中。認爲猶太人的性格就是這個民族的傳統歷史的現代變形，我們怎麼能接受這種觀念呢？猶太人的祖先雅各欺騙他臨死的父親，欺騙他的哥哥以掃，甚至欺騙他的岳父拉班，但《舊約》卻對此毫無譴責之詞。

猶太人的辯護者認爲，猶太人毫不具備犯下窮凶極惡的罪行的傾向，這是正確的，不同國家的司法統計數字也印證了這一點。猶太人並不眞的反道德。但儘管如此，他們還是並不代表最高的倫理類型。不妨說，猶太人與道德無關，既不太好也不太壞，既非天使，也不是魔鬼。雖然有〈約伯記〉和伊甸園的故事，「至善」和「至惡」的觀念卻顯然不屬於眞正的猶太人。我不打算在這裡引述評論《聖經》的那些有爭議的冗長話題，但我至少應當肯定地說：這些觀念在現代猶太人的生活當中並沒有發揮起碼的作用。無論是正統的還是非正統的現代猶太人，都既不關心上帝也不關心魔鬼，既不關心天堂也不關心地獄。如果說他們沒有達到亞利安人的高度，那麼，他們也不具備那麼多謀殺或其他暴力罪行的傾向。

女人的情況也是如此。女人的辯護者往往喜歡提到女人很少犯重罪，以此說明女人的天性是道德的。既沒有女魔鬼，也沒有女天使。愛情總是盲目地憎惡現實，因此，唯有愛情才能在一個女人身上看到神聖的本性，唯有愛情才極不願在女人身上見到半點邪惡。女人和猶太人的天性中不存在重大的東西，既沒有偉大的道德，也沒有重大的罪惡。亞利安人身上永遠都能體現出康德宗教哲學裡的善惡原則，兩者永遠都在激烈地鬥爭。在猶太人和女人身上，善與惡的界線卻並不分明。

可見，猶太人並不是作為自由、自治的個體生活的，並不像亞利安人那樣能在美德與罪惡之間做出選擇。他們完全是由相同的個人彙集起來的集體，每個人都是從同一個模子裡鑄造出來的，而所有的人又構成了一種連續原質團[4]般的共同體。反閃米主義者常常把這種共同體視為一種帶有自衛性和進攻性的聯合體，並由此提出了一個概念，即猶太人的「團結」。這種看法包含著深刻的概念混淆。當猶太人的某個陌生成員遭到某種指控的時候，全體猶太人便都會暗暗地站在被指控者一邊，並且非常希望設法去證明他是無辜的。但我們絕不能以為：個別基督徒的命運也會像個別猶太人的命運那樣，使全體猶太人關心自己的利益。猶太人表現出的那種同情心，其眞正的根源是擔心對整個猶太教的威脅，是害怕恥辱的陰影損害整個猶太教。同樣，當女性中的某個成員遭到蔑視的時候，女人們便很樂於親自給她援助，直到使那種蔑視顯得像是損害了全體女性，以使男人對結婚心懷恐懼。在這種情況下，得到了保護的是整個種族或整個性別，而不是某一個人。

家族（這裡指的是這個字的生物學意義而不是法律上的意義）在猶太人當中的作用比在任何其他民族中都重大，這是很容易理解的。從某種意義上說，英國人在這方面與猶太人十分近似，僅次於猶太人。從生物學的角度說，家族源於雌性和母性，與國家和社會沒有關係。家族成員的混合性與延續性，在猶太人當中達到了最高點。在印歐語系的種族當中，尤其是在那些雖有才能、卻仍屬平凡的個體身上，父子之間從來就不存在完全的和諧；無論是有意還是無意，兒子總是對父親懷有一種不耐煩的感情，因爲父親未經兒子的同意就將他帶到了這個世界上，給他起了名字，確定了他在塵世所受的限制。唯有在猶太人當中，做兒子的才會感到自己深深地植根於家族裡，並能與父親同心同德。父子成爲眞正的朋友，這種情況在基督徒家族裡是非常罕見的。在基督徒家族裡，連女兒都會與家族圈子保持一定的距離；而猶太女孩卻不會如此。更常見的情況是：基督徒家族的女兒會去從事某種能使自己經

4　由大量的變形蟲細胞聚集而成的細胞質多核團。

濟獨立的職業，以使自己與家人隔離。

在這裡，我們看到了一個與本書前一章有關的事實。我在前一章裡表明：說媒本能的實質是意識不到個體性和個體之間的界線。喜歡說媒的男人身上總是會存在某種猶太人的成分。與性有關的事情，對猶太人的吸引力總是比對亞利安人更強，儘管前者比後者明顯地缺少性能力，並且不像後者那樣容易爲激情所困。猶太人是習慣性的說媒者，他們當中爲愛情結婚的情況非常罕見，任何民族都不像他們那樣。猶太人熱衷說媒的機能性特性，與他們對禁欲主義的錯誤理解有關。猶太拉比總是沉迷於思索猶太人生兒育女的問題，這個傳統由來已久；而對一個創造了「生養衆多，在地上昌盛繁茂」的責任這個說法的民族來說，熱衷生育是很自然的結果。

交配本能最能消除個體之間的界線，而猶太人的這種本能可以說是出類拔萃。他們最善於打破個體之間的界線。猶太人與貴族位於截然對立的兩極，因爲貴族認爲維護個體之間的界線是最重要的。猶太人是天生的共產主義者。猶太人在社交中舉止輕率，缺乏社交技巧，也是出於這種天性，因爲社交規則其實就是爲了保衛個體性而設置的屛障。

這裡，我想再次強調一個事實（儘管它可以不證自明）：我對猶太人的評價雖然很低，但如果由此認爲我贊成從理論上和實踐上去對猶太人進行哪怕一丁點迫害，那就大錯特錯了。我討論的是猶太教的純精神意義，即將它作爲一種觀念。世上沒有絕對意義上的猶太人，也沒有絕對意義上的基督徒。我說的不是作爲個體的猶太人，而如果我針對的是作爲個體的猶太人，那就的確是對他們嚴重的無端傷害。「只能從基督徒那裡買東西」之類的格言，其實包含著對猶太人的某種影射，唯有對將猶太人看作一個民族而不是個體的人來說，那些說法才有意義。我絕不希望去排斥猶太人，也絕不希望通過任何此類不道德的手段去試圖解決猶太人問題。猶太復國主義也不能解決這個問題。正如錢伯藍所指出的那樣，自從耶路撒冷神廟被摧毀之後，猶太教已經失去了民族性的影響，而變成了一種廣爲散播的寄生物，在世界各地徘徊，尋找它那個到處都不存在的眞正的根。猶太人必須首先戰勝猶太教，才有可能實現他們的復國夢。

要戰勝猶太教，猶太人必須首先理解自己，與自己作戰。迄今爲止，猶太人除了製造和欣賞針對他們自己特性的笑話之外，並沒有做更多的事情。猶太人無意間比亞利安人更尊重亞利安人。唯有堅定不移的決心加上最高度的自我尊重，才能使猶太人擺脫猶太特性，雖然這種決心一直都很強大，一直都值得稱讚，但是，唯有個體（而不是群體）才能理解並實現它。因此，猶太人問題就只能通過個體去解決。每一個猶太人都必須努力在自己身上去解決這個問題。

這個問題沒有其他的解決辦法，也不可能有其他的解決辦法。猶太復國主義永遠不會成功地回答這個問題。

克服了猶太特性的猶太人，即變成了基督教徒的猶太人，其個人能力的確最有權受到亞利安人的尊重。他們已經不再被指斥爲屬於那個種族，即需要亞利安人從道德上去提高他們的種族。他們完全可以放心，因爲任何人都不會質疑他們良好的道德基礎。社會地位優越的亞利安人總是感到需要去尊重猶太人；他們的反閃米主義對他們來說根本不是快樂，也根本不是樂趣。因此，當猶太人揭露猶太人的時候，這些亞利安人就會覺得不快，而揭露者既不會從這部分亞利安人那裡得到感激，也不會從過度敏感的猶太教那裡得到感激。最重要的是，亞利安人非常希望猶太人通過皈依基督教，來證明反閃米主義是有道理的。但是，猶太人公開表露自己這種內心鬥爭的危險，卻並不一定會使那些渴望內心自由的猶太人感到不安。他會渴望獲得聖靈的神聖洗禮，而對聖靈來說，肉體只不過是外在的象徵。

界定猶太特性和猶太教的眞正涵義，得出如此重要而有用的結論，將會解決一個最困難的問題。猶太教之謎遠比許多閃米人認爲的深奧得多；實際上，這個謎的外面總是包裹著某種令人看不透的東西。即使把猶太教比作女人，我們還是很快就會失敗，儘管這麼做有時也能幫助我們前進一步。

在基督徒心中，驕傲與謙遜總是在互相衝突；在猶太人心中，傲慢與畏縮總是在互相衝突。在前者心中的自我意識和悔悟；而在後者心中的則是自大和固執。猶太人絲毫沒有謙遜的美德，因而便不能領會恩惠（grace）這個觀念。從猶太人天生的奴性中，產生了他們那套他律性的（heteronomous）倫理法典「十誡」。它是宇宙間最不道德的法典，它命令馴服的追隨者屈從一種外部影響的意志，而對他們的獎勵則是塵世康寧和征服世界。猶太人與耶和華的關係造就了典型的猶太人——耶和華是抽象的神，猶太人奴隸般地服從他，甚至永遠不敢說出他的名字。像女人一樣，猶太人也需要一種由外界權威制定的守則，按照叔本華的界定，「上帝」這個字指的是一個創造了世界的男人。對猶太人來說，這個定義很接近他們心目中的那個神。對於人心中眞正的神性，猶太人一無所知。對於基督和柏拉圖、愛克哈特和讓．保羅、歌德和康德、《吠陀》的祭司和費希納以及每一個亞利安人所說的「上帝」的涵義，對「我與你同在，直到世界末日」這句話的涵義，猶太人也始終無法理解。這是因爲，人心中的上帝就是人的靈魂，絕對意義上的猶太人是沒有靈魂的。

因此，在《舊約》裡，我們便一定不會找到對不朽的信仰。沒有靈魂的人不可能渴望追求不朽，女人和猶太人就是如此；而正如德爾圖良所說：「基督徒是天生的」。

猶太人沒有眞正的神祕主義（錢伯藍對此作過評論），其根源也與此相似。他們只有最強烈的迷信和那套占卜魔法體系，即「喀巴拉祕教」。猶太人的一神教與對上帝的眞正信仰毫無關係；它不是一種有理性的宗教，而是老年婦女建立在恐懼上的一種信仰。

耶和華的猶太奴隸爲什麼竟會變成唯物主義者或自由思想者？那只不過是奴性的另一種表現罷了。這種奴性智能的另一個側面，就是用傲慢的態度去對待不理解的事物。一旦充分理解了猶太教，我們便寧可將它看作一種觀念（其他民族也都具有這種觀念），而不會將它視為某個特定種族的絕對特性。這樣一來，我們便更容易理解現代唯物主義科學當中的猶太教因素了。華格納已經在音樂中表現了猶太教因素；而對於現代科學當中的猶太教因素，我還有些話要說。

從最寬泛的意義上說，科學中的猶太教因素就是竭力消除一切超驗主義的東西。亞利安人懷有一種願望，即努力理解一切事物並將它們與某種推導體系聯繫在一起；而這在實際上卻使事物失去了眞正的意義。對他們來說，唯有那些無法揭示的東西才賦予了這個世界意義。猶太人根本不懼怕這些隱密的元素，因為他們根本意識不到那些元素的存在。他們總是盡可能將世界看作一目了然、平淡無奇的所在，拒絕面對事物的全部祕密和精神意味。他們的觀點與其說是反哲學的，不如說是與哲學無關的。

猶太人懼怕上帝，但這與眞正的宗教毫無關係，因此，在一切人當中，猶太人對機械論和唯物論的世界觀最不會感到不安。他們天生篤信達爾文主義，篤信人是從猿類演化出來的荒唐說法；而現在，他們又本能地接受了一種觀點：人的靈魂是人類當中發生的進化現象。從前，猶太人是畢希納的狂熱信奉者，如今他們又情願信奉奧斯瓦德。

正是出於天生氣質，猶太人才在化學研究方面表現得如此突出。他們天生與物質密不可分，希望找出分解萬物、弄清其眞正性質的方法。儘管如此，歷史上一位最偉大的德國科學家開普勒，卻還是親手寫下了以下關於化學的六音步短詩：

啊，惱人的化學微粒！啊，微粒中是何等空虛！

醫學在當今發生的轉變大都來自猶太人的影響，他們命中註定要去從事醫生的職業。從最早的時代直到猶太人處於支配地位，醫學都與宗教緊密相連。不過，如今的猶太人卻只把醫學看作配藥、開藥和經營化學藥品。但是，無機物質的原理永遠不能用來解釋有機生命。費希納和普萊爾（Preyer）說得很對：死來自生，而不是生來自死。我們每天都能在個體身上看到這種現象（例如在人類當中，老年人機體組織的鈣化為死亡作了準備），但是，誰都不曾見過有機生命從無機物質中產生。從施瓦摩爾丹時代直到巴斯德時代，人們逐漸弄清了一點：有機生命絕不會從無生命物質中產生出來。我們應當用這種個體發生學觀點去解釋物種進化的歷史。我們還確切地知道：在過去，人們認為死來自生。當時對有機體的化學分析認為：有機體產生於有機體自身的死灰。我們應當從這種猶太教式的科學返回到那些更高貴的概念上，那就是由哥白尼和伽利略、開普勒和歐拉、牛頓和林奈、拉馬克和法拉第、斯普倫格爾和居維葉提出的概念。當今的自由思想家們沒有靈魂，也不相信靈魂，所以無法補上這些偉人空出的位置，因為這些偉人無不懷著敬意，領悟到了大自然中存在的固有祕密。

正是由於缺乏這種深度，歷史上才沒有眞正偉大的猶太人。像女人一樣，猶太人也絲毫不具備天才。哲學家斯賓諾莎（他的猶太血統是毫無疑問的）是過去九百年間無與倫比的、最偉大的猶太人。他比詩人海涅（他的確不具備任何眞正偉大之處）偉大得多，也比那位雖然膚淺卻富於獨創性的畫家依薩列斯偉大得多。但人們對斯賓諾莎的過高評價，卻更多是因爲環境對他有利而不是他生就的長處，因爲他是當時唯一受到歌德關注的思想家。

斯賓諾莎的天性中不具備任何深刻性（這表明了他的猶太人性格），否則的話，他便不會提出他的數學方法論，它認爲在事物本身可以找到對事物的解釋。這個體系就像一個避難所，斯賓諾莎可以讓他的自我躲入其中。它能吸引歌德也不無道理，因爲歌德是最富於內省精神的人，而那個體系有可能使他獲得內心的平靜和鬆弛。

斯賓諾莎通過一種更明顯的方式，表明了他的猶太人氣質，表明了一向桎梏著猶太人精神的那些局限性。我這裡指的不是他不能理解國家這個觀念，也不是他一向贊同霍布斯的學說，它認爲原始人類生活在普遍幸福的環境中。我所指的要比這些深刻得多。我想到的是斯賓諾莎徹底否定自由意志（猶太人一向都是奴隸和宿命論者），以及他認爲個人只是偶然的因子，宇宙物質偶然地落入了其中。猶太人永遠都不相信單子。所以，在哲學方面，斯賓諾莎與同代更著名的哲學家萊布尼茲相比，兩者之間的差別是無比巨大的，因爲萊布尼茲極力主張單子論。斯賓諾莎與偉大的創造性哲學家布魯諾之間的思想差別更大，而後者與斯賓諾莎表面上的相似性，卻被誇大到了最荒唐的地步。

猶太人和女人身上沒有極端的善惡可言，因此，他們從未表現出人類所能達到的大天才或者大愚蠢。猶太人和女人那種特殊的心智是非常出名的，它完全來自一種誇張的自我中心主義的多變性。不僅如此，它還來自他們全都具備的一種無限制的能力，即用同樣的熱忱去追求任何對象，因爲他們不具備天生的價值標準——他們心中絲毫不存在用以判斷任何特定對象價值的東西。這樣一來，他們便具備了一些無道德限制的天然本能，而亞利安男人即使在他的超驗標準失靈的時候，也不會求助於那些本能。

現在，我要談談英國人與猶太人之間的相似之處。華格納曾經詳細地討論過這個話題。毫無疑問，在日爾曼人當中，英國人與猶太人最爲相似。英國人的宗教正統思想和恪守安息日的傳統，就直接證明了這一點。英國人的宗教總是帶著些許僞善的色彩，他們的禁欲主義大都是假正經。像女人一樣，英國人在宗教和音樂方面也一直最無建樹。英國人雖然不能成爲偉大的畫家，卻可以成爲不信神的詩人，只是沒有不信神的音樂家。同樣，英國人當中也不曾出現過偉大的建築師或哲學家。像斯威夫特和斯特恩一樣，貝克萊也是愛爾蘭人。卡萊爾、漢密爾頓和彭斯則是蘇格蘭人。兩位最偉大的英國人——莎士比亞和雪萊——也遠未達到人性的頂點；他們沒有達到米開朗基羅和貝多芬那樣的高度。想到英國的哲學家，我們便會看到：英國哲學從中世紀以後就出現了巨大的衰落。這個過程始於奧克海姆和蘇格塔斯，經過羅傑·培根以及那位與他同姓的國王樞密大臣，再經過霍布斯（他在精神上非常接近斯賓諾莎），又經過了思想膚淺的哈特萊、普里斯特利、邊沁、彌爾父子、劉易斯、赫胥黎和斯賓塞。這些都是英國哲學史上最偉大的人物，因爲史密斯和休謨是蘇格蘭人。我們還必須記住一點：沒有靈魂的心理學的淵源正是英國。在德國人眼裡，英國人是頑固的經驗主義者和最老練的政客，但這兩個方面卻耗盡了英國的哲學。從來沒有眞正的哲學家以經驗主義作爲理論基礎，而從來沒有一個英國哲學家能不依靠外力的幫助而超出經驗主義。

儘管如此，我們還是不該把英國人與猶太人混爲一談。英國人心中的超驗因素更多一些；可以說，英國人的思維更多地是從超驗的東西轉向實際事物，而不是相反。否則的話，英國人就不會具備那麼容易接受幽默的氣質。在這方面，英國人與猶太人不同，猶太人唯有在自嘲或嘲笑與性有關的事情時，才會表現出機智。

我深知，笑和幽默的問題是很難說清的——它就像人類獨有、其他動物沒有的那些特殊問題一樣難解。這些問題的確很難說清，連叔本華和讓·保羅也無法闡明它們。幽默有許多個側面；在一些人身上，幽默似乎是憐憫自己或他人的一種表現，但憐憫卻並不足以明確地界定幽默。

在我看來，幽默的本質似乎是對經驗性事物的誇張，其目的在於使那些事物的虛假性變得更加顯著。凡是被眞正理解的事物都可以使人發笑，從這個意義上說，幽默似乎與愛欲是對立的[5]。愛欲將男人與世界連接起來，使他們爲了同一個偉大目標而聯合在了一起。幽默能使這種連結鬆弛下來，並表明世上充滿了愚蠢的事情。可以說，這兩者之間的關係既矛盾又統一。

心懷強烈愛欲的男人想從有限達到無限時，幽默便會朝他猛撲過去，將他推到舞臺上，而從側幕裡對他發出嘲笑。幽默家並不渴望超越空間，而只滿足於針對小事。幽默家的活動領域既不是大海也不是高山，而是平坦的平原。他規避田園牧歌般的東西，而去深入平淡無奇的事物，但他這麼做卻完全是爲了揭露那些事物的虛假性。他不願關心事物的內核，不願聽人提起那些超經驗的東西。機智在經驗領域中尋找矛盾；而幽默則更深入一步，表明經驗是一個盲目的、封閉的系統。機智與幽默全都在揭露現象界的缺點，其方法就是表明在現象界中一切都有可能發生。與此相反，悲劇則表明一切不朽的事物都絕不可能存在於現象界中；因此可以說，悲劇和喜劇都以各自的方式否定了經驗論。

猶太人像幽默家一樣，並不從超驗的東西出發，也不像心懷愛欲者那樣，向超驗的東西

5 根據作者在前一章對愛欲的理解，愛欲會誇大對象的優點而無視其缺點；而幽默則誇大對象的缺點和可笑之處，所以這裡說它與愛欲是對立的。

前進；他們對所謂的本體界[6]毫無興趣；對他們來說，本體界絕不會變成變戲法人的隨身道具或瘋人院裡的夢魘。幽默雖然承認超驗的東西，卻一定要把它們徹底掩藏起來，所以，幽默的本質是寬容；另一方面，諷刺的本質卻是不寬容，因此它完全符合猶太人和女人的天性。猶太人和女人不具備幽默感，卻都非常喜歡嘲笑別人。在古羅馬時代，連女人（蘇爾琵西婭）也寫諷刺詩。諷刺是不寬容的，因此，社交中的男人便不可能使用諷刺。幽默家懂得怎樣不讓那些瑣碎卑微的現象攪擾自己和他人，因此他們都是受人歡迎的客人。幽默也像愛情一樣，能搬走我們道路上的障礙，能找到一種尊重世人的方式。因此，猶太人對社交最無興趣，而英國人最能適應社交。

把猶太人比作英國人，遠不如把猶太人比作女人那麼貼切。這兩個比喻首先會引起一場有關猶太人性價值的激烈爭論。我這裡還是要再次提到華格納，他不僅對猶太教問題深感興趣，而且在英國人身上重新發現了猶太人，因而使他歌劇中的康德里帶上了亞哈隨魯的影子，而康德里可能是藝術中對女人最完美的再現。

世界上沒有任何女人能像猶太女人那麼完整地體現「妻子」的觀念。並不是唯有猶太人才承認這個事實。這進一步表明了猶太人與女人之間的相似性。在亞利安人當中，男人的超驗特質是他吸引女人的魅力的一個組成部分；因此，從某種意義上說，女人也會裝作喜歡那些品德。與此相反，猶太人不具備超驗的品德，他們在塑造妻子的時候，會聽任女性的自然天性隨意發展，不受約束；因此，猶太女人便會自然而然地發揮她應當發揮的作用，那就是作爲最充分意義上的家庭主婦或妾奴，即作爲最充分意義上的庫柏勒或塞浦路斯女人。

猶太人極具適應性，極具新聞記者的才能，思想易變，缺乏深刻的獨創意識；他們可以像女人那樣讓自己成爲任何人（因爲他們自己什麼都不是），這一切都進一步表明了猶太人和女人之間的相似性。猶太人是個體，卻不是有個性的個體。他們始終保持著與低等生命之間的聯繫，卻始終無緣更高級的、形而上的生命。

在此，猶太人與女人之間的相似點消失了。成爲「任何人」與成爲「無」，這一點將兩者區別開來。女人是材料，她被動地接受加給她的形式；而猶太人卻具有明顯的攻擊性，他們容易接受影響，但這種特性卻並非由於別人對他們的強烈影響；猶太人雖然也像亞利安人一樣容易接受暗示，但他們卻能讓自己適應各種環境和各個民族，因而能像寄生蟲那樣，在不同的寄主那裡變成不同的新造物，儘管他們的本性始終未變。猶太人能吸收一切，並且確實做到了這一點；他們不被別人主宰，卻自願臣服於別人。猶太人有才能，而女人沒有才能。猶太人的才能可以通過各種活動形式自動地表現出來（例如在法學方面），但這些活動卻總是相對有限的，而從來不會植根於自由創造的意志中。

6　此指客觀唯心論所說的先驗實體，與現象界相對應。

猶太人像女人一樣固執，但他們的固執並不是來自個體性，而是來自整個種族。他們的成長環境不同於亞利安人，但他們所受的限制又不同於女人。

猶太人眞正的特性，從一點上能最鮮明地反映出來：猶太人天生就不會虔誠。我不能在這裡詳細討論宗教的觀念，但只說一句就足夠了：從本質上看，宗教意味著人們接受更高級的、永恆的存在，即一種性質不同的存在；它絕不會產生於現象界裡的生存。猶太人最不相信神明。信仰是人使自己獲得存在（being）的一種行爲；宗教信仰是對絕對的、永恆的存在的信仰，是對「永恆生命」這個宗教術語的信仰。猶太人事實上什麼都不是，因爲他們什麼都不相信。

信念就是一切。一個人若是不相信上帝，也可以去相信無神論，這都沒有區別。但是，猶太人卻什麼都不相信；他們不相信他們自己的信仰，懷疑他們自己的懷疑。他們從不會忘情於自己的歡樂，也從不會沉溺於自己的悲哀。他們從不認眞對待自己，因而也從不認眞對待別人。他們僅僅滿足於做猶太人，也接受由此產生的一切不利影響。

我們現在來討論猶太人和女人之間的根本差異。這兩者都不相信自己，但女人相信別人，相信自己的丈夫，相信自己的戀人，相信自己的孩子，或者相信愛情本身；女人有一個吸引她注意的中心，儘管它位於女人身外。猶太人什麼都不相信，既不相信自己又不相信別人；他們不想擁有永久性的不動產，總是熱衷那些可攜帶之物，這種表現絕不僅僅是象徵性的表面現象，而是反映了猶太人的天性。

女人相信男人，相信自己身外的男人，或者相信能使她產生靈感的男人，以此認眞地對待自己。猶太人對一切都不認眞；他們舉止輕浮，喜歡嘲笑一切，嘲笑基督徒的宗教虔誠，嘲笑猶太人皈依基督教。猶太人既不是眞正的現實主義者，也不是眞正的經驗主義者。這裡，我必須表明一點：我並不全盤接受錢伯藍的那些結論。事實上，猶太人並不是堅定的（英國哲學家所說的）經驗主義者。經驗主義者相信：人有可能依靠經驗去獲得完整的知識體系；他們希望科學能得到完善。猶太人其實並不眞的相信知識，但也不是懷疑論者，因爲他們甚至懷疑他們自己的懷疑論。與此相反，阿凡納留斯的非形而上學體系卻籠罩著一種憂鬱的擔憂，連馬赫堅持相對主義也表明了一種深刻的尊重態度。我們絕不可因爲經驗主義者的膚淺就將他們說成是猶太教。

猶太人是最廣義的不信神明的人。虔誠不是某種接近或外在於事物的東西，而是一切事物的基礎。猶太人被誤稱爲「粗俗者」，這完全是由於他們根本不會從形而上學的角度去觀察自己。一切來自內心的、眞正的文化，一切被人信以爲眞（因而就是眞實的）的東西，全都來自尊重之心。並不是只有神祕主義者或宗教才具備尊重之心；一切科學，一切懷疑論，人所眞正相信的一切，其基本特性全都是尊重。當然，尊重之情自有各種不同的表現，它既可以表現爲高度的嚴肅和聖潔，也可以表現爲認眞和熱忱。猶太人從來就是既不熱忱又不無動於衷，既不會表現出迷醉也不會表現出冷漠。他們既達不到最高點也達不到最低點。猶太人的克制變成了貧乏，他們的廣學博聞變成了誇誇其談。即使他們敢於闖入靈感思維的無邊疆域，也很少能超出悲天憫人的範圍。他們不能把握整個世界，卻始終渴望著得到整個世界。

辨別力與概括力，力與愛，科學與詩，人類心中每一種眞正而深刻的激情無不以尊重爲最根本的基礎。信仰並不一定會與那些抽象的實體相衝突，它也能擴展到經驗世界，在其中得到充分的表現；儘管如此，它仍然是對自己、對價值、對眞理、對絕對、對上帝的信仰。

我對宗教和虔誠的總體見解可能導致誤解，所以我打算進一步闡明這些見解。眞正的虔誠不但應當具備虔誠之心，而且應當盡力地保持虔誠之心。無論是在堅信上帝的人（例如韓德爾和費希納）身上，還是在懷疑上帝的探索者（例如勒瑙和丟勒）身上，同樣可以發現信仰。信仰不一定要使世人皆知（巴赫就是如此），而可能從某種尊重的態度中自動地流露出來（像莫扎特那樣）。同樣，虔誠也不一定與某個宗教創始人相關；古希臘人是世界上最具尊重之心的民族，所以，他們的文化是最高級的文化；但他們的宗教卻沒有作爲創始者的個人。

宗教就是對一切的創造；唯有通過宗教，人性中的一切可能性才能變爲現實。猶太人遠不像他們自稱的那樣篤信宗教，在內心深處，他們並不眞的相信宗教。

如果需要我闡明我對猶太人的判斷，我或許要指出：在所有的民族當中，唯有猶太人不曾試圖使別人皈依他們的信仰；猶太人使別人皈依其信仰的時候，只將皈依者看作被他們嘲弄的糊塗對象。難道還需要我提到毫無意義的猶太教儀式和猶太教的反覆祈禱嗎？猶太人的宗教純粹是一個歷史傳統，是對歷史事件的紀念，那些歷史事件包括渡紅海之類的奇蹟，其結果就是一群儒夫對其救主的萬分感激。猶太人的宗教根本不能使他們認識生活的意義，根本不能指導他們的生活。難道還需要我提醒讀者這一點嗎？猶太人是眞正不信宗教的人，是離信仰最遠的人。猶太人與宇宙之間毫無聯繫，既不具備堅持信仰的英雄氣魄，也不曾經歷過絕對的無信仰所造成的災禍。

可見，猶太人並不是（像錢伯藍所說的）不具備神祕主義，而是不具備尊重之心。哪怕他們只是誠實的唯物主義者或坦率的進化論者，那也要好得多！猶太人不是批判者，卻非常喜歡批評挑剔別人；他們不是笛卡兒所說的懷疑論者，不是從懷疑出發去尋求眞理的懷疑者，而是諷刺者，海涅就是其中一個顯著的實例。

如果說猶太人什麼都不是，他們究竟是什麼呢？如果說猶太人完全沒有其存在目的（finality）如果說心理學的鉛垂線根本無法測出他們的心思，他們究竟是什麼呢？

猶太人頭腦中的心理內容一向都是雙重或多重的。他們面前總是有兩種或多種可能性；而亞利安人雖然也看到了衆多的可能性，卻總是感到自己的選擇是有限的。我認爲，猶太教的觀念中既缺少現實感，又缺少與自在自爲之物[7]之間的根本關聯。不妨說，猶太人站在現實之外，從不曾進入現實。他們從來不能讓自己去面對任何現實事物，從不曾與現實建立關係。他們是沒有熱情的狂熱者；他們根本不理解無限的、絕對的事物。他們不具備信仰所需要的執著，所以總是求助於對信仰的每一種新解釋，總是顯得比亞利安人心思多變。猶太人素質的本質是其內在的多重性，而亞利安人素質的本質卻是其內在的單純性。

還要指出的是：猶太人的雙重心思是現代的產物，是新知識與舊的正統思想之間鬥爭的結果。不過，猶太人的教育只是強化了他們的天生素質，而那些懷疑教化的猶太人，則會轉而產生一種新的熱情，即賺錢的熱情，唯有在這種熱情中，他們才能找到自己的價值標準。有一個奇特的事實可以證明，猶太人的頭腦缺乏單純性：猶太人很少唱歌，而這並非因爲膽怯，而是因爲他們對歌唱缺乏自信。猶太人思維的敏銳性絕不等於眞正的分辨力；同樣，他們對歌唱（甚至對清晰而主動地說話）的膽怯，也絕不等於眞正的謹愼。猶太人的這種表現，其實是一種被顚倒的驕傲：他們感覺不到自己的價值，所以害怕自己的歌唱或講話遭到嘲笑。猶太人對待事物的窘迫困惑的態度，與眞正的自我毫無關係。

我們已經知道給猶太人下定義有多難了。猶太人既不具備剛性又不具備柔性。他們既頑固又虛弱。他們既不是君王或領袖，又不是奴隸或臣仆。他們雖然不是狂熱分子，卻又最缺少鎮定。他們眼中雖然根本沒有不證自明的東西，他們還是對一切都無動於衷。他們身上既沒有羅恩格林的特質，又沒有泰拉蒙德的特質。無論是作爲大學的學生聯合會成員，還是作爲粗俗的菲利士人，他們都同樣可笑。他們什麼都不相信，所以就躲進了物質主義裡，因而變得貪財，而這其實是一種嘗試，旨在讓自己相信某種東西還具有永恆價值。不過，猶太人卻根本不是眞正的商人，而德國商業中那些虛假的、靠不住的東西，則是猶太人的投機興趣造成的結果。

猶太人的愛欲是感傷主義，他們的幽默是諷刺。一些例子或許有助於我解釋猶太人的性格。我手頭就有兩個例子：易卜生的戲劇《覬覦王位的人》裡的哈肯國王和《人民公敵》裡的斯托克曼醫生。這些可以說明猶太人所缺少的那些特質。猶太教與基督教最爲對立：前者不具備任何眞正的信仰和內在的統一性；後者則是最高信仰的最高度表現。基督教是達到頂點的英雄主義，而猶太教卻是懦弱的極端。

對基督和他的教誨，對基督身上那種勇士和受難者的結合，對基督的生與死，猶太人根本不能理解，其無知驚人地可怕，這是千眞萬確的事實，錢伯藍對此已經作了不少論述。儘管如此，我們還是不能說猶太人是基督的敵人，不能說他們代表著反基督。猶太人只是感到自己與基督無關。仇恨基督的是意志堅定的亞利安人，即男性的要素。猶太人對基督僅僅是

---

7 這是對物自體的另一種表述。

感到迷惑，感到不安，因爲基督不在他們理解力的範圍之內。

《新約》好像是從《舊約》中開出的美麗花朵，好像是記錄了《舊約》裡那些彌賽亞預言如何兌現，而這一點對猶太人很有益處。猶太教與基督教的兩極對立，使《新約》來自《舊約》之說成了一個深奧難解的謎。它是關於宗教創始者心理的謎。

創立宗教的天才者與其他天才者之間的區別是什麼？究竟是什麼促使他們創立了宗教呢？

兩者的主要區別就是，宗教創始者始終相信他所崇拜的神。有關基督和佛陀生平的傳說，全都說他們比其他人更容易受到種種誘惑。另外兩個宗教創始者——穆罕默德與路德——則都是癲癇病人。癲癇病是罪犯的疾患；凱撒、納爾塞斯、拿破崙這些最大的罪犯全都是癲癇病人。

宗教創始者雖然沒有與神生活在一起，卻依然奮力爭取獲得最堅定的信仰。一個壞人怎麼能轉變自己呢？康德在他的《宗教哲學》裡不得不承認一個事實：惡之樹居然結出了善的果實。這是怎麼回事呢？歷史上的確有過六七個人，他們都曾日復一日、年復一年地生活在罪孽裡，後來卻都眞的轉變成了善良的人，這樣的轉變實在是不解之謎。他們就是宗教的創始者。

其他天才者的善全都是與生俱來的，而宗教創始者的善卻是後天獲得的。在他們身上，新的存在已經徹底取代了以往的存在。人越是偉大，在獲得新生後他身上的舊成分就消失得越多。我認爲，在古希臘人當中，唯有蘇格拉底最接近宗教創始人的高度；他獨自站在波提狄亞城70中的那一天一夜，或許就是他決定與邪惡鬥爭到底的關鍵時刻。

宗教創始者在出生的時候還不能解決任何問題。他是最不可能堅信什麼的人；在他看來，一切都是可疑的、不確定的，他不得不終生爲了自己去戰勝一切。有的不得不與自己的疾病和虛弱的身體搏鬥，有的在可能犯罪的那一刻戰慄，有的則從出生就被束縛在罪裡。認爲一切人身上的原罪都是相等的，這只是一種形式上的說法；其實，不同的人身上的原罪也有所不同。一個人出生之後就選擇了沒有意義、沒有價值的東西，就本能地產生了符合自己心願的好惡，或者說本能地選擇了自己所喜愛的快樂。唯有在宗教創始者身上，原罪才會以絕對的形式存在，他認爲一切都是可疑的，一切都是問題。他必須面對所有的問題，讓自己擺脫一切罪惡。他必須從深淵的最底部躍到堅實的信仰上。他必須戰勝自己心中的虛無，使自己與最高的實在緊密地連在一起。因此可以說，他使自己徹底擺脫了原罪，神在他身上變成了人，同時人也在他身上變成了神。他身上充滿了一切錯誤和一切罪惡；他不得不去贖罪和爭取獲得拯救。

可以說，宗教創始者是最偉大的天才，因爲他已經克服了最難克服的困難。被最深刻的思想家們膽怯地看作只是一種可能性的事情，即人的徹底新生、徹底地轉變自己的意願，宗教創始者們卻已經成功地做到了。誠然，其他的天才者也不得不和邪惡搏鬥，但他們的靈魂卻是向善的。宗教創始者心中的罪惡、邪念和俗世的情欲極多，因此不得不在荒野上與心中的敵人搏鬥四十天，不吃也不睡。唯有如此，他才能戰勝和超越心中的死亡，徹底解放自己，奔向最高的生命。如果不是這樣，世上就不會產生建立信仰的衝動。所以，宗教創始者與帝王截然對立；帝王與耶穌處在思想的兩極上。同樣，拿破崙的一生中也曾出現過轉變的一刻，但它卻不是放棄塵世生活的轉變，而是下決心獲得塵世的財富、權力和輝煌名聲。拿破崙決意拋棄一切理想，斷絕與絕對存在的一切聯繫，聽任自己犯下一切罪行，唯有在這個意義上，他這種強烈的決心才堪稱是偉大的。與他相反，宗教創始者不能也不願給予人們任何東西，他只能給予人們那種最難以獲得的東西，那就是與上帝保持一致。他知道自己是罪孽最深重的人，他用自己在十字架上的死為拯救罪人鋪平道路。

猶太人本來有兩種前途。基督誕生以前，這兩種前途（一種是肯定性的，一種是否定性的）都在等待選擇。基督戰勝了他心中的猶太教因素（它是最大的否定性因素），創立了基督教，它是最強大的肯定性因素，是與猶太教最對立的信仰。這樣一來，兩種選擇就擺在了猶太人面前；古代的以色列人分化成了猶太教徒和基督教徒，而猶太教已經喪失了造就偉大的可能性。新猶太教已經不能產生像參孫和約書亞那樣的偉大人物了，而這兩人是古代猶太人中最少猶太氣質的人。在世界歷史上，基督教世界和猶太人聚居區分別代表著正負兩面。

在古代的以色列存在著追求人性（即追隨基督）的最大可能性；而另外一種前途就是選擇猶太教。

這裡，我必須警惕造成誤解。我並不認為猶太教裡存在著向基督教轉變的任何可能性，因為前者是對後者的絕對否定；這兩者之間的關係完全是一切截然對立的事物之間的關係。被兩者分別排除的那些東西，可以最清楚地表明兩者的對立。世上再沒有比做個猶太教徒更容易的事情了，世上也再沒有比做個基督教徒更困難的事情了。猶太教是一個深淵，而基督教則矗立在這個深淵之上，正因如此，亞利安人便絕不會懷有猶太人那種深深的恐懼。

我不願意相信救世主在巴勒斯坦降生是個偶然事件（錢伯藍就這樣認為）。基督是猶太人，而正是他才最可能戰勝自己心中的猶太教因素，因為唯有克服最深刻的懷疑，才能獲得最高的信仰，唯有擺脫最徹底的否定心理，才最有可能獲得肯定的信仰。猶太教就是基督自己的原罪。基督征服了自己心中的猶太教因素，正是這個勝利才使他比佛陀和孔子更偉大。基督是最偉大的人，因為他戰勝了最強大的敵人。可以說，基督曾經是（並且將來一直是）唯一戰勝了猶太教的猶太人。第一個徹底轉變為基督的猶太人，也是最後一個實現了這個轉變的猶太人。不過，猶太教仍有可能產生一個基督，而那種新宗教的創始者將出現在猶太人的聚居地區。

猶太民族的生命比其他許多民族都悠久，我們無法用其他的推測去解釋這種長久的堅忍性。如果猶太人心中連最模糊的希望都沒有，他們便不可能存活下來；因此，猶太教中必定存在著某種類似希望的東西；它就是彌賽亞的觀念，即救世主必定會將猶太人從猶太教中拯救出來的信念。其他一切民族都有各自的特定目標，而在實現那些目標的過程中，那些民族便逐漸消失了。猶太人無法實現自己的目標，所以這個民族的生命才持續了下來。猶太人的天性只有一個抽象的意義，即註定要從他們當中產生宗教創始者，別無其他。猶太人「生養衆多，在地上昌盛繁茂」的傳統觀念聯繫著一個朦朧的希望，即彌賽亞會從猶太人中產生。猶太教的意義就在於它包含著產生救主的可能性。

猶太人當中存在著種種最重大的可能性，但將可能性變爲現實的希望也最渺茫。猶太人能適應絕大多數事情，但他們能實現的事情卻最少。

當今，猶太教已經發展到了希律王時代之後的最高點。猶太教成了一種現代生活的精神。如今，性欲的觀念已經爲人們所接受，當代倫理學爲交配唱起了讚歌。倒楣的尼采也不必對波契（Wilhelm Bölsche）的那些可恥學說負責。尼采本人完全懂得什麼是禁欲主義，而他高度評價縱欲，則可能完全是出於對自己禁欲之罪的強烈反感。因傳播交配觀念而使人類獲罪的，正是猶太人和女人。

我們這個時代不但最富於猶太教色彩，而且最富於女人氣。這個時代的藝術只滿足於胡塗亂抹以及從動物的運動中尋找靈感；這個時代盛行膚淺的無政府主義，根本不存在「正義」和「國家」的觀念；這個時代盛行共產主義的倫理觀，盛行各種最愚蠢的歷史見解，盛行歷史唯物論；這個時代是資本主義和馬克思主義的時代；在這個時代，歷史、生活和科學只是政治經濟學和技術教育；在這個時代，天才被看作瘋狂的一種表現形式；這個時代沒有偉大的藝術家和偉大的哲學家；這個時代沒有獨創精神，只有對獨創精神的最愚蠢的渴望；在這個時代，對聖母瑪利亞的崇拜已經被對浪蕩處女的崇拜所取代；在這個時代，交配不但得到了讚許，而且被看成了一種責任。

然而，新的基督教精神還是會衝破新的猶太教精神而產生，人類正在等待新的宗教創始者；並且，在這新千年的第一年[8]，時代正在迫使我們作出選擇。我們必須在猶太教和基督教之間作出選擇，在商業和文化之間作出選擇，在男性與女性之間作出選擇，在種族與個體之間作出選擇，在無價值與有價值之間作出選擇，在塵世生命與更高生命之間作出選擇，在否定精神與神性精神之間作出選擇。人類必須作出選擇。供人類選擇的只有兩極，沒有中間道路。

8　此指本書寫作的一九〇一年。

第十四章
女性與人類

人性觀念以及女人作為說媒者——歌德崇拜——男人的女性化——童貞與貞潔——這些觀念起源於男性——女人無法理解愛欲——女人與性欲的關係——交媾與愛情——女人是其自身解放的敵人——禁欲主義是不道德的——性衝動是缺乏尊重的表現——猶太人的問題——女人的問題——奴役的問題——對女人的道德關係——男人作為婦女解放的反對者——倫理推論——女人的兩條出路——人類的生存與消失——性衝動不道德性的真正來源——塵世的父權——女人應被納入人性的概念——母親與人類的教育——最後幾個問題

現在，我們已經有了清晰的目力和良好的裝備，可以去談論婦女解放問題了。我們的目力是清晰的，因爲我們已經使眼睛擺脫了懷疑的斑斑雲翳，此前它們一直在妨礙我們去理解婦女解放問題。我們也有了良好的裝備，即建立在堅實基礎上的理論，有了可靠的倫理學基礎。我們已經遠離了那個通常充滿了爭議的迷宮。我們的考察已經超出了僅僅揭示兩性天然能力差異的範圍，達到了一點；從它出發，我們能對女人在整個世界中的作用及其與人類關係的意義作出評價。我並不打算用我的結論去解決某個具體問題，因爲在我看來，那些結論還沒有完善到使我希望它們能影響政治運動的進程。我克制了想由此歸納出健全社會法則的願望，而僅僅滿足於從人性概念的角度去討論一些問題，而在艾曼紐爾・康德的哲學中，就充滿了那樣的人性概念。

女人對人性概念構成了很大的威脅。女人能以很不尋常的方式給人們造成一種印象，即她們本身似乎與性欲無關，她們的性欲只是對男人的讓步。儘管如此，如今的男人還是幾乎都會聽任自己被女人說服，因而相信：男人最強烈、最顯著的典型欲望就是性欲；唯有通過女人，男人才有希望實現他最眞實、最美好的抱負；貞潔不但違反男人的天性，而且是男人根本無法達到的一種狀態。整日工作纏身的年輕男人，會聽到自己心儀、並願意被他們注意的女人（甚至可能是他的岳母）說，他們「不應當過分拚命地工作」，而應當去「享受生活」。這種情況實在是太常見了。不過，此類忠告的核心卻是女人的一種感情。應當說，那種感情是眞實的，因爲它是無意識的，那就是：女人的全部意義和存在，都繫於她作爲繁衍執行者的使命；而男人若是使自己全神貫注在性以外的事物上，女人便會處處碰壁。

女人的這個方面不大可能有所改變。沒有任何證據表明女人產生了什麼變化。如今，這個問題中與肉體相關的一面或許比以前更加突出，因爲當今大量的「婦女運動」僅僅是在表達獲取「自由」的欲望，是在表達擺脫母性桎梏的欲望。從總體上看，這些運動的實際結果表明：它們是反叛母性而轉向賣淫，其目標與其說是婦女解放，不如說是妓女解放；它們是大膽地許諾給高級妓女的成功。唯一眞正的變化，是男人對這個運動作出的反應。由於現代猶太教的影響，男人似乎很願意接受和聽從女人對男人的評價。

男性的貞潔遭到了嘲笑，男人已經不再能產生「女人是男人生命中的邪惡影響」的感覺，男人對自己的淫欲也不再感到羞恥了。

這種「見識生活」的要求，這種對雜耍劇場的癡迷，這種對歌德追隨奧維德的那一面的崇拜，以及這種頗爲時髦的「性交崇拜」，我們現在已經看清它們來自何處了。毫無疑問，這個運動影響的範圍很廣，乃至只有很少的男人有勇氣自問是否貞潔，而寧可時時將自己僞裝成唐璜。性放縱被看作了耽迷享樂的男人最値得推崇的特性。性欲佔據了主導一切的位置，乃至一個男人如果不用實際行動證明自己深諳此道，人們便會懷疑他是不是男人。另一方面，貞潔則遭到蔑視，這使許多眞正純潔的少年都竭力使自己顯得無所顧忌，放浪形骸。生性怯懦的男人對性就更是備感羞恥。不過，羞恥還有另外一種現代的形式——它不是放縱情欲者的那種羞恥，而是沒有情人、沒有得到異性讚賞的女人的羞恥。由此便產生了一種現象：互相吹噓自己在女人身上「履行義務」時獲得了什麼樣的眞正快樂，男人們已經把這種做法當成了他們的責任。女人則非常巧妙地讓衆人知道：唯有男人的「男子氣」才能使她們感興趣。男人接受了女人衡量「男子氣」的標準，並把它當成了自己的標準。事實上，在女人眼裡，男人作為男性的資格已經和女人對他的評價合為了一體。

然而，上帝卻禁止這種情況發生，而這就意味著世上將不存在任何男人。

與此相反，認為女人的美德具有高度價值的看法則來自男人，並且總是來自那些堪稱男人的男人。它是男人自己的理想的一種心理投射，而那個理想就是自己所愛的女人毫無瑕疵，純潔無比。

但是，這種眞正的貞潔性卻不應當被誤解為兩性肉體接觸以前的顫慄，因為顫慄很快就會把雙方引入肉體歡愉，而不會造成歇斯底里般的性壓抑。女人順應男人對肉體純潔的要求的表面努力，只應當被視為一種恐懼，別無其他，如此才不會使買方因這樣的交易而感到害羞；至少，女人為了選定那個能給予她最高價值的男人所做的一切努力，絕對騙不過任何人（那些努力被稱為女孩子對自己「最高價值」或「自尊」的追求）。人們若是還記得女人對童貞的觀點，便幾乎不會懷疑：女人的目的之一，就是將實現普遍的交配作為一種手段，以獲取她的眞正存在；女人只渴望交配，別無其他，即使作為個體的女人極力表現得對肉欲享樂毫無興趣，也是如此。這一切都能充分地證明女人說媒本能的普遍性。

要充分地認同這一點，就必須考察一下女人對童貞的態度。

可以肯定，女人非常看不起未婚者。事實上，女性的未婚狀態就是對女人的否定。女人只尊重已婚的女人。即使女人不幸嫁給了醜陋、虛弱、貧窮、庸俗、暴躁和「令人無法忍受」的男人，她也畢竟結了婚，畢竟獲得了自身的價值和存在。在女人眼裡，即使女人曾經短期地體驗過做高級妓女的自由，即使女人做過街頭拉客的妓女，她的地位還是高於老處女，因為老處女獨自在房間裡辛苦勞作，卻根本不懂與男人或合法或不合法的結合，根本不懂愛情的或長久或短暫的狂喜。

年輕美貌的女孩即使被女人看重，那也絕不是因為她的魅力（女人不具備美的感覺，因為女人本身不具備衡量美的標準），而僅僅是因為她將來奴役男人的可能性更大而已。年輕女孩越是美麗，她在其他女人眼裡便越是顯得有前途，她在說媒的女人眼裡的價值也越高，因為她更有可能擔負起延續人類的使命。正是這種無意識的感覺，才使女人有可能對年輕女孩的美麗感到快樂。毫無疑問，唯有當女人已經達到了自己的目的以後，她才會去讚賞年輕女孩的美麗（否則的話，她就會嫉妒同齡的女孩，擔心別的女人會對她的機會構成威脅，這些心理會壓倒其他一切計較）。她自己必須先結婚，然後才會去幫助別人成婚。

很遺憾，「老處女」這個字往往會引起一些令人不快的聯想，但這種情況卻應當歸咎於女人。人們常聽見男人以尊重的態度去談論上了年歲的未婚女人；但是，每個成年女子和年輕女孩，無論結婚與否，對老處女的態度卻只有輕視，別無其他，即使她們並沒有意識到自己的這種態度（這種情況更常見）。有一次，我聽到一個已婚女人（她的才能和美貌完全不可能使她嫉妒老處女）取笑她那個相貌平平、又上了歲數的義大利女管家，反覆說她「還是個處女」。我們可以對她這句話作出一個解釋：說這話的女人希望證明自己具備了一種不可或缺的長處，並且非常樂於擺脫自己的童貞，只要這麼做不會損害她的社會地位。

最重要的一點是：所有的女人不但看不起和蔑視其他女人的童貞，而且也根本不看重自己的童貞狀態（除非男人高度推崇這種狀態）。因此，她們才會把每個已婚女人看作某種更高等的生命。有一個事實可以使我們最清晰地看到性行爲對女人的深刻影響：年輕女孩總是用尊敬的態度去對待已婚女人，無論那女人的婚姻是多麼短暫。這種態度表明，年輕女孩認爲，自己唯有結婚，才能像已婚女人那樣達到自身存在的頂點。相反，在她們眼裡，其他的年輕女孩也像她們一樣不夠完美，還有待於完善。

我認爲，我的論述已經足以表明：童貞崇拜來自男人，而不是來自女人。我根據女人交配本能的意義作出的這個推論，完全與經驗相符。

男人要求自己和別人（最主要的是他所愛的那個人）貞潔；女人則需要男人具備最多的性經驗和色欲，而不是貞潔。女人根本不能理解毫無瑕疵的模範男人。恰恰相反，衆所周知，那些以身爲唐璜而遐邇聞名的男人，女人卻最願意投入他們的懷抱。

女人要求男人具有性欲，因爲她要通過男人的性欲獲得自己的存在。女人根本不懂得男人的愛情（因爲愛情是一種更高級的現象），而只會看到男人的一個側面，即不斷地渴望和佔有他所愛的對象；而男人自身若是根本不具備（或幾乎沒有）粗野的本能，便不會對女人產生絲毫影響。

女人並不需要男人更高級的、柏拉圖式的愛情。那種愛情雖然能滿足女人的虛榮，能使女人感到快樂，卻對女人毫無意義。雙膝跪地的崇拜如果持續得時間太長，貝阿提絲也會像梅薩麗娜[1]一樣不耐煩。

交媾（coitus）是對女人的最大羞辱，愛情則是對女人的最高推崇。女人渴望的是交媾而不是愛情，因此，她便證明了女人希望受到羞辱而不是崇拜。婦女解放的最終敵人，就是女人自己。

我之所以說性結合是不道德的，既不是因爲它滿足了情欲，也不是因爲它是低等生命一切快樂的最典型表現。把快樂視爲不道德的禁欲主義，其本身也是不道德的，因爲它判定一

1　古羅馬皇帝克勞迪烏斯（Claudius I）的第三個妻子。克勞迪烏斯發現她與情夫私通後將她處死。她的名字在西方傳統中被看作淫婦的同義詞。

個行爲的不道德性時，根據的是該行爲的外在結果，而不是事情本身的不道德性；它是強加在行爲上的外來法則，而不是行爲本身所固有的法則。人可以尋求快樂，可以盡力使自己生活得更輕鬆、更愉快；但他絕不能犧牲道德法則。禁欲主義試圖通過自我壓抑而使一個人符合道德，然後只因爲他放棄了某些事情便賦予他美名和讚譽。我們必須從倫理和心理的角度去拒絕禁欲主義，因爲它把貞潔當成了由某種原因造成的結果，而不是事物本身。禁欲主義是一個雖然很有魅力、卻非常危險的嚮導。它認爲：快樂是使人因背棄更高道路而獲罪的主要事物之一；因此很容易想見：徹底捨棄快樂是值得稱讚的行爲。

然而，快樂本身既不是道德的，也不是不道德的。唯有當追求快樂的渴望戰勝了追求自身價值的渴望時，快樂才會使人墮落。

交媾是不道德的，因爲在交媾的時候，沒有一個男人不是在把女人用作達到目的的工具。在男人看來，交媾的瞬間快樂（無論是他的還是對方的）並不代表人的價值。

在交媾的瞬間，男人忘掉了一切，也忘掉了女人；對男人來說，此刻的女人不再是一種心靈的存在，而只是一種肉體的存在。男人或者想通過女人得到孩子，或者想滿足自己的性欲；而無論是哪種情況，他都不是在把女人本身看作目的，而是看作了一種外部原因。這一點，並且唯有這一點，才使交媾成了不道德的行爲。

毫無疑問，女人是性結合的傳道者，她（像在其他一切事情上一樣）僅僅把自己看作實現目的的工具。她需要男人來滿足她的情欲或者讓她得到孩子；她願意被男人用作工具、事物和對象，願意被男人看作財產，願意男人按照自己的意願去改變和塑造她。不過，我們卻不應當讓自己被別人用作達到目的的工具。

康德里的種種欲念常會使帕西法爾對她產生同情，但我們卻從中看到了道德同情的弱點：道德同情想滿足周圍人的一切欲望，無論那些希望有多麼錯誤。以同情為基礎的倫理和道德是同樣荒謬的，因為它們使「應當」（ought）依賴於「意願」（will）（無論那是自己的意願，還是別人的或社會的意願，全都一樣），而不是使「意願」依賴於「應當」；它們把人類歷史上的具體事例、人類幸福的具體事例、生命中的具體瞬間當作了道德標準，而不是把道德觀念當作標準。

但問題在於：男人究竟應當怎樣對待女人？是應當按照女人所要求的那樣去對待她們，還是應當按照道德觀念的要求去對待她們？

如果男人打算按照女人所要求的那樣去對待女人，他就必須與女人交合，因為她渴望交合；他必須去打擊女人，因為女人喜歡被傷害；他必須去催眠女人，因為女人希望自己被催眠；他必須向女人證明他認為自己一文不值，因為女人喜歡恭維奉承，卻根本不想因為自身的價值而受到尊敬。

如果男人打算按照道德觀念的要求去對待女人，他就必須在女人身上發現人的概念，並且盡可能去尊重女人。甚至即使女人僅僅是男人的一種功能，男人可以隨意降低或提高的一種功能，即使女人只希望去做男人讓她們做的那種人，那也是一種不道德的安排，就像印度寡婦殉夫[2]的風俗那樣，即使這種做法是女人自願的並被女人堅持了下來，它依然是一種可怕的野蠻陋習。

婦女的解放也可以被比作猶太人和黑人的解放。毫無疑問，這些人之所以被當作奴隸和劣等民族，其主要原因來自他們自身的奴性。他們對自由的渴望不像印度—日爾曼人那麼強烈。即使當今的美國白人也感到自己必須遠離黑人群體，因爲後者濫用他們的自由。不過，在美國的南北戰爭（它導致了奴隸的解放）中，主張解放黑奴的一方卻完全是正義的。

雖然黑人、猶太人、尤其是女人心中存有許多不道德的衝動，雖然在他們身上需要奮力清除的東西比亞利安人更多，我們還是必須盡力尊重人，尊崇人的觀念（這個觀念不是指人類的共同體，而是指人的存在，指作爲精神世界的組成部分的靈魂）。無論一個罪人多麼令人不齒，任何人都不應當自詡爲法律的化身，任何人都沒有權力去用私刑處罰這些違法者。

婦女問題、猶太人問題與奴隸制問題，這三者的性質完全相同，必須用相同的方式去解決。任何人都不應當受到壓迫，即使受壓迫者並沒有感覺到這種壓迫。家中的動物不是「奴隸」，因爲它們不具備本來意義上的自由感，也沒有可被剝奪的自由。

不過，女人卻能朦朧地感覺到自己的無能，那種感覺無論有多麼微弱，都畢竟是自由的、可理知的自我的最後殘留。這完全是因爲世上根本不存在絕對意義上的女人。女人是人，必須用對待人的態度去對待她們，即使她們自己並不希望如此。女人享有與男人同樣的權利。這並不是說女人在政治事務上享有與男人同等的權利。從功利主義的角度說，男人的這種讓步（在當今或可能是永遠）當然是最不值得提倡的。在紐西蘭，女人已經根據倫理原則獲得了解放，而那是這種讓步所造成的最糟結果。人們不允許兒童當中的低能兒和罪犯參與任何公共事務，這完全是正確的，即使他們人數很多。同樣，我們也應當儘量防止女人參與任何與公共福祉有關的事務，因爲最令人擔心的是女性的影響會產生有害的結果。科學所取得的成果並不取決於是否所有的人全都接受它們，同樣，公正與不公也可能施加給女人，儘管女人並不能分辨兩者的不同。女人不必害怕遭到不公正的對待，因爲決定如何對待女人的因素是正義，而不是強權。但是，無論對男人還是女人，正義全都是相同的。任何人都無權以某件事情「不該由女人去做」爲由去禁止女人從事它；任何人也都不應當刻薄地談論自己妻子的不忠實行爲，把妻子的行爲當成自己的行爲。必須把女人看作個體，並且把她們看作自由的個體，而不應當把女人看作一個物種，不應當把女人看作由男人天性的各種需求創造出來的某種生靈，即使女人自己可能永遠都無法證明她們理應獲得如此高的評價，也應當

2 舊時印度寡婦在丈夫的葬禮上以柴堆自焚。

如此。

因此，本書便可以被看作對女人前所未有的讚譽。男人只應當與女人建立最道德的關係，此外不應有其他任何關係。男女兩性之間既不應當是性的關係，也不應當是愛的關係，因爲這兩者都是把女人用作達到目的的工具，都只是試圖理解女人的嘗試。大多數男人都在理論上尊重女人，但在實際中卻完全看不起女人。在我看來，這種做法應當顚倒過來。我們不可能對女人作出高度的評價，但這並不意味著我們應當永遠蔑視女人。十分遺憾的是，不少偉大的著名男人對這個問題的看法非常缺乏見地。叔本華和德摩斯梯尼對婦女解放的看法就是很好的例證。在這個問題上，歌德的見解也並不比莫里哀的高明多少。

男人必須克服對具有男性氣質的女人的厭惡，因爲那種心理完全是一種低劣的自我中心主義。如果女人因具備了邏輯性和倫理性而變得更具男性氣質，她們便不再是接受男人投射的良好材料了。不過，這並不足以作爲解釋現狀的理由，而現狀就是：女人被限制在僅僅滿足丈夫和子女的需要的範圍內，某些女人因爲具有男性氣質而被禁止從事某些事情。

這是因爲，即使絕對意義上的女人身上根本不可能具備道德性，我們也不能由此認爲：男人無法作出努力去防止普通女人的進一步退化。至少，男人可以幫助女人保持現有狀態。我們必須假定一點：在現實中的每一個女人身上，都存在著康德所說的「善的萌芽」。它是一種自由狀態的殘留，而這種自由狀態能使女人朦朧地意識到自己的定命。從理論上說，嫁接更多此類「善的萌芽」的可能性永遠都不會消失，即使在這方面迄今尚未做過任何事情，即使在這方面永遠都做不成任何事情，這種可能性也還是存在。

宇宙的基礎和目的就是善，整個世界都在道德法則中存在，連動物（它們僅僅是些現象）也被我們賦予了道德價值；例如，我們認爲大象的地位高於蛇，儘管當一隻動物殺死另一隻動物的時候，我們其實並不認爲前者應當負什麼責任。然而，當女人犯了殺人罪的時候，我們卻認爲她應當對此負責。僅僅這一點就證明了女人的位置高於動物。如果女性氣質果眞是不道德的，那麼，女人就必定不再會表現出女性氣質，而要儘量表現出男性氣質了。

我必須提醒人們注意防止一種危險：女人僅僅力圖從表面上讓自己像個男人。這是因爲，這種做法只能使女人更深地陷入女性氣質當中。婦女解放的種種努力，其結果很可能並不是使女人獲得眞正的自由，並不是使女人實現自己的自由意志，卻僅僅是擴大了女人的妄念。

在我看來，如果我們敢於面對事實，那麼，女人便只有兩條出路：要麼裝作接受男人的觀念，認爲自己相信那些實際上與女性完整的、不變的天性相悖的觀念，並且對不道德心懷恐懼（彷彿她們自己是道德化身），對性心懷恐懼（彷彿她們自己渴望柏拉圖式的愛情）；要麼公開承認她們把身心全都貫注在丈夫和子女身上，卻完全意識不到這種坦白意味著無恥和自我毀滅。

女人最容易產生的傾向是無意識的虛僞，或者是玩世不恭地認同自己的種種天性本能。但是，女人的目標卻不應當是贊成或否定自己的女性氣質，而應當是放棄和克服它。例如，如果女人眞心希望男人貞潔，那就意味著她已經眞正地克服了自己身上的女人氣，意味著她已經不再把交配視爲頭等大事，她的目標已經不再是進一步促成交配了。但問題就出在這裡：我們絕不應當認爲女人的這種希望是眞心實意的，即使她們到處宣揚這種心願。這是因爲，渴望男人貞潔的女人（除了表現出了她的歇斯底里傾向之外）是十分愚蠢的；她根本認識不到這種心願的眞實意義，根本不明白她這是在以這種方式否定了自己，使自己完全喪失了價值，完全喪失了存在。

或者是無限制的虛僞，它能將最與天性相悖的東西（即禁欲的理想）視爲己有；或者是眞心讚賞改過自新的放蕩者，並心滿意足地將全部身心獻給他。我們很難決定對這兩者的取捨。女性欲望的最主要問題在於讓男人承擔全部責任，而這就使這個問題與人性問題合成了一體。

尼采在他的一本書中說：「低估男女問題的眞正困難，不承認兩性之間深不可測的矛盾性和持久對抗的不可避免性，夢想兩性享有平等的權利、教育、責任和義務，這些全都是膚淺的評論家的標誌。任何思想家，如果（因爲天性膚淺）在這些困難之處見解淺薄，都應當被看作根本不值得信任，都應當被看作毫無用處的騙人嚮導。毫無疑問，這種思想家只能

『膚淺地看待』生、死和不朽當中包含的一切眞正難題，永遠不能把握事情的實質。但那些並不膚淺的人，其思想和目標卻都是深刻的，其深刻思想不但會使他渴望正確的事情，而且會賦予他做出正確行動的決心和力量。他們必定會始終站在東方人的立場上去看待女人——即把女人視爲財產，視爲私人財產，視爲天生就爲男人服務並依靠男人的造物。他們一定會理解亞細亞人的男性至上本能如何驚人地合理，就像古希臘人的觀點一樣合理，就像東方學派的值得尊敬的繼承者和門徒們的觀點一樣合理。衆所周知，從荷馬時代到伯里克利時代，這種看待女人的態度一直伴隨著文化的發展而發展，其力量逐步增長，逐漸演變成了幾乎完全是東方人的思想。人類是多麼需要一種必不可少、符合邏輯、值得渴望的成長！我們自己若是能夠獲得這樣的成長，該有多好！」

　　這裡，這位偉大的個人主義者是在從社會倫理的角度思考問題，而種姓、群體和社會分工的觀念卻遮蔽了他道德學說的完滿性。因此，爲了社會的利益，爲了維護男性的社會地位，他往往將女人放在從屬的位置上；這樣才能使希望婦女解放的聲音便不再被聽到，才能使我們擺脫當今女權提倡者們的虛僞愚蠢的喊叫，他們完全深知婦女所受奴役的眞正根源。不過，我這裡引用尼采的話，卻不是想使讀者相信他缺乏邏輯，而是想說明一點：解決人性的問題必定密切聯繫著解決婦女的問題。男人應當把女人看作實體、看作眞正的存在而加以尊重，而不應當只把女人用作實現目的的工具，如果有人認爲這是一種崇高的觀念，那麼，他便應當承認：女人與男人享有同樣的權利和同樣的義務（即建立自身道德個性的義務），所以他必定會產生一個反思：如果男人繼續只利用女人去實現男人的目的，從而不斷降低女人身上的人性觀念，男人便不能解決自身的道德問題。

在亞細亞制度下，交媾是男人爲壓迫女人而不得不付出的代價。對這種補償，女人可能比對最惡劣的奴役更滿意；儘管這是事實，男人還是無權參與這種活動，而這完全是因爲這種活動會使男人的道德受到損害。

即使從技術角度看，男人也無法單獨解決人性的問題。他必須考慮到女人，即使他僅僅希望爲自己贖罪，也應當如此。男人必須竭力使女人擺脫對男人的不道德企圖。女人必須眞正地、眞心實意地、心甘情願地放棄交媾。這無疑意味著作爲女人的女人必定要消失，因爲捨此便不可能在地球上建立上帝的王國。畢達哥拉斯、柏拉圖、基督教教義（它與猶太教教義相對立）、德爾圖良、斯威夫特、華格納和易卜生，全都主張給女人自由，但這並不是說把女人從男人那裡解放出來，而是說把女人從女人自身解放出來。

女人唯有達到了這種狀態，被尼采所痛恨的女人才可能爲人容忍。但是，女人卻很難依靠自己的力量達到這個目標。她心中這種自我解放的火苗過於微弱飄忽，以至總是需要男人的火焰去重新點燃。女人必須有個可供效法的榜樣。基督就是個榜樣。他解放了墮落的抹大拉的馬利亞。他清除了她的過去，赦免了她的罪。基督誕生後最偉大的男人——華格納——

充分理解了基督這個行動的眞正意義：直到女人不再繼續作爲男人所需要的女人存在，女人才不再是女人。唯有藉助於無罪的完美男人帕西法爾，康德里才能擺脫的妖法師克林沙的魔咒。這表明：在華格納的歌劇《帕西法爾》中，心理學的推論與哲學的推論達到了完美的和諧。《帕西法爾》是世界文學中最偉大的作品。正是男人的性欲首先賦予了女人作爲女人的存在。只要男人尙未贖清自己的罪，女人便會永遠存在，直到男人眞正地征服了自己的性欲爲止。

唯有通過這種方式，才能一勞永逸地防止對一切批評女性意見的那種反駁，它認爲：女人是現實的存在，只能是她固有的樣子，無法被改變；所以，男人必須盡力與女人妥協；和女人鬥爭毫無用處，因爲它不能消除女人的任何缺點。但是，事實卻已經表明，一旦男人決心成爲眞正的實體，女人就會變爲否定的因素並失去其存在。

我們必須奮力反對的，並不屬於某種不可改變的存在和本質的東西：它是某種可以被消除、並且應當被消除的東西。

這就是解決婦女問題的方式，是唯一的出路，而它來自對婦女問題的全面理解。這個方式或許會顯得不切實際，它的語氣或許會顯得過於誇張，它的主張或許會顯得言過其實，它的要求或許會顯得過於苛刻。毫無疑問，女人很少議論婦女的問題；面對的這個話題，女人從來都是保持沉默，並且會一直沉默下去——這反映了性別對女人的束縛。

女人問題既像性本身一樣古老，又像人類一樣年輕。它的答案是什麼？男人必須使自己擺脫性的束縛，因爲如此（唯有如此）才能擺脫女人的束縛。與女人看法的相反，女人獲救的希望並不系於男人的不純潔，而是繫於男人的純潔。必須摧毀作爲女人的女人；但是，新型的、恢復了青春的女人，作爲眞正的人的女人，卻只能從作爲女人的女人的灰燼中誕生。

只要世上存在男性和女性，人性的問題就總會存在，女人的問題也總會存在。根據一位教會神父克萊門斯的敘述，基督曾注意到了這個問題。他與莎樂美談到性的時候，根本沒有使用那種樂觀的溢美之詞，那種溢美之詞是使徒保羅和路德後來發明的。只要有女人，死亡便會永存；直到兩性合爲一體，直到從男人和女人中演化出了第三種自我，它既不是男人也不是女人，眞理才會成爲主導。

現在，我們第一次把婦女問題看作人類最重大的問題，並且基於充分的理由主張男女兩性節制性欲。認爲這種主張是因爲擔心性交造成不利健康的後果，是非常荒謬的，因爲任何了解人體構造的人都會反對這樣一種理論。認爲這種主張來自人們對情欲的認識（即認爲情欲是不道德的），同樣是錯誤的，因爲這會把一種非倫理的動機引進倫理當中。不過，聖奧古斯丁提倡全人類的貞潔時，想必肯定意識到了一點，即日後若是有人反對他這個主張，其理由一定是：如果全人類都保持貞潔，整個人類很快就會從地球上消失。

這種不同尋常的認識（其最壞的部分似乎是想到了人類將會滅絕）不僅表明了一種最深

刻的懷疑（即不相信有道德的行善者會獲得個體的不朽和永恆的生命），不僅表明了一種最不虔誠的懷疑，同時也證明了人的怯懦，證明了人無法以個體生命的形式生活。無論什麼人，只要懷有這種想法，塵世在他眼裡便只能意味著地球上衆生的混亂和傾軋；在他看來，孤獨也必定會比死亡更令人恐懼。如果他身上不朽的道德精神眞的富有活力，他本來應當有勇氣面對這個結論，他本來不應當懼怕肉體的死亡，也不會試圖根據人類會永遠延續的悲慘事實，去懷疑靈魂的永生。對性的拒斥只是肉體生命的死亡，只是在使精神生命適時地得到充分的發展。

由此可見，參與延續人類的活動並不是一種道德義務。在我看來，這種普遍見解是十分錯誤的，我幾乎羞於提到它。不過，就是冒著使我自己顯得荒唐可笑的危險，我還是不得不問：有哪個人完成交媾是爲了避免人類滅絕的大危險呢？他若是沒能履行這個義務，又該如何呢？無論什麼人，只要選擇了貞潔，他的交媾難道就不會被指控爲不道德行爲嗎？每一種生殖形式都是令人厭惡的；任何忠實於自己的人，都會感到自己註定要參與延續人類的活動。凡是沒有被我們理解爲義務的事情，都不是義務。

相反地，爲了其他任何次要的理由去生育一個人，使一個生命受到人類條件的局限（即他的父母爲他預備的種種條件中），這才是不道德的。人可能擁有的自由和自發性之所以是有限的，其根本原因就是，人只能通過這種如此不道德的方式降生。人類應當繁衍延續，無論這出於什麼理由，都與人的利益無關。使人類得以永久繁衍的人，也永遠地延續了人的難題和人的罪，那是唯一的難題和唯一的罪。唯一眞實的目標是神性，是人性與神性的結合。這是在善與惡、存在與否定之間的眞正選擇。從道德上肯定交媾，其依據是假定人能用一種理想的態度對待交媾，即交媾時只想到人類的繁衍，這種觀點並不足以爲交媾辯護。人的頭腦中根本不存在這種絕對命令的觀念，因此，這種觀點只不過是在爲一種欲望狡辯。這種欲望本身就具有不道德的性質，因爲那個被創造出來的生命個體根本無法選擇自己的父母。至於在性結合中避免生育後代的行爲，則是毫無道理的。

性結合在人類的觀念中之所以根本沒有地位，並不是因爲禁欲是一種責任，而是因爲女人在性結合中變成了對象，變成了原因，男人可以對女人隨心所欲，僅僅把女人看作物，而不是看作具有內在心靈實體的人。因此，一旦交媾結束，男人便會蔑視女人，而女人也知道自己被蔑視，即使幾分鐘之前她還以爲自己被男人崇拜。

人心中唯一應當得到尊重的是人的觀念。由交媾造成的對女人（也對男人自己）的蔑視心理最確鑿地證明了一點：交媾與人的觀念是直接對立的。任何人如果不知道「人的觀念」這個康德哲學概念的涵義，只要想到他的姐妹、母親和女性親屬，或許就能理解這個概念了。這個概念與她們有關。因此，爲了我們自己，我們應當把女人當作人去對待，我們應當尊重女人而不該使女人退化，而一切性事都意味著退化。

但是，唯有當女人自己不再希望成爲男人的對象，不再希望成爲有待被男人賦予形式的材料，男人才會尊重她。如果說婦女解放應當解決什麼問題，那就是女人應當擺脫自己身上的妓女因素。迄今爲止，人們一直都沒有弄清束縛女人的因素究竟是什麼，而那是一種佔據主宰地位的力量，是陽具對女人的支配力量，而女人對它則萬分歡迎。毫無疑問，眞正渴望婦女解放的男人，其性欲都不強烈，也並不強烈渴望愛情，其感情也不十分熾烈，但都具有高尚的、崇尚精神的頭腦。我不打算爲男人情欲的錯誤動機開脫，也絕不想否認男人對「解放了的女人」的反感。與大多數人結伴，這比像康德那樣痛苦而緩慢地攀登一座座孤獨的高峰容易得多。

不過，被人們認爲針對婦女解放的敵意，卻大多出於對婦女解放的可能性缺乏信心。男人並不眞的需要奴隸一樣的女人，他通常只是非常渴望得到一個伴侶。當今女人所受的教育，其實並不適於使女人掙脫對她的眞正束縛。如果女人打算做什麼事情，教她如何「做個女人」的老師的最後一招就是告訴她：女人如果不像女人，就沒有男人會要她。婦女教育只有一個目的，那就是讓女人爲結婚作好準備，而婚姻是一種幸福狀態，女人將在婚姻中找到她們的最高價值。這種訓練雖然對男人幾乎毫不奏效，卻潛移默化地造就了女人的女性氣質、依賴性和受奴役的條件。必須從女人手中拿走教育婦女的職能，必須從母親手中拿走教育人類的職能。這是將女人與人的觀念聯繫起來的第一步，而從一開始，女人就一直千方百計地不讓人們奪走她們手中的教育權。

眞正放棄了自己的性自我的女人，眞正希望獲得內心平靜的女人，將不再是「女人」。她不再是「女人」；她獲得了內心的、精神的標記，也獲得了再生的外部形式。

這種情況可能發生嗎？

世上沒有絕對意義上的女人，但是，即使認爲以上的情況可能發生，也好像是在贊同一個奇蹟。婦女解放不會使女人更幸福，不能確保女人獲得拯救，而通向上帝的道路仍然十分漫長。任何處於自由與奴役之間過渡階段的人，都不會幸福。但是，女人會爲了讓自己不幸福，而選擇放棄受奴役嗎？問題並不在於女人是否可能具備道德，而在於女人是否眞的可能希望理解「存在」的問題，理解「罪」的概念。女人能夠眞心渴望自由嗎？唯有女人充滿了理想，並願意遵循指路明星的引導，才可能出現這種情況。唯有女人心中的絕對命令（categorical imperative）開始發揮作用，才可能出現這種情況。唯有女人能將自己與道德觀念（即人性的觀念）聯繫起來，才可能出現這種情況。

通過這種方式，才可能實現婦女的解放。

黃金之葉
05

Net and Books 網路與書

性與性格

Geschlecht und Charakter

作者：奧托・魏寧格（Otto Weininger）
譯者：蕭聿
責任編輯：江灝
封面設計：簡廷昇
內文排版：李秀菊

出版者：英屬蓋曼群島商網路與書股份有限公司臺灣分公司
發行：大塊文化出版股份有限公司
臺北市105022南京東路四段25號11樓
www.locuspublishing.com
TEL：(02)8712-3898　FAX：(02)8712-3897
讀者服務專線：0800-006689
郵撥帳號：18955675　戶名：大塊文化出版股份有限公司
法律顧問：董安丹律師、顧慕堯律師

總經銷：大和書報圖書股份有限公司
地址：新北市24890新莊區五工五路2號
TEL：(02)8990-2588　FAX：(02)2290-1658
製版：中原造像股份有限公司

二版一刷：2023年4月
定價：新臺幣520元
ISBN：978-626-7063-33-0

Printed in Taiwan

國家圖書館出版品預行編目（CIP）資料

性與性格／奧托．魏寧格（Otto Weininger）著；蕭聿譯. -- 二版. -- 臺北市：英屬蓋曼群島商網路與書股份有限公司臺灣分公司出版：大塊文化出版股份有限公司發行, 2023.4
面；　公分. --（黃金之葉；5）
譯自：Geschlecht und Charakter
ISBN 978-626-7063-33-0（平裝）

1.CST: 性學　2.CST: 性倫理　3.CST: 性心理

544.7　　112003206

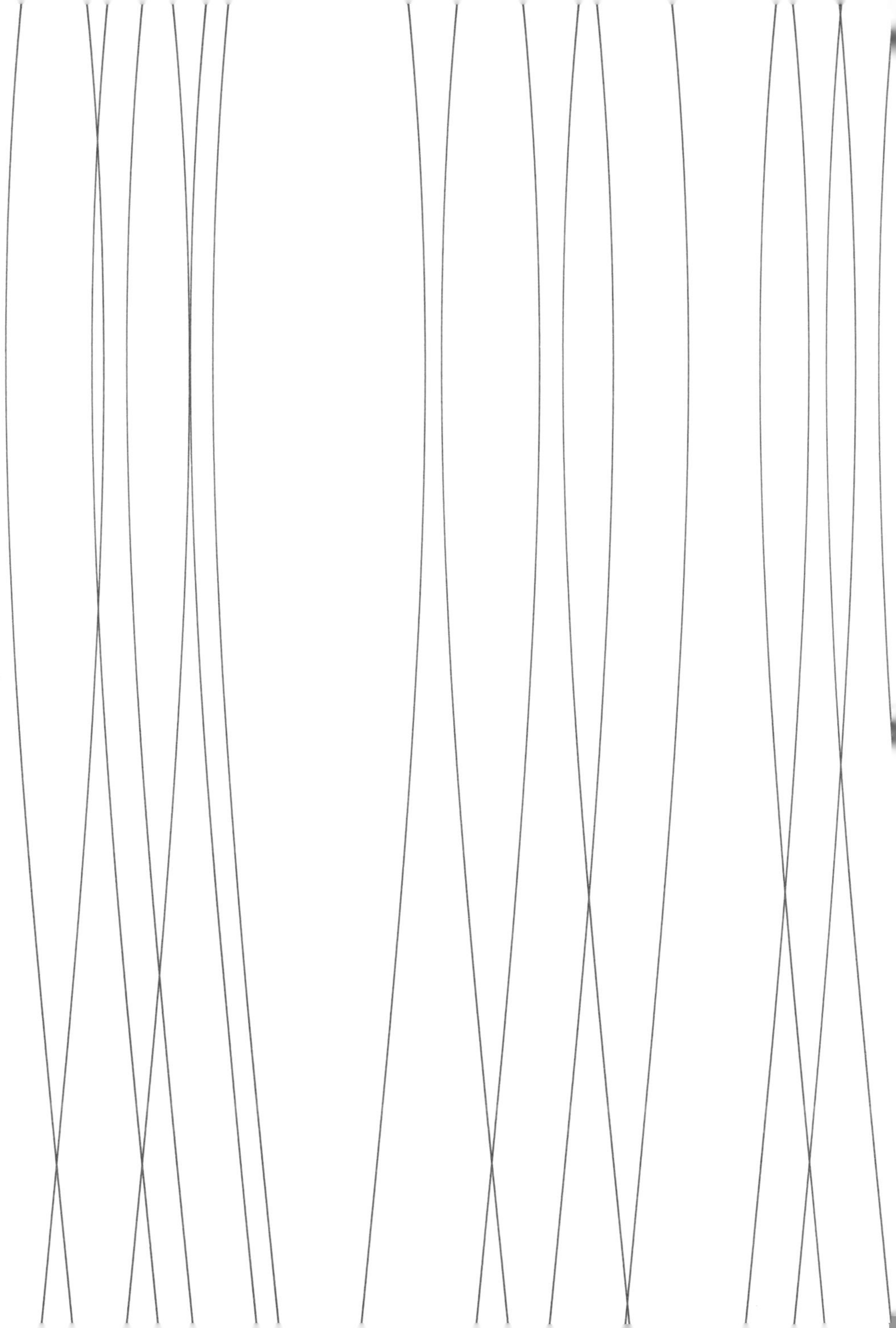

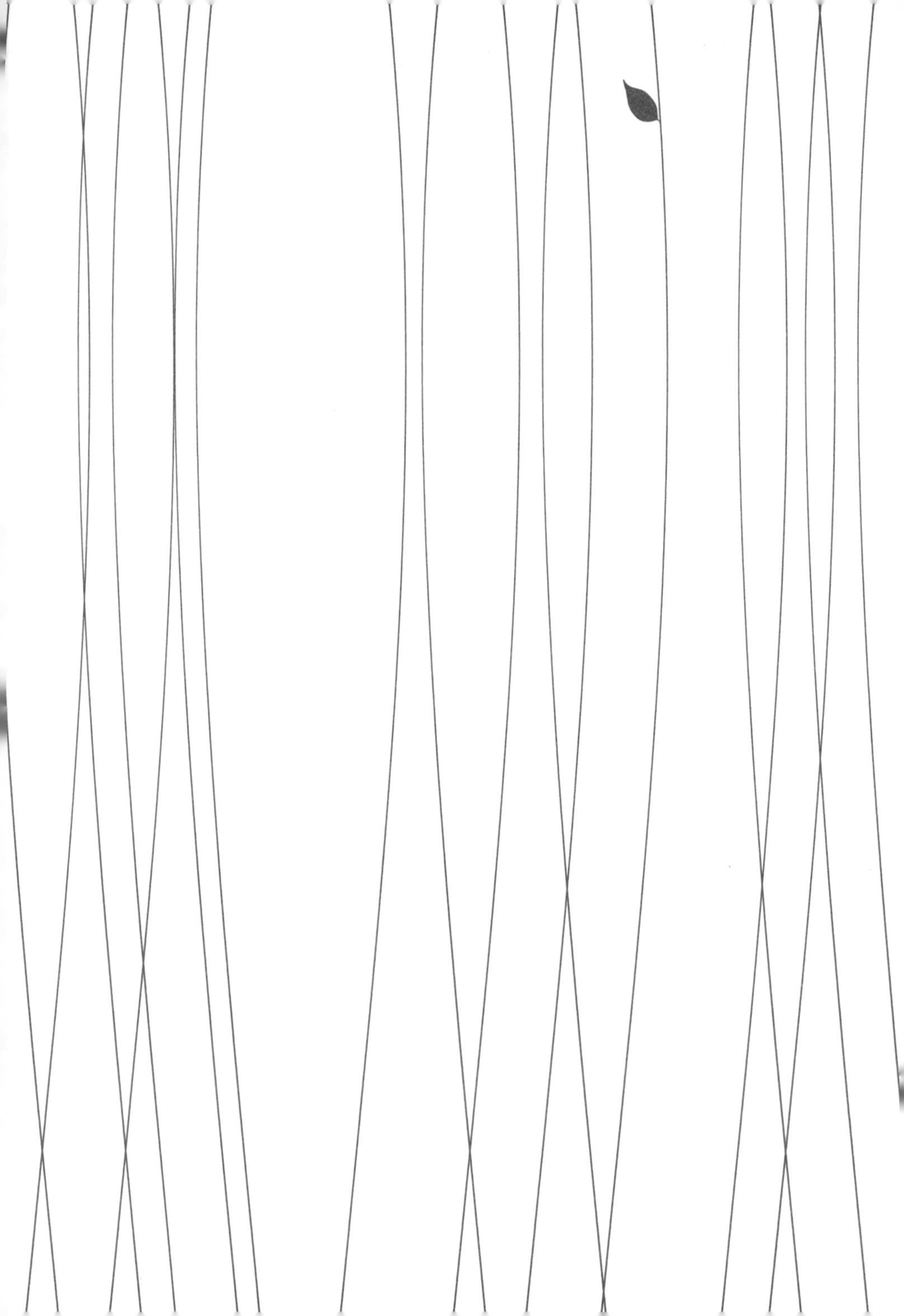